建设适应现代化目标的金融体系

BUILDING
A FINANCIAL SYSTEM TO
MEET THE GOALS OF MODERNIZATION

主　编 ○ 吴振宇
副主编 ○ 田　辉　朱鸿鸣

中国发展出版社
CHINA DEVELOPMENT PRESS

图书在版编目（CIP）数据

建设适应现代化目标的金融体系/吴振宇主编．—北京：中国发展出版社，2019．11

ISBN 978－7－5177－1070－7

Ⅰ．①建…　Ⅱ．①吴…　Ⅲ．①金融体系—研究—中国
Ⅳ．①F832．1

中国版本图书馆 CIP 数据核字（2019）第 246263 号

书　　名：建设适应现代化目标的金融体系
主　　编：吴振宇
副 主 编：田　辉　朱鸿鸣
出版发行：中国发展出版社
联系地址：北京市西城区裕民东路 3 号 9 层　100029
标准书号：ISBN 978－7－5177－1070－7
经 销 者：各地新华书店
印 刷 者：三河市东方印刷有限公司
开　　本：710mm×1000mm　1/16
印　　张：25．5
字　　数：318 千字
版　　次：2019 年 12 月第 1 版
印　　次：2019 年 12 月第 1 次印刷
定　　价：78．00 元

联系电话：（010）68990642　68990692
购书热线：（010）68990682　68990686
网络订购：http：//zgfzcbs．tmall．com//
网购电话：（010）68990639　88333349
本社网址：http：//www．develpress．com．cn
电子邮件：271799043@qq．com

序　言

2017年10月，中共十九大提出到2035年基本实现社会主义现代化。为实现此历史性任务，需要各领域统一思想、调整部署，在新发展理念指引下深化改革开放。按照新要求建设适应现代化目标的金融体系，任务重大且紧迫。我国经济社会发展进入新时代，发展资源、环境和条件发生转折性变化，金融体系需要进行广泛的适应性调整。与此同时，我国金融业改革发展整体水平相对落后，需要克服金融和实体经济发展不平衡、金融体系内部发展不平稳、市场机制发挥不充分等问题。转向高质量发展阶段，金融发展与经济发展的相对关系出现调整，金融业的发展引领作用增强，也凸显了金融业深化改革开放的重要性。

从中长期发展看，适应现代化目标的金融体系应体现以下几个特征：一是金融体系与实体经济间均衡发展；二是金融体系主体多元，结构优化，治理良好，能够满足不同层次、不同范围的投融资需求；三是市场在资源配置中发挥决定性作用；四是更好发挥政府作用，实现金融业治理能力和治理体系现代化。

建设适应现化代目标的金融体系，需要着眼于2035年的中长期要求，但必须从当前的难点和重点领域着手。本书在金融机构、金融市场、金融调控和监管、金融体系新趋势四个领域，选择了15个专题开展研究。这些议题不仅是当前金融改革的重点和难点，在未来也是具有系统重要性的问题。通过对这些问题的剖析，检查现实状况与中长期目标之间的差距，探究背后原因，并最终确定改革的原则和近中期需要采取的政策举措。

建设适应现代化目标的金融体系，需要在中长期目标要求下，从以下四个方面加快推动金融改革。一是培育富有活力、适应科技变革、股权多元的微观金融主体。具体包括优化国有金融资本战略布局，推动新型金融科技公司健康发展，深化金融机构公司治理改革等。二是推动金融要素市场化。具体包括积极稳妥推动利率汇率市场化改革，深化股票发行制度改革，深化保险业市场化改革，加快构建面向现代化的金融和商品衍生品市场等。三是完善金融调控和监管。具体包括以宏观审慎政策为抓手完善双支柱金融调控体系，统筹推进金融基础设施建设，建立现代化金融监管理念，发展金融监管科技，完善地方金融监管体系等。四是强化金融体系开放、绿色、包容发展。具体包括建设国际金融中心，强化上市公司环境信息披露要求，发展面向现代化的普惠金融体系等。

经济发展水平在变、国际经贸环境在变、技术背景在变，金融改革的理念和路径也要调整优化。国务院发展研究中心金融所多年来持续跟踪研究金融改革重点难点问题，并为党中央国务院提出不少政策建议。在此过程中，金融所也得到各级领导和各部门、机构的支持和鼓励，我们深表感谢，并视为进一步推进高质量研究工作的动力。本书的研究，如有不妥之处，也希望读者不吝指出，以便改进。

吴振宇

2019 年 11 月 8 日

目　录

总报告

建设适应现代化目标的金融体系

金融体系是由货币、经营和管理货币的金融企业、金融市场、金融监管、金融调控和金融开放等环节组成的有机整体①。2017 年 10 月，中共十九大提出到 2035 年基本实现社会主义现代化。为实现该目标，需要贯彻新发展理念，加快建设现代化经济体系，推进经济高质量发展。金融业为居民和企业提供资金融通、支付清算、风险转移等基础性服务，是国民经济的重要组成部分。同时，金融业又超越于一般性的生产和服务业，内嵌于经济体系的运行和调控中。实现社会主义现代化建设目标，对金融体系的基础制度、结构特征、开放和监管都提出了新的要求。

我国以中央银行体制为基础、以商业银行为核心的现代金融体系已经建成，并在促进经济持续快速发展中发挥了重要作用。金融改革受宏观环境、国际经济形势的影响较其他领域更为敏感，面向基本实现社会主义现代化的目标，进一步推进金融体系现代化将是一个长期的过程。建设适应现代化目标的金融体系，需着眼于 2035 年的长期目标要求，着手于当前的难点和重点领域。

---

① 金融体系的定义和内涵观点不一。此处沿用戴相龙（2014）的观点。戴相龙：《领导干部金融知识读本》，中国金融出版社 2014 年版。

一、现代化建设对我国金融体系提出更高要求

经过 40 年的改革开放，我国经济社会发展进入新时代。社会主要矛盾发生重大变化，发展的资源、环境和条件与高增长时期明显不同，经济增长的动力、结构和速度均发生趋势性改变。特别是，在发展环境变化的同时，我国发展理念有了进一步归纳和升华。适应新发展理念要求，需要金融业在已有市场化改革的基础上，综合现实条件和主观愿望，优化改革的总体布局和路径。

（一）金融业中长期发展环境的主要特征

社会主要矛盾的改变是各领域变化的综合体现。研究金融业发展面临的中长期环境，需要更加关注与其联系密切的具体领域。

1. 经济增长速度将逐步向中速过渡并向全球平均增速回归

未来中国经济将会保持一段时期的中高速和中速增长，然后逐渐向全球的平均增速回归。根据相关测算，到 2035 年，中国的投资率将逐渐下降到 30% 以下，2020 ~ 2035 年中国经济的平均增速为 4. 8% 左右，在此期间经济规模大致可以翻一番。投资率的下降、经济增长速度的回落也预示着金融业高速增长期的结束。

2. 经济结构持续调整，消费和服务业的占比将持续上升

随着经济发展水平提高，消费在 GDP 中的占比将持续提升，未来将逐步接近 75% 左右的全球平均水平。服务业在 GDP 中的占比将逐步趋向成熟经济体 70% 左右的水平。从区域结构看，城市化率继续提高，城市化质量进一步提升。经济空间集聚度提高，呈现轴带集中和组团集聚的总体特征。

3. 新技术、新业态快速发展，经济增长动力将更多转向全要素生产率的提升

高增长时期依靠要素大规模投入和市场快速扩张的增长模式难以为继，未来经济增长需要更多依靠技术创新和管理效率的提升。当前，新技术、新业态快速发展，正在为传统产业转型升级提供新的机遇。相比高增长时期，全要素生产率的增速可能下降，但其在增长动力中的份额将会提高。

4. 人口老龄化呈现加快发展态势，社会保障压力加大

2030 年我国 65 岁以上的老人将达到 2.3 亿，到 2040 年则会突破 3 亿。社会保障支出将快速增长，地方政府财政压力加大。发展养老的第三支柱，对提高居民保障水平、促进当期消费和投资增长的重要性将越来越显著。

5. 污染物排放拐点将出现，但群众对生态环境的要求会进一步提升

2030 年前后，我国将进入环境库兹涅茨曲线拐点期，空气质量将显著改善，水环境质量总体改善，土壤环境风险得到全面管控，有望基本实现“蓝天常在、青山常在、绿水常在”。但是，从人类需求层次提升的规律看，随着温饱问题的解决，全面建成小康社会之后，群众对生态环境的要求也会进一步提高。

6. 国内外经济互动更加紧密，但面临的经贸环境不确定性增强

我国积极推动区域经济合作，“一带一路”倡议促进了沿线各国基础设施互联互通和经济发展，发起设立的亚洲基础设施投资银行得到大多数经济体的积极响应，丝路基金、金砖国家新开发银行等中国倡导的国际性金融机构影响力逐步扩大。参与全球宏观经济政策协调的程度加深，议题创设和引领能力逐步增强。但国际上孤立主义、贸易保护主义思潮抬头，全球公共产品提供不足，经济金融政策协调难度加大，国际政治经济环境的不确定性增强。未来，我国出口增长、对外投资和金融机构“走出去”面临的环境将更加复杂。

此外，未来的收入分配、民生、教育等问题也对会我国经济社会和金融业发展带来重要影响。

（二）我国金融业改革发展整体水平落后于其他领域

金融改革发展受宏观经济形势、国际经贸环境、企业治理等相关领域改革影响明显。由于涉及面广，金融领域改革带来的冲击和风险也较大。相比于其他领域的市场化改革，金融领域改革整体滞后。从数量指标上看，中国金融体系名列世界前茅，有全球第一大银行体系、第二大股市和第三大债市。但是从市场主体的股权多元化、市场的广度和深度、国际化程度等方面看，我国金融领域改革没有能跟上实体经济的步伐。这集中体现为我国金融业的全球竞争力指数落后于其他领域。根据世界经济论坛的全球竞争力排名，我国金融市场发展排名大幅低于综合全球竞争力排名，2018 年我国全球综合竞争力为 27 名，但金融市场发展排名为 48 名①。从世界经济论坛 12 项指标的相对发展程度看，我国的市场规模具有显著优势，而金融市场发展、创新和技术准备三项指标都相对落后。这三者同时落后，并不是巧合，恰恰反映了我国金融体系在促进创新和技术进步方面的不足。

进一步分析金融市场发展项下分类的指数，可以看到我国的法定权利指数、银行稳定性、金融服务可得性在全球排名中较为靠后。而

---

① 世界经济论坛的全球竞争力指数，包括 12 项竞争力因素：1. 法律和行政架构；2. 基础设施；3. 宏观经济环境；4. 卫生与初级教育；5. 高等教育与培训；6. 商品市场效率；7. 劳动力市场效率；8. 金融市场发展；9. 技术准备；10. 市场规模；11. 商业成熟度；12. 创新。

风险投资的可得性以及获得贷款的便利性排名较高。虽然金融市场发展 8 个分项中具体指标的测算代表性有限，比如我国的贷款可获得性在国有企业和民营中小微企业间存在明显不同，但是总体上仍反映了我国金融发展各领域在国际上的位置（见表 1）。

表 1　　　　　　　　金融市场全球竞争力对比

	2010～2011 年	2013～2014 年	2015～2016 年
金融服务可得性	71	70	61
金融服务可支付性	44	51	48
通过本地股权市场融资	52	38	44
获得贷款的便利性	51	32	21
风险投资可得性	27	16	16
银行稳定性	60	72	78
证券交易监管	61	63	52
法定权利指数	60	65	80

注：表中数字为分项竞争力的全球排名。

资料来源：《全球竞争力报告（2015—2016）》。转引自：张月：《中国跨国银行发展对国家竞争力影响研究》，世界图书出版公司 2017 年版。

（三）当前我国金融发展中存在的突出问题

1. 金融和实体经济失衡

近年来，我国金融和实体经济失衡问题严重，成为经济循环不畅的重要来源。从资源配置视角看，金融和实体经济失衡表现为两者报酬结构失衡，具体体现为金融业增加值占 GDP 比重过高、金融和实体经济利润格局失衡和金融从业人员收入过高三个方面。以金融业增加值占 GDP 比重为例，2017 年我国金融业增加值占比既高于以金融强国著称且拥有全球金融中心的美国（7.3%）和英国（6.7%）；更远远高于以制造强国著称的日本（4.5%）和德国（3.9%）。

2. 金融体系内部失衡

金融体系内部失衡主要体现为金融结构失衡、金融发展和金融监管失衡、金融激励和金融约束失衡三个方面。

——金融结构失衡。一是债权融资与股权融资发展不平衡，宏观杠杆率高，金融支持创新的能力不足。二是直接融资和间接融资发展不平衡，间接融资特别是与银行相关的融资比重过高，风险过度集中于银行业。三是银行业与保险业发展不平衡，保险业比重过低，金融业风险保障功能发挥不足。四是商业性、政策性和合作性金融发展不平衡。

——金融发展和金融监管失衡。金融监管明显滞后于金融发展是金融乱象丛生、金融风险积聚，金融规模急剧膨胀、金融和实体经济失衡的重要原因。金融发展与金融监管失衡主要体现为三个方面。一是监管理念转变滞后，监管部门一度偏离监管主业，重行业发展轻行业监管。二是监管能力建设不足，监管资源相对不足，监管专业能力有欠缺，对监管科技运用仍显不足。三是对行为监管投入资源不够，金融消费者权益保护不足，涉众金融风险高发。

——金融激励和金融约束失衡。一是收益当期性、风险滞后性是金融活动的固有特性，金融机构重规模重短期业绩、轻视风险的现象普遍存在。二是薪酬制度的激励与约束机制失衡，薪酬通常与短期业绩挂钩，延迟支付力度不足。三是对证券业金融机构的约束机制存在缺失，缺乏强有力的责任追究制。四是外部约束机制不足，金融机构退出机制尚未有效建立，监管执法震慑力不足。

3. 金融市场机制发挥不充分

我国金融体系市场机制发挥不充分，主要体现在刚性兑付普遍存在、隐性担保普遍存在、不合格融资主体大量存在和市场约束力不足等四个方面。一是刚性兑付普遍存在。在银行理财市场、资金信托市场、债券市场，刚性兑付普遍存在，既导致投资者风险识别能力和风险意识退化，又系统性地抬升无风险收益和全社会经济运行成本。二是隐性担保大量存在。隐性担保普遍存在于国有企业和具有重要社会影响的非国有企业。这些担保为相关企业提供了信用增级，人为降低了其违约概率，使得短期或中期内的实际违约率大幅低于其自然违约率和市场化部门的违约率，从而导致金融资源配置产生严重扭曲。三是不合格市场主体充斥市场。地方政府融资平台市场化转型缓慢，大量“僵尸企业”难以退出，融资市场上仍有众多预算软约束主体和过度负债主体，导致市场约束机制失效。四是市场纪律性有待强化。这导致市场乱象丛生、违法违规活动多发频发，逆向淘汰，劣币驱逐良币现象时有发生。

4. 金融资源配置结构失衡

具体表现在四个方面。一是增量金融资源过度配置到非生产性领域①。二是金融资源过多流向低生产率领域，特别是部分竞争力弱的地方国有企业。三是金融服务覆盖率和可得性不足。四是服务创新能力不足。银行体系主要支持有抵押物和政府隐性担保的主体，对于缺乏抵质押物但成长性高的部门支持力度不够。股票市场支持创新的能力不足，尚无法广泛支持未盈利或盈利较低的创新型企业，在支持上市公司创新和转型升级方面也存在不足。

---

① 金融体系之所以是健康而富有活力的经济的必要条件，原因在于它有助于实现资金从储蓄者向具有生产性投资机会的资金需求者的转移。从经济增长视角看，金融资源配置结构是否合理，首要判断标准是，金融资源主要配置到生产性领域还是非生产性领域，形成的是生产性债务还是非生产性债务。若过度配置到非生产性领域，形成非生产性债务，则资源配置结构不合理，资源配置效率低。

（四）金融业改革发展面临更高要求

进入新时代，金融业的改革发展既需要补足短板，赶上其他领域的市场化改革，又需要在新发展理念的指引下，适应经济社会和技术的新变化，构建高效安全开放的金融体系。需要指出的是，随着我国经济增长方式的转变，金融改革和经济改革的从属关系正在发生变化。许多经济领域的改革，必须以金融领域的改革作为支撑才能进行，这进一步凸显了金融改革的重要性。

1. 高质量发展阶段，金融在经济改革发展中的引领性凸显

长期以来，我国金融改革发展在很大程度上依赖于经济改革发展的推进。比如，我国股票市场发展就是在国有企业改革的基础上进行的。先有了企业所有制改革才有了股票的发行，也才有了股票市场①。再比如，先有了独立核算和经营的企业主体，才有拨改贷的改革，才有了专业银行从央行的分离，才有了真正的商业银行。

进入高质量发展阶段，过去金融改革依存于经济改革的关系正在发生变化。更多的改革是共同推进的，有的甚至是需要金融改革先行一步的。比如，现代化经济体系中全要素生产率在增长中的贡献占比高。这需要优化资源配置，需要技术进步。前者需要金融系统在资金的配置中提高效率，后者需要金融体系能够促进创新。优化资金配置需要以生产效率提升为条件，否则对金融机构或者对企业都是不可持续的。鼓励技术创新，需要更多市场资金进入创新型企业，这就需要金融结构做出调整，更大程度地发挥资本市场对初创型企业的支持。我国创新能力的全球排名和金融市场发展程度以及资本市场融资能力都较低，反映了金融对创新进而对增长新动能培育不足。再比如，我

---

① 厉以宁：《改革开放以来的中国经济：1978—2018》，中国大百科出版社 2018 年版，第 362 页。

国企业“走出去”在全球配置资源，就在很大程度上取决于资本账户开放和汇率制度改革。在这些领域，金融支持能力不足就会成为经济改革发展的阻碍。

2. 面向现代化的金融体系应符合高质量发展的要求

十九大报告提出到2035年基本实现社会主义现代化。为此，我们需要建设高水平、高标准、高质量的市场经济。实现这种跨越，要坚持以人民为中心的发展思想，坚持新发展理念，这对金融改革发展的目标和路径都提出了新要求。

——金融发展应坚持以人民为中心。金融体系要不断推动实现人民群众对美好生活的向往，让人们有更多、更直接、更实在的获得感、幸福感、安全感。要实现这一点，金融体系需要在公平、效率和稳定之间达成动态平衡。

——以五大发展理念作为金融服务实体经济的原则。“创新、协调、绿色、开放、共享”五大发展理念应成为金融改革的根本遵循，相应地，金融创新、绿色金融、普惠金融、科技金融、人民币国际化等都是五大发展理念下金融发展的应有之义。

——要正确处理政府和市场关系。一方面，要使市场机制在资源配置中起决定性作用。不管是定价还是投资，金融决策权应留给市场主体，同时建立市场化的准入与退出机制，打破刚性兑付和隐性担保。另一方面，更好发挥政府作用。应充分划清政府的所有者、监管者和发展促进者职能边界，避免对经济活动的直接干预，将资源配置的主导权留给市场，并为市场更好地配置资源创造制度条件。

——要强调金融发展共性和个性的结合。共性在于，所有国家和地区在推进市场经济建设中，都需要处理好政府和市场的关系，这是建设高水平市场经济的核心问题。但所有国家不可能走同样的道路。例如，中国整体改革采取的是渐进式改革路径，这也就意味着中国的金融改革不可能像英国、日本那样，采取激进的“大爆炸”（big bang）改革方式。

二、适应现代化目标的金融体系的核心特征

金融体系的形成，有普遍的规律，也有文化内生性、历史偶然性。建设中国适应现代化目标的金融体系，既不能以英美市场主导型的金融体制为模板，也不能以日德银行主导型的金融体制为模板。

英美市场主导型的金融体系，实际也存在内部的差异。比如美国的银行业是比较分散的，而英国的银行业是高度集中的。日德银行主导的金融体系中，德国的开户银行制度（House Bank）是从私有部门成长起来的，日本的主银行制度则是在政府介入下成长起来的。[①] 金融体系中是市场还是银行占主导、政府与银行的关系是密切还是松散，均需要在金融之外寻找答案。从更广阔的视角看，金融体系只是一国市场经济体系在金融领域的反映。钱德勒将美、英、德的资本主义归纳为竞争性管理资本主义、个人资本主义、合作的管理资本主义，从更深层次上反映了三国金融体系的差异。[②] 建设适应我国社会主义现代化的金融体系，需要根据中国的具体国情和发展阶段，针对金融领域出现的问题和经济社会发展环境确定目标、选择路径。

---

① 富兰克林·艾伦、道格拉斯·盖尔：《比较金融系统》，中国人民大学出版社 2002 年版，第 30 页。

② 钱德勒：《规模与范围：工业资本主义的原动力》，华夏出版社 2006 年版，第 1 ~4 页。

（一）适应现代化目标的金融体系的核心特征

1. 金融体系与实体经济之间整体上维持均衡发展

——金融服务实体经济得到充分的贯彻。金融体系的发展明确以服务实体经济为核心目标，并在金融服务的公平、效率和安全之间取得平衡。一方面，金融体系不是攫取式的发展，不会对实体经济产生挤出或掠夺效应；另一方面，实体经济又为金融体系发展提供资金和需求。

——金融体系和实体经济均保持有一定韧性，二者的互动不会助推系统性风险的积累。金融体系在服务实体经济过程中，同时注意系统性风险防范化解机制的建立，以确保经济和金融稳定安全为重要目标。一方面，金融体系的重大事件不会对实体经济产生系统性伤害（如银行挤兑、大型金融机构破产等事件不会频繁发生）；另一方面，来自实体经济的风险不会通过金融体系产生放大效应（如房地产泡沫、地方政府债务、企业债务等不会借助金融链条进一步升级蔓延）。

——金融体系保持高度敏感性和灵活性，对新出现的实体经济需求能够做出迅速反应。科技发展、环境和气候变化、老龄化、国际经济和金融治理体系变化等新趋势、新挑战，均会被纳入金融体系的考虑范畴，并相应地在机构、产品和服务、市场、监管、政策等领域有所反映，迅速做出调整。

2. 金融体系主体多元，结构优化，治理良好，效率提高，能够满足不同层次、不同范围的投融资需求

——金融体系拥有足够的规模和实力。足够的规模和实力，是金融体系有效服务实体经济的重要前提之一。中国仍将保持金融大国地位，在主要细分市场领域继续保持全球领先。

——金融结构显著优化。以往以银行间接融资占据绝对主导的状

况得到一定程度扭转，以市场为基础的融资体系得到大幅发展，金融结构变得更加均衡；长期资金短缺、权益类资金供给不足的问题基本缓解；普惠金融服务、特色金融服务得到长足发展，能够基本满足不同层次、不同范围的投融资需求。

——金融机构和金融市场参与者和谐共生。商业性金融、政策性金融、开发性金融和合作性金融机构共同发力，相互配合，协调发展；国有金融机构和民营金融机构、大型金融机构和中小金融机构、银行业金融机构和非银行业金融机构在公平有序的竞争环境下和谐共生、差异化经营；多元化的机构投资者队伍发展壮大，养老基金、保险公司等长期投资者发挥着重要的作用。

——金融机构稳健经营，并建立了有效的公司治理机制。整体上金融机构经营状况良好，并且与国际平均水平相当，财务表现稳健而可持续，资本充足率（偿付能力）保持在良好水平。内部治理和外部治理体系有效健全，内部人控制、大股东侵占等行为极少发生，建立了市场化的、高效的激励约束机制。

3. 市场在资源配置中的决定性作用得到体现

——形成金融要素的市场化定价机制。相对商品市场化改革，我国要素市场化改革滞后。要素价格市场化水平不高已成为制约市场资源配置作用的关键障碍。资金是主要的生产要素之一。利率是具有基础性和全局性地位的资金价格，是许多金融产品的定价基准。只有推进利率市场化，让利率水平更多由市场供求来决定，才能有效推动资金或金融资源的市场化配置水平。汇率是人民币相对于其他货币的价格。在开放条件下，汇率能对人民币资产（如金融资产、房地产及其他类别资产）及以人民币定价的要素（如劳动力、土地、资源、资金）价格产生系统性影响。如果缺少汇率市场化，就难以真正实现包括资金在内的要素的价格市场化。与此同时，要实行新股发行的市场化定价，提高发行人信息披露的真实性、准确性、完整性。实现保险产品的市场化定价。

——股权融资市场的地位提升，直接融资占比明显提高。高质量发展需要将增长动力从要素大规模投入转到创新驱动。发展直接融资特别是股权融资对于鼓励创新，培育创新型企业具有重要意义。要适应现代化要求实行股票发行注册制，形成多层次股权市场，建立市场各板块的合作对接机制，形成有利于投资者保护的退市制度。

——形成高水平的金融业双向开放、境内外金融市场有效融合的格局。资本项下可兑换，人民币国际化水平显著提高，离岸市场和在岸市场形成良性循环。债券、股票、保险和金融衍生品市场开放程度明显提高，主要中资金融机构能在全球布局金融资源，对境外中资企业服务能力显著提升，建成以人民币产品为主导，具有较强辐射带动能力的上海国际金融中心。

4. 更好发挥政府作用，实现金融业治理能力和治理体系现代化

——形成货币政策和宏观审慎双支柱金融宏观调控体系。建立起以价格型调控为主的货币政策体系。宏观审慎管理能够普遍覆盖对金融稳定有重要影响的金融机构、金融市场和金融行为。货币政策与宏观审慎政策相互补充，在保持币值稳定促进经济增长的同时保持金融稳定。

——建立更加完善的金融监管体系。形成统筹协调、有力有效的现代化金融监管框架、监管规则和监管标准，实现宏观审慎管理和金融监管对所有金融机构、业务、活动及其风险的全覆盖。形成机构监管与功能监管并重的格局。能够对跨行业、跨市场的金融业务活动实现穿透式监管。建立投资者适当性制度，完善地方金融监管职责，提升其监管效能。

——建成更加高效的金融基础设施体系。金融基础设施是金融活动得以开展的基础，不仅对金融结构的塑造产生很大影响，也在相当程度上决定了金融体系的公平、效率与安全。从普惠金融发展到资本市场高效运转，都离不开金融基础设施的有力支撑。要推进金融基础设施改革和互联互通，形成高效、安全、便捷的金融基础设施。

——更加完善的金融法治化体系。要形成完备的金融法律制度体系，补齐金融法律的短板。利用法治手段形成统一开放、有序竞争的市场体系，有效保护金融投资者、消费者的正当权益。金融立法能力明显提升，能够跟上金融业务创新和监管的需要。

（二）近中期金融体系主要指标的预测

根据国际经验，结合中国现实，对 2025 年金融体系的主要指标进行设定和预测。一方面，指标是以现实状况为基点做出的预测；另一方面，指标具有指向性、引导性，体现了适应现代化目标的金融体系“应该”的理想图景。

1. 金融业增加值占 GDP 比重可控制在 6% 左右

主要经济体金融业增加值占 GDP 比重的变化有两个典型性事实。一是金融业增加值占 GDP 比重具有较强的周期性，金融风险暴露较少时期金融业增加值比重高，金融风险集中暴露时期金融业增加值占 GDP 比重低。为此，我们用相对较长时期内的平均值来作为某一时点的预测值。二是金融业增加值占 GDP 比重的高低与经济结构差异相关。日德等工业或制造业比重高、出口比重高的经济体金融业增加值比重低，英美等工业或制造业比重较低、出口比重相对较低的经济体金融业增加值高。过去 20 年，美国和英国金融业增加值占 GDP 比重的平均值分别为7.2%和6.9%，日本和德国则分别为5.6%和4.1%。

当前，我国金融业增加值占GDP比重过高。2018年，金融业增加值占GDP比重仍高达7.7%，既高于英美金融业增加值比重的平均值，更大幅超过日德的水平。金融业增加值比重过高意味着金融和实体经济失衡，是国民经济重大结构性失衡的典型体现。面向现代化的金融体系是一个金融和实体经济关系相对均衡的金融体系，这需要金融业增加值占GDP比重有趋势性下降。实际上，当前我国经济金融政策的重要目标就是推动金融和实体经济再平衡。

考虑到金融风险的持续暴露仍将持续较长一段时间，预计2025年之前金融业增加值占GDP比重将延续2016年以来的下降态势。从经济结构或工业及制造业比重看，中国与日德经济结构更为类似，金融业增加值占GDP比重的最优区间应更加接近于日德。过去20年间，日德金融业增加值平均值为4.9%。但从当前金融体系现状看，中国金融业增加值比重与英美更为接近。过去20年间英美金融业增加值占GDP比重平均为7.1%。综合考虑最优区间和当前状态，2025年中国金融业增加值占GDP比重目标可设定在6%左右。

2. 金融结构：预计2025年银行业提供的债务融资比重在70%左右

主要经济体债务融资结构的变化有三个特征性事实。一是不同类型经济体债务融资结构明显不同。日德等银行主导型经济体债务融资中，银行占比更高；英美等市场主导型经济体债务融资中，银行占比相对较低。2018年，德国和日本分别为70.4%和69.3%，美国和英国分别为34.0%和52.2%。二是债务融资结构的变化通常是渐进的，短期内难以大幅度变化（一旦短期内比重快速上升，可能引发金融风险）。三是债务融资结构的演进趋势并不完全一致。比如，德国和日本金融结构的演变就出现不同的方向，德国银行业比重下降而日本银行业比重上升。2018 年末德国银行业提供债务融资比重为 70.4%，较 2010 年末下降 4.6 个百分点，年均下降 0.6 个百分点左右；日本银行业提供债务融资比重为 69.3%，较 2010 年末上升 6.3 个百分点，年均上升 0.8 个百分点。

中国是银行主导型经济体，就 2025 年中国金融体系而言，日德金融结构更具可参照性。2018 年 2 月末，中国债务融资结构中，银行业比重为 77.2%。考虑到提高直接融资比重，适当降低对银行业的依赖度是金融政策的重要导向，可预计未来一段时间银行比重会持续下降。若按照 2010 年以来的趋势简单外推，2025 年银行业债务融资比重可达到 70% 左右，与当前日德水平基本相当。

3. 人民币国际化水平：预计 2025 年人民币占全球外汇储备份额达 5% 左右

未来一段时间，我国金融体系国际化程度将会大幅度提升，外资金融机构数及份额、中资金融机构国际业务比重、金融市场外资参与比重、人民币国际地位（如人民币占全球外汇储备份额）预计将有明显提升。由于金融业准入开放程度、金融市场开放度、金融机构国际化程度等指标较难预测，且均与人民币国际地位相关，为此，我们主要关注人民币占全球外汇储备份额这一指标。

美元、欧元、日元、英镑、加元和人民币为当前全球六大储备货币，2018 年三季度末，其份额分别为 61.94%、20.48%、4.81%、4.34%、1.88% 和 1.80%。国际储备货币结构的变化滞后于全球经济格局的变化。虽然当前人民币 1.80% 的份额较过去几年已有大幅度增长，但总体上仍明显低于日元和英镑的水平。

未来一段时间，虽然人民币国际化进程可能出现反复，但日元国际化和德国马克国际化的经验表明，国际货币体系变化的总体态势仍是与经济格局变化相匹配的。考虑到中国经济规模已经达到日本2.5倍，2025年预计将超过3倍，预计2025年人民币有望达到与当前日元相当的水平，即达到5%左右。

4. 预计2025年银行业金融总资产规模将达到393万亿元

回顾我国银行业总资产增速的年度数据，“十一五”“十二五”和“十三五”时期，银行业总资产增长率均呈台阶式下降趋势。这与我国GDP同比增长数据的变化规律一致。在研究我国银行业总资产数据时，我们利用阶段性增长率预测法。即根据不同发展时期的GDP增速设定不同的增长率，依据是银行业金融机构总资产的扩张同我国GDP总量的增长存在强相关的关系。将2020～2025年GDP增长率设定为6%；2026～2035年增长率设定为5%。按这样的情境预测到2025年，我国银行业金融机构资产可达393万亿元，到2035年可能达到640万亿元（见表2）。

表2　银行业金融机构相关指标预测　　单位：万亿元

年份	银行业金融机构	政策性开发性金融机构	商业银行	非银行业金融机构
2020	293	30	230	14
2025	393	40	307	19
2035	640	66	501	31

资料来源：作者估算。

5. 预计保费收入名义增速平均超过10%

在对保费收入进行长期预测时，国际社会普遍存在一个经验假设，即保险消费的增长遵循一个S曲线，在经济发展的较低阶段保险消费增长较慢。过了一定临界点后，随着保险市场和经济的扩张，增速加快。再过一定临界点后，随着市场成熟，保险消费增速又重新下降。SWISSRE（2015）的实证研究表明，人均GDP在5000～35000美元时，保费收入相对于经济增长的弹性要大于1，即保费收入增长率大于GDP增速，通常约为2倍。当然，也有一些经济体对S曲线有较大偏差，这主要受到社会保障结构、自然灾害管理方式等因素的影响。

整体来看，中国保费收入增速比较契合S曲线，正处于S曲线中部的高速增长期。2000年以来，多数年份我国保费收入增速都远远高于GDP增速。2001～2018年的18年间，共有6年时间保费收入名义增速小于GDP增速（2011年保费收入增速为负数）；有2年时间保费收入仅高于GDP增速1～2个点，其他10年时间，保费收入增速都在GDP增速2倍左右。中国保费收入的增速波动要显著大于GDP名义增速的波动幅度，其中人身险市场的增速波动更为突出。这显示出中国保险市场（特别是寿险市场）仍然是一个不成熟的市场，很容易受到短期因素的影响。

未来，我国将通过深化改革、拓展需求等方式，着力推动保险市场的规范、稳健发展。由于直到2035年，我国人均GDP水平预计还将落在S曲线的高速增长区间内，保费收入名义增速仍将显著高于GDP名义增速。此处预测保费收入增长弹性约为GDP增速的1.5倍。因此假设2019～2025年保费收入名义增速为13%；2026～2035年保费收入名义增速为10%（GDP增速和人口变化的基础预测假设见表3）。

按照上述增速，2025年和2035年保险业的相关指标预测如表4。对比全球数据，到2025年，我国保费收入仍然位居全球第二，但保险深度、保险密度已经赶超全球平均水平。到了2035年，我国保费收入总规模将超过美国，位居全球第一（假设美国平均保费增速为3%），保险深度与美国当前水平类似，人均保费将达到当前美国水平的一半左右。

表3　我国金融体系相关指标预测的基本假设

GDP增速					
起始年度	起始年度GDP总额（亿元）	2019～2025年GDP实际增长率（%）	2019～2025年GDP名义增长率（%）	2026～2035年GDP实际增长率（%）	2026～2035年GDP名义增长率（%）
2018	900309	6.50	9.00	5.00	7.50
人口变化					
起始年度	起始年度中国人口规模（亿人）	预计2025年人口（亿人）	预计2035年人口（亿人）		
2018	13.9008	14.3883	14.3350		

说明：①假设GDP平减指数保持不变，为2.5%。②对于中国未来人口变化有各种预测结果。本部分选取联合国2017年发布的预测结果。

表4　2025年、2035年保费收入、保险密度、保险深度预测

年份	GDP总额（亿元）	保费收入（亿元）	保险深度（%）	保险密度（元/人）
2018	900309	38017	4.22	2735
2025	1645800	89439	5.43	6216
2035	3392046	231981	6.84	16183

资料来源：作者估算。

6. 保险机构总资产预计将在2025年达到49万亿元

从2001～2018年数据看，保险资产增速远超过保费收入增速，背后的主要驱动力在于理财型产品的快速发展，部分现金流入计入资产，但并不算作保费收入。2017年以来，随着对保险市场的整顿，高现价短期产品等违规产品退出市场，保险总资产的增速明显下滑，保险资产占GDP的比重维持在20%左右（见图1、图2）。

预计未来保险资产增速以略快于保费收入的增速增长，平均快2个百分点。2025年，我国保险业总资产约为49万亿元，占GDP的比重在30%左右。2035年，保险业总资产约为151万亿元，占GDP的比重约为45%，与当前美国保险业总资产占GDP的比重持平（见

表5）。保险业作为资本市场重要机构投资者的地位将会进一步加强。

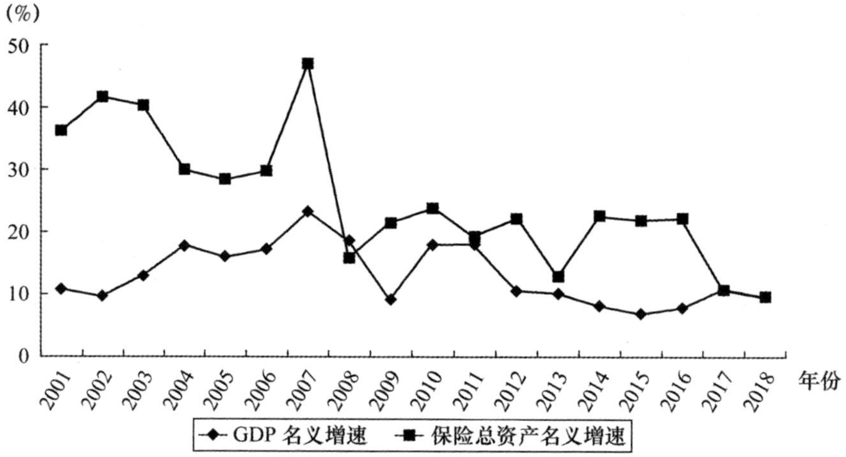

图1　保险总资产名义增速

资料来源：作者计算。

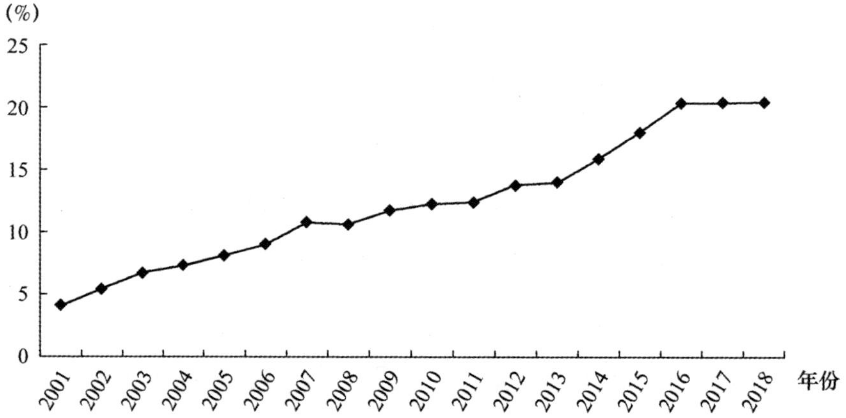

图2　保险总资产占 GDP 的比重

资料来源：作者计算。

表5　　2025 年、2035 年保险资产状况

	2018 年	2025 年	2035 年
保险业总资产（亿元）	183309	487606	1514429
保险总资产占 GDP 的比重（%）	20.36	29.63	44.65

资料来源：作者计算。

7. 保险结构朝着更优化方向调整

中国保险公司产品结构存在错配问题。寿险公司中理财产品占据过高比重，养老保险、健康保险占比偏低。财险公司中车险一枝独秀，占据七成左右的份额（见表6）。自2017年开始，保险市场产品和服务结构已经开始了新一轮的深度调整和转型。

表6　2025年、2035年我国特定保险产品预计占比　单位:%

保险产品	2017年	2025年	2035年
车险	71. 4	68	60
责任险	4. 3	6	10
普通寿险	49. 7	55	60
健康保险	15. 3	25	33

注：车险和责任险占比为占财险公司比重；普通寿险和健康险为占寿险公司比重。
资料来源：2017年数据来自《中国人民银行金融稳定报告》。

预计到2025年，保险公司产品结构调整会见到较为明显的效果。寿险公司中保障类产品、健康险产品比重将进一步提升，财险公司中车险比重将有所下降，责任险、财险、农业保险比重将进一步上升。

预计到2035年，保险产品和服务供给将更加优化，保险服务国家重大战略、经济转型升级、民生保障职能显著发挥，在经济损失补偿、灾害事故应对、促进资金融通、完善社会治理、优化资源配置等领域的作用日益提升，多层次、个性化保险需求得到基本满足。保险服务品质大幅改善，销售误导、理赔难问题明显化解，消费者满意度普遍提高。

三、培育富有活力、适应科技变革、股权多元的微观金融主体

（一）优化国有金融资本战略布局

国有金融机构占主导地位是我国金融体系的显著特征。表7列出了2017年金融企业国有资产分布的情况：从中央层面看，国有金融资产占到所有金融资产的70.3%；从地方层面看，占到69.9%。2018年世界银行统计了91个国家和地区政府持有银行资产在银行业总资产中的占比，平均大约为18%。我国大约为此值的3倍。

表7　　2017年我国金融企业国有资产分布　　单位：%

	中央层面		地方层面	
	金融机构资产总额占比	国有资产占比	金融机构资产总额占比	国有资产占比
银行业	84.8	65.3	89.1	54.2
证券业	0.6	1.8	4.4	12.6
保险业	3.7	3.2	2.8	3.1

资料来源：《国务院关于2017年度金融企业国有资产的专项报告》。

一国政府拥有多少、拥有什么样的国有金融机构，归纳起来大概有以下四种情况。一是解决市场失灵问题，降低信息不对称和负外部性。二是实现特定的经济社会发展目标。三是加强逆周期调节，提升金融体系稳定性。四是获取经营利润。20世纪80年代以来，在自由化经济思潮的影响下，西方国家国有金融机构占比又总体下降。但2008年金融危机后，部分国家国有金融机构占比又略有上升（见表8）。

我国国有金融资产布局战略安排不足。目前，国有金融资本过于集中于银行业，对于非银行金融机构配置不够。过于集中于国有商业

表 8　1995～2010 年部分国家国有银行资产占银行业资产比重　单位：%

收入组	国家	1995 年	1999～2001 年	2008 年	2010 年
发达国家	澳大利亚	44	0	0	0
	韩国	29	35	22	22
	德国	27	42	35	32
	意大利	34	14	0	0
	英国	0	0	1	26
发展中国家	印度尼西亚	64	44	38	38
	罗马尼亚	89	56	6	8
	俄罗斯	54	52	38	41
	巴西	60	42	40	44
	墨西哥	53	13	14	13
	印度	77	78	70	74
	巴基斯坦	76	54	21	21
	南非	2	0	0	0
	加纳	68	25	10	10

注：此处的国有银行是指政府持股超过 50% 的银行。

资料来源：World Bank（2018）。

金融机构，对于开发性、政策性以及基础设施类金融机构投入不够。过于集中在大型金融机构，对小型特色专业的金融机构支持不够。

2018 年 7 月中共中央、国务院印发了《关于完善国有金融资本管理的指导意见》，对国有金融机构的出资人进行了明确。文件还提出“有进有退、突出重点，进一步提高国有金融资本配置效率，有效发挥国有金融资本在金融领域的主导作用，继续保持国家对重点国有金融机构的控制力，显著增强金融服务实体经济的能力”。根据文件的精神，根据业务属性、政策目标可将国有金融机构分为重点配置和市场化配置两大类。

重点配置的国有金融机构包括以开发性、政策性、普惠性、基础性业务为主的国有金融机构。其中，对部分具有战略意义的金融基础设施类和开发类、政策类国有金融机构，国家应始终保持独资或绝对控股；对部分符合现代化经济转型方向但民间投资动力不足的领域，如科技银行、绿色银行、社区银行、专业保险公司等领域，应适当加大国有资本投资力度，在一定时期保持国有股占据主导，以更好发挥国有金融机构培育市场、填补空白的先导作用。

市场化配置的国有金融机构主要是指商业金融机构。针对商业国有金融机构，国有资本的出资人在公司治理架构下与民营股东、外资股东地位相同。国有金融资本出资人可以绝对控股、相对控股，也可以参股商业金融机构，决策目标是资本配置绩效最大化。在竞争中性原则得到充分贯彻情况下，无论控制权从民营股东转到国有股东，还是从国有股东转到民营股东，都遵循市场化原则行事，属于资本市场中正常的控制权转移。

对于重点配置的国有金融机构，可明确财政部是直接出资人。采取两层级管理模式，即财政部—金融机构，即财政部直接持股。

对于市场化配置的国有金融机构，应在确保财政部出资人代表地位的前提下，由财政部授权国有金融资本投资运营公司等主体作为国有金融机构的直接出资人。采取三层级管理模式，即财政部—国有金融资本投资运营公司（如汇金）—金融机构；财政部委托国有金融资本投资运营公司直接持有国有金融机构股权，按照市场化原则进行国有金融资本动态调整。

对于当前由汇金公司和财政部共同持有股权的国有金融机构，应根据其性质（重点配置还是市场化配置），将股权逐渐让渡归集到财政部或者汇金公司。国务院对财政部的国有金融资本配置绩效进行定期考核评估；财政部则对汇金公司的国有金融资本配置绩效进行定期考核评估。二者的绩效考核体系有所不同，前者侧重社会性、公益性目标的实现，后者则以财务绩效为主。

（二）推动新型金融科技公司健康发展

金融科技源于移动互联、大数据、人工智能和区块链在金融领域的应用。在此轮变革中，专注于利用科技手段提高金融效率的新型金融科技公司异军突起，已成为我国金融体系中的重要组成部分。预计未来一段时间，我国金融科技公司仍将快速发展。金融科技规模将继续扩张，科技创新水平有望保持国际领先水平。金融科技公司的高速发展将对行业带来广泛挑战。

推进金融科技公司健康发展的关键环节是有效监管。一方面，金融科技公司涉及金融业务，需要按照功能监管的相关要求，实施与传统金融企业同等强度的监管力度。防止出现监管套利，既冲击原有金融体系，又累积金融风险。另一方面，金融科技公司在实现相关金融功能时有大量的技术和商业模式创新。实行包容性监管，才能为新技术和商业模式的应用创造条件，保证其可以跨越最低的盈利规模。对其监管应坚持分类施策、突出重点的原则。

——对于大数据分析类金融科技公司，要加强信息安全方面的监管。大数据技术开发及应用是我国金融科技公司主要业务板块。应在充分考虑风险隐患情况下完善征信业尤其是大数据征信的监管框架，并着重加强信息安全方面监管。

——对于网贷平台类金融科技公司，可调整网贷平台登记备案制度和监管机制。以中国互联网金融协会（以下简称互金协会）为主开展登记备案工作。由互金协会会同银保监会、地方金融办、公检法等相关部门，建立联席会议制度，共同制定网络借贷行业准入规范、违规处罚措施等法律法规。

——对于综合化金融业务平台类金融科技公司，要加强穿透式监管。应按照即将出台的金融控股公司监管框架，以并表监管为基础，进行全面、穿透式监管，防范化解金融风险。

——运用“监管沙盒”理念增强金融科技公司监管的灵活性。一是以监管科技为基础，在一定期限、一定范围内考量金融机构和金融科技公司的协同效应和共生发展路径，总结试点工作的成功经验。二是对金融科技公司的监管可以有适当的灵活性，鼓励金融科技公司在法律法规允许的范围内探索新的业务模式。

——强化金融消费者投资者保护机制，改进风险教育方式。金融科技公司的发展，使之前传统金融领域未覆盖人群开始接触并使用数字金融服务。可将金融消费者投资者保护职能从“一行二会”分离出来，增设独立的金融消费者保护局，并将金融科技公司参与的金融活动纳入保护范畴。

（三）深化金融机构公司治理改革

公司治理是现代金融企业制度的核心。随着现代企业制度不断演进，公司治理内容和实践不断发生变化，参与治理的主体越来越多，机制也越来越丰富。经过多年建设，我国金融机构已经在形式上搭建起了公司治理架构，但其并不能适应高质量发展的要求。主要表现为以下五个方面。一是重形式轻实质，特别是在监督机制上“形似而神离”问题突出。“三会一层”内部制衡机制往往流于形式，外部约束机制也常常不能到位。二是股权结构复杂，股权和股东相关的治理问题突出。三是在管理层薪酬和任命管理方面市场机制发挥作用不够。四是金融体系中极为重要的金融控股公司的公司治理建设比较薄弱。

五是党组织尚未深度内嵌到国有金融机构公司治理结构中。

中国金融公司治理水平不高是与整体公司治理水平不高相联系的。根据亚洲公司治理协会出版的《公司治理观察报告》，中国公司治理整体水平近年来呈下降态势，得分从2010年的49分下降到2016年的43分。2016年，在亚洲公司治理协会发布的亚洲十一个国家和地区公司治理评估报告中，中国排名第九。

建设面向现代化的金融体系，迫切需要通过深化改革，使金融机构公司治理从形式走向实质，切实发挥作用。

——加强党对金融工作的领导，将党组织深度内嵌到国有金融机构公司治理中。厘清党组织与“三会一层”决策权责边界，以合法合规的方法，实现党对国有金融机构的领导。

——强化监管对金融机构公司治理建设的引导作用。一是提高合规性监管。监管机构应在股权管理、加强董事会建设、明确监事会法定地位、规范高管层履职、加快建立业绩考核机制、建立市场化退出机制、健全金融控股公司管理办法等方面强化制度建设。二是增加监管有效性。监管机构应进一步建立和健全金融机构公司治理评价和预警体系，并把治理表现与监管激励挂钩，把公司治理的完备性作为监管资源配置的重要标准，对于公司治理水平高的金融机构，在市场准入、高管资格审查、信贷投放等方面获得更多资源倾斜。

——学习借鉴国际规则，对相关公司治理规则进行更新修订。国际金融危机之后，国际社会对金融机构公司治理规则进行了持续更新，其中一些内容和最佳实践还没有被我国吸收。例如，2015年颁布的《G20/OECD公司治理原则》有不少有价值的新内容，在我国现有公司治理规则中还没有充分体现出来。

——优化股权结构，强化股东管理，提升机构投资者在治理中的作用。一是优化国有金融资本配置。二是加快推进完善国有金融资本管理体制。三是优化地方法人金融机构股权结构。通过减持、增资扩股等方式，引进规模较大、公司治理规范、长期投资的机构投资者参与地方法人金融机构股权改造，形成股东结构合理、股权比例有效制衡的格局。四是积极探索职工持股计划。五是强化股权股东管理。应严格审查股东资质，了解核实股东入股资金来源和关联关系，提高股权透明度，规范隐性的“股权代持”行为。六是吸收国际经验，提升机构投资者在公司治理中的作用。

——强化风险内控机制建设，建立有效的激励约束机制，加强外部市场约束，提高公司治理的有效性。一是加强董事会建设，强调董事会在内部控制和风险管理方面的全面及首要责任。二是加强薪酬管理，细化相关规定，逐步建立更加市场化的激励机制。三是提高透明度，强化信息披露的外部市场约束作用。

——加强对金融控股公司治理的监管。2008 年国际金融危机后，国际组织及相关国家都在强化对金融控股公司的监管和公司治理要求。我国应该借鉴国际经验，结合国情，通过明确法律定位、优化股权结构、严控关联交易、强化董事会建设等方面着手加强对金融控股公司的监管。

四、推动金融要素市场化，补足金融产品短板

（一）积极稳妥推动利率汇率市场化改革

2012 年全国金融工作会议后，特别是十八届三中全会以来，我国利率市场化改革明显提速。一是利率“放得开”方面的改革取得决定性进展。存贷款利率管制已基本放开。二是“形得成”方面的改革取

得积极进展。培育了贷款基础利率、国债收益率曲线和货币市场基准利率等定价基准，完善了贷款市场报价利率（CPR）形成机制，增强了金融机构定价能力，建立了市场利率定价自律机制。三是“调得了”方面改革也在积极推进。

随着利率市场化的推进，市场在利率形成方面发挥的作用不断增强。2012 年存贷款利率管制放开前，金融机构人民币贷款中利率上浮 30% 以上贷款的比重在 20% 以下。2015 年存贷款利率管制基本放开后，这一比重在 2015 ~ 2017 年达到 30% 左右，2018 年更是高达 37.7%。进一步推进利率市场化，发挥利率在资金配置中的决定性作用，需要推进以下工作。

——稳步推进利率并轨。一方面，不断提升存贷款市场对金融市场利率的敏感度。另一方面，稳步打破刚性兑付，统一表内外业务监管标准，加强金融乱象治理，实现表外业务的逐步归表化，祛除金融市场利率形成中的刚性兑付、监管套利因素。

——完善政策利率调控体系。要继续培育中央银行货币市场政策利率，通过加强监管协调等方式降低政策利率波动性，增强政策利率的基准性，提升政策利率的传导效率。要继续完善包括利率走廊机制，如完善公开市场操作一级交易商制度，完善常备借贷便利（SLF）抵押品体系，着力发挥利率走廊在引导市场预期、稳定市场流动性、平抑利率波动等方面的功能。

——继续健全市场利率体系。增加同业市场中报价银行的数目，增强市场活跃性，提高市场利率的代表性。优化监管考核制度，降低监管带来的市场利率的波动性。培育中长期政策利率。发展国债期货、增强国债市场统一性、提升关键品种国债发行规模和节奏，完善国债收益率曲线。

——着力增强金融机构市场化定价能力。一方面，打破刚性兑付和祛除隐性担保，使利率定价能充分反映真实的信用溢价。另一方面，要继续推动金融机构商业化，健全金融机构内控制度、建立健全内部资金转移定价机制，强化金融机构的风险管理水平和自主合理定价能力。此外，还要建立健全定价自律机制，强化金融机构市场化定价的自律规范意识。

——强化融资主体债务约束。实体经济充斥大量利率不敏感的不合格融资主体，是利率传导机制不顺畅的重要原因。要推动“僵尸企业”清理，硬化国有企业特别是地方政府融资平台资产负债约束机制，完善地方政府举债约束机制。要推动高负债企业去杠杆，及时处理不良资产，降低市场主体中过度负债企业比重。

（二）深化我国股票发行制度改革

股票发行制度是资本市场的基础性制度。股票发行制度主要有审批制、核准制和注册制三种。审批制是完全计划发行的模式。核准制是从审批制向注册制过渡的中间形式，也是我国目前主要采用的发行制度。注册制是最为市场化的模式，是目前成熟股票市场采用较多的发行制度，也是我国股票发行制度的改革方向。

三种发行制度之间尤其是核准制和注册制之间并非截然对立、严格区分。无论核准制还是注册制，都需要重视信息披露，确保企业能够真实、准确、完整、及时披露相关信息。注册制相对于核准制，对信息披露要求更高，强化了发行人、中介机构等主体的责任。实行注册制的市场对新股公开发行也存在实质性审核，并非仅是简单备案。如美国、日本、中国台湾的股票发行都要进行审核，以控制证券投资者的风险。中国台湾为实质性审核，日本为形式审核加实质性审核，美国则以形式审核为主，也含有部分实质性审核。实施股票发行注册制能够分离发行和上市，但依然有上市门槛设定。例如纽约证券交易所、纳斯达克证券市场的上市要求中都包括了关于规模和盈利的具体指标要求。只是注册制下的上市标准相对核准制下更加灵活和具有弹性。

2019 年 3 月 1 日，证监会发布了《科创板首次公开发行股票注册管理办法（试行)》和《科创板上市公司持续监管办法（试行)》，同时经证监会批准，上海证券交易所、中国证券登记结算有限公司发布相关业务规则，标志着股票发行注册制以单独试点的方式进入实施阶段。股票发行注册制度应在科创板试点基础上，不断改进制度规则，完善配套制度，逐步在创业板、中小板和主板推进实施。

——明确注册制本质，建立完善改革评价标准。衡量科创板注册制试点是否成功的标准，不应过多考量上市公司家数和规模、融资规模等数量指标，而应更加重视质量指标即市场效率提升，要看是否有利于提升上市公司的质量、有利于优质科技创新企业发展、有利于激发资本投入孵化出更多科技创新企业、有利于发挥市场价值发现功能和做到依法监管严惩违规。

——持续改进和渐进推进注册制试点。注册制相关各项改革应相互配合，稳步实施。在科创板注册制试点不断成熟的基础上，稳妥推进注册制在创业板、中小板和主板实施。这三个板块实施注册制首先需消化存量排队上市公司，使 IPO 常态化，缩短上市周期；再根据市场基础制度和金融监管的完善情况，逐步简化发行流程，减少对发行价格、融资规模、发行节奏的控制，更多交由市场决定。审核权逐渐从证监会下移至交易所。

——注册制改革不能单兵突进，应结合《证券法》修订和加快市场基础制度改革，加快市场基础制度完善。

——稳步推进证券交易所改革。应稳步推进证券交易所改革。一是继续夯实交易所尤其是上海证券交易所的一线监管职能。二是推动交易所之间适度竞争。设置多层次、差异化的市场定位和股票发行上市标准，完善对交易所的约束和激励机制。

（三）深化我国保险业市场化改革

近年来，我国不断推进保险市场准入退出、保险产品与费率、资金运用等领域的市场化改革。但由于产权制度、公司治理、监管等制度性安排仍有待完善，市场化改革仍面临一些问题与挑战：一是市场准入门槛高，抑制了竞争；二是市场退出机制不健全，没有形成硬性的市场约束；三是费率市场化改革有待深化，市场主体短期行为突出；四是保险资金运用市场化改革有待进一步推进；五是股权改革有待深化，法人治理结构亟须完善；六是对外开放水平有待提高。

深化保险业改革的核心就是发挥市场在资源配置中的决定性作用，并与此同时加强政府监管水平和能力。具体可从以下几个方面推进。

——逐步放松对市场准入的行政管制。一是适当降低保险公司市场准入的最低注册资本门槛。二是降低保险中介准入门槛，尤其是大幅度降低保险专业代理公司的准入门槛。三是对保险中介实行注册制改革。改革可以从专业保险代理公司起步，由审批制改为注册制。

——完善市场退出机制，逐步允许相关机构破产。一是完善退出机制的法律体系。通过专门的立法，详细规定退出标准、退出条件和操作流程，对不同情形的市场退出与风险处置措施的适用条件要加以明确，以增强被监管对象的预期，为保险市场退出提供有力的法律保障。二是明确破产管理和退出的具体流程，构建可操作的市场退出机制。三是引入机构破产机制，实施真正意义上的市场退出。

——深化商业车险为代表的费率市场化改革。一是健全商业车险条款形成机制。二是健全商业车险费率形成机制。三是加强和改善商业车险条款费率监管。四是强化信息披露，建设透明的保险市场。五是提升保险业在风险管控、产品定价等多方面的能力，为费率市场化提供技术保障。

——深化保险资金运用市场化改革，增加市场主体资产配置选择空间。一是要逐步放开能够有效匹配保险资金运用需求的投资领域。二是要促进负债端保险业务与资产端投资业务的融合。三是要根据现实情况和市场需要，调整现行法规制度中操作性和适用性不强的条款，适当扩大投资运作空间。四是要积极培育保险资产管理市场。

——加快推进混合所有制改革，逐步降低国有资本比重，完善治理结构。一是积极引入民营资本参与国有企业混合所有制改革。民营资本可通过出资入股、收购股权、认购可转债、股权置换等多种方式，参与国有保险公司的改制重组或增资扩股以及企业经营管理。二是积极引入外资战略投资者，优化国有保险公司的股权结构。三是推动员工持股试点。四是健全混合所有制企业治理机制。

——深化保险业对外开放。一是落实加快开放步伐，放宽外资持股比例上限。二是降低市场准入壁垒，提高开放的力度。三是优化监管环境，降低竞争的隐形壁垒，使本国与外国的保险机构具有同等的市场地位，进一步推动外资投资便利化。四是开放的节奏要和风险防范与监管的能力相适应。

——完善符合现代保险市场体系要求的保险监管。一是加强宏观审慎监管，防范和化解系统性金融风险。二是完善偿付能力监管体系。

推动偿二代二期工程建设，进一步提高偿付能力监管的科学性、有效性和针对性，更好地适应我国保险业发展改革、风险防控和金融安全的要求。三是加强消费者保护。

（四）加快构建面向现代化的金融和商品衍生品市场

发展衍生品市场，对于优化资源配置、完善风险防范、提升金融市场的广度和深度具有重要意义。当前我国正处于全面深化改革的关键阶段，利率和汇率市场化快速推进，这对发展衍生品市场提出了更高要求。

目前我国衍生品市场发展有以下特点：一是商品衍生品快于金融衍生品发展；二是期货快于期权等其他衍生品发展；三是场内衍生品快于场外衍生品市场；四是金融机构参与深度高于产业参与者。

衍生品市场对深化金融市场发展、服务实体经济具有重要作用。当前，我国衍生品市场发展正面临重要的战略机遇期，应在风险可控的前提下，积极稳妥推进我国衍生品市场发展。

——优化衍生品产品结构，建立高质量、多元化的衍生品体系。逐步增加衍生品种类，形成门类齐全的产品体系，促进多层次衍生品市场发展，为经济发展提供可靠、广泛的价格参考和风险管理工具。

——加快市场主体培育，丰富衍生品市场投资者队伍。发挥龙头企业、行业协会等的纽带作用，促进现货和期货市场更紧密衔接，鼓励专业服务机构为上下游企业提供专业化、个性化的风险管理服务，引导有风险管理需求的工农业企业积极参与衍生品市场。

——完善衍生品市场监管，助力防范和化解金融风险。把完善衍生品市场监管和促进衍生品市场发展放在同等重要的位置，在“管得住”的前提下，积极稳妥推动衍生品市场发展。

——逐步加大衍生品市场开放，提高国际化程度。积极试点引入境外投资者，研究税收、交易、汇兑、交割等相关政策，为境外投资者参与境内交易提供便捷通道，提高境外投资者对我国衍生品市场的参与度，提升国际化服务水平。

五、完善金融调控和监管，提高金融治理现代化水平

（一）以宏观审慎政策为抓手完善双支柱金融调控体系

由货币政策体系和宏观审慎政策体系构成的金融调控体系，是当前金融体系的重要组成部分。当前，货币政策从数量型向价格型的转换正在顺利推进。完善宏观审慎调控成为下一步健全金融宏观调控的重要内容。全球金融危机以来，各国纷纷从目标、工具和治理架构等方面着力构建宏观审慎框架。

在目标方面，许多国家均将宏观审慎政策作为一类区别于货币政策和微观审慎监管的独立政策，并将其政策目标设定为防范化解系统性风险。

在政策工具方面，围绕降低时间维度脆弱性（与随着时间推移而累积的风险相关的脆弱性）和结构性维度脆弱性（在某一给定时点金融体系内的相互关联性及风险分布带来的脆弱性），各国创设了形式多样的宏观审慎政策工具。总体而言，这些工具可以分为五类：总体性工具、居民部门工具、企业部门工具、流动性工具和结构性工具。

在治理架构方面，各国差异明显。总体而言，可以分为三类模式：中央银行理事会/行长模式、中央银行内部委员会模式、独立委员会模式。从现有实践看，宏观审慎政策的制度框架安排具有三方面的特点。一是各国对宏观审慎政策制度框架的选择通常与各国国情相关。比

如，在中央银行同时也是主要金融监管机构时，该国通常选择中央银行理事会/行长模式。二是在大多数国家中央银行均处于最重要的地位。三是财政部和金融监管部门也发挥着重要作用。比如，在法国、德国、美国等主要经济体，财政部均是独立委员会的牵头单位或主席单位。

全球金融危机以来，中国也在不断建立健全宏观审慎政策框架，确立了宏观审慎政策的金融调控政策地位，明确了宏观审慎政策框架的治理架构，创设了不少宏观审慎工具。建立适应于打好防范化解重大风险攻坚战，服务于高质量发展的宏观审慎政策框架，近期可从以下方面着手。

——将财政部门纳入宏观审慎框架治理架构，强化宏观审慎政策与财政政策的协调性。当前，中国宏观审慎框架治理架构的一个突出缺陷在于财政部门发挥作用不够。财政问题金融化、财政和金融的边界再度模糊化，是近年来中国系统性风险累积（如地方政府隐性债务快速膨胀）的重要根源。

——创设风险权重类居民部门宏观审慎工具，防范资产泡沫风险。国际经验表明，房价及个人住房贷款快速增长的同时出现是系统性风险累积的强有力的领先指标。房价快速上涨及个人住房贷款的快速增长已成为可能导致中国系统性金融风险的重大隐患。

——创设企业部门宏观审慎工具，推动企业部门去杠杆。从推动企业部门去杠杆的角度，可考虑创设针对国有企业（特别是地方国有企业①）创设风险权重类宏观审慎工具，对特定类型国有企业贷款要求相对更高的风险权重。

---

① 当前，地方国有企业是国有企业加杠杆的主体，2018 年国有企业负债增量中地方国有企业占 80% 左右。

——注重宏观审慎政策与微观审慎监管之间的协调配合。一方面，要做好两类政策的“动静”搭配。宏观审慎政策具有逆周期调节功能，具有“动”的属性，强调更具金融周期和风险情况进行相机抉择，重在防范风险或减轻风险冲击力度。微观审慎监管不应被赋予逆周期调节功能，具有“静”的属性，应强调基于规则和规则的稳定性，重在维护金融秩序、避免道德风险和劣币驱逐良币。另一方面，要做到两类政策的合理分工。

（二）统筹推进金融基础设施建设

当前我国主要的金融基础设施分为支付系统、中央证券存管与结算系统、征信系统、质押登记系统、金融信息统计五个类别，每个系统之下又分为多个子系统。

发达国家在国际金融危机之后强化了对金融基础设施的重视和监管。将建设金融基础设施提高到国家战略高度，并将系统重要性金融基础设施亦纳入宏观审慎监管视野。与此同时，金融市场基础设施有了国际监管规则。在统筹推进我国现代化金融基础设施建设中，必须遵循战略性、协同性、国际性、科技性的原则。近期可从以下几个方面入手。

——出台我国金融基础设施建设的顶层设计文件。清楚界定金融基础设施的内涵，对一些关键问题给出导向性规定。

——建立“系统重要性金融基础设施机构”制度。对我国各类金融基础设施机构进行梳理，以确定系统重要性金融基础设施机构名录。

——加强金融基础设施的监管协调。加快推进债券托管结算体系的监管协调。推进质押登记体系的监管协调。可由中国人民银行牵头，统筹整合我国已有的各项财产权利质押登记系统，建立全国统一的登记公示系统，为金融业务创新发展，特别是普惠金融业务的创新发展提供服务。建立金融与非金融信息的对接共享通道。

——加强金融基础设施的国际合作力度。推动中国金融基础设施规则与国际规则的接轨，在考虑中国国情基础上，最大限度地采纳《金融市场基础设施原则》。借助“‘一带一路’国际论坛”等平台，发起“发展中国家金融基础设施联通倡议”，积极打通“一带一路”沿线国家的货币支付与清算等金融市场基础设施合作通道，推动金融基础设施的跨境互联互通。

——统筹推动征信体系发展。推动小贷公司、网贷机构全面接入中国人民银行征信系统，实现互联网金融、互联网电商等领域的信用信息覆盖。在建立统一框架和标准基础上，在中国人民银行征信系统与其他各类企业征信系统、个人征信系统之间建立适当的信息共享和交流渠道。

——支持金融科技在金融基础设施中的运用试点将区块链等技术运用于现有金融基础设施平台上，以实现流程再造和效率提升。支持金融基础设施机构加大与金融科技公司的合作，提升新技术的运用空间。

（三）以理念调整为抓手，加快推动金融监管体系变革

“十三五”开局以来，随着监管理念的重要调整，我国金融监管体制改革取得了重要进展。下一步，要根据现代化经济体系建设要求，坚持立足国情又放眼全球，继续深入推进金融监管理念完善，以此引领金融监管体制机制改革。一是厘清监管、政府和市场的关系，形成三者之间的良性互动机制。二是明确金融监管定位，厘清一系列关键关系。三是统筹考虑机构监管与功能监管。四是直面金融科技带来的

风险，及时调整监管范式。当前应抓紧补齐我国金融监管体制存在的短板，守住不发生系统性金融风险的底线。

——以综合统计体系为抓手，提升完善系统性风险识别和监测机制。以 2018 年 3 月国务院办公厅发布的《关于全面推进金融业综合统计工作的意见》为指导，按照金融业“十三五”规划的要求，建立覆盖所有金融机构、金融机构设施和金融活动的金融业综合统计体系。

——完善高风险金融机构风险处置和退出机制。要转变观念，澄清认识，将高风险金融机构的平稳有序退出机制作为金融体系正常运行和健康发展的重要组成部分。

——切实加强金融消费者保护。应择机将“一行两会”分设的金融消费者保护机构独立出来，设立统一的中小投资者和金融消费者保护局。专门从事相关工作，提高金融消费者保护专业性。

——加强基层监管力量，优化监管资源配置。赋予监管机构必要的预算灵活性，使其能够设置合理的薪酬水平，以此吸引和留住专业人才。赋予监管机构必要的机构、人员编制灵活性，使其能够通过内部组织架构设置和人员配备适应金融监管需求的不断变化。支持监管机构利用信息科技创新升级完善监管体系，提升监管能力。

（四）发展金融科技，提升我国金融监管能力

2015 年以来，我国金融科技进入快速发展期。从金融监管角度来看，金融科技发展一方面对金融产品创新、金融机构运营模式、金融业态等产生深刻影响，进而对金融监管提出新挑战，另一方面又赋予了金融监管新的技术手段，从而提升了金融监管能力。监管部门需要在发展金融科技尤其是监管科技基础上，从维护国家金融安全的高度，持续提升监管效率和监管能力，推进构建适应现代化目标的金融

体系。

从建设面向现代化的金融体系，维护国家金融安全的角度出发，建议把握金融科技发展大势，加强利用科技提升金融监管能力的顶层设计，大力发展监管科技，加强国际交流合作，持续提升金融监管质量。

——加强利用科技提升金融监管能力的顶层设计。从维护金融稳定、防范金融风险的高度，从国家经济社会宏观发展的高度提出监管科技发展战略规划，尽快建立金融科技可持续发展基础上的金融监管长效机制。构建监管科技中央、地方协同发展机制。

——大力推动监管科技持续发展。完善监管科技配套法律法规。建立监管科技技术标准，建立统一的数据共享体系。加大监管科技研发投入力度，推广新技术的市场化运用。充分发挥合规科技对提升金融监管能力的积极作用。

——加强监管科技的国际合作与协调。加强我国监管部门与国外监管部门以及国际多边金融组织交流研讨。在不涉及国家安全问题的非核心领域，我国金融机构和金融科技公司可以开展与国外同业的交流与合作，尝试相互借鉴、试用相对成熟的监管产品、监管技术等，共同提高合规管理水平。

（五）适应金融发展新特点，完善地方金融监管体系

地方金融监管体系是我国金融监管体系纵向配置的结果与表现，是对中央金融监管体系必要和有益的补充，也是当下我国金融体系的重要短板之一。要在本轮金融监管体制改革的基础上，直面当前金融风险表现形式和特征，立足于充分调动中央和地方两个积极性，坚持问题导向，统筹规划，努力构建和完善支持地方实体经济可持续发展

的地方金融监管体系。

——进一步明确中央和地方金融监管职责分工。可考虑将地方金融监管部门的职责明确界定为三个方面。一是负责中央监管部门法定监管范围之外的，吸收少量客户资金、杠杆倍数严格受限、限定业务范围、风险外溢性较小的所有新型金融组织和金融活动。二是按照属地管理原则，有效防范和打击金融欺诈、非法集资等各类违法违规活动。三是强化金融投资者和消费者保护。

——尽快研究并确定地方金融监管对象的法律含义、风险特征和监管要求。一是尽快明确地方监管对象的法律含义。二是需研究并确定针对“7+4”类机构的监管规则。三是地方监管部门的监管对象有不同风险特征，需采取不同于传统金融机构的监管要求和方法。

——明晰风险处置责任，完善配套保障制度。一是明确中央和地方的协调机制。二是按照权责对等原则，明晰地方政府属地风险处置责任。三是在省级层面统筹设立地方金融风险救助基金，形成风险救助基金与存款保险基金、证券投资者保护基金以及保险保障基金互为补充的制度安排。四是在地方设立投资者和消费者保护机构。

——提升地方金融监管能力和效率，加快地方金融领域的法治建设，给予地方金融监管明确的法律地位，中央和地方尽快出台相应的监管规章。条件成熟时可考虑构建中央与地方金融监管统筹协调机制。尽快建立综合性金融监管信息平台，运用监管科技提升监管效能。

六、推动金融体系开放、绿色、包容发展

（一）建设国际金融中心，助力构建适应现代化目标的金融体系

建设具有全球影响力的国际金融中心是构建适应现代化目标的金

融体系的重要组成部分。建设国际金融中心可以促进我国金融开放程度的不断加深和国际化发展，能够在一定程度上推进相关领域金融改革开放进程，促进法治化、社会治理、信用体系和透明度等方面的建设。国际金融中心还可以作为我国金融更好地服务于实体经济的试验田。国际金融中心建设需要以较发达的金融市场体系为依托，更好地发挥市场在资源配置中的作用；需要建立多功能的金融机构体系，创新发展多种类的金融业务和产品；需要以充足的金融人力资源为基础；需要健全符合我国实际需要和国际惯例的各项规章制度，打造具有国际竞争力的金融发展环境。

——继续推进金融行业对外开放。具体可以对国内金融机构参与国际金融市场给予足够的支持；研究适当的准入条件，允许国内金融机构参与离岸人民币市场；给予证券公司或期货公司在境内外开展跨境业务的许可；扩大证券行业对外开放，例如公司结售汇试点等。同时，允许更多符合条件的国际金融机构参与国内市场，通过竞争提升金融机构国际化经营的动力和能力。

——完善支付清算体系建设。目前全球主要的金融中心也是国际支付清算的中心城市。我国主要金融中心均尚未形成集中、统一、互联并与全球主要金融市场相衔接的资金支付清算体系。因此，需要以市场化为原则，通过对现有的清算机构整合和对未覆盖领域的发展，为国内外金融机构提供便利，有效支持人民币跨境支付，使主要金融中心支付清算体系能够起到联系境内外金融市场的作用。

——构建适应国际金融中心建设的税制环境。我国目前在金融领域的税收与其他国家相比要高。可以借鉴新加坡等国的经验，适当对上海等金融中心的离岸金融业务收入进行税收减免，对经认定的高端金融人才给予一定税收优惠。

——建设符合国际金融中心建设的监管体制。可以结合我国简政放权的改革进程，给予金融中心在监管方面一定的宽松环境，减少行政管制，增加金融创新和监管效率，使国际金融中心真正成为金融机构探索业务创新、产品创新、管理创新、风险管控创新的大平台。上海也可依托自由贸易试验区的分账管理制度，更进一步放松金融管制。

——依托各自地区自由贸易试验区改革，适当提高主要金融中心的法律授权。对于上海和广州等同为自由贸易试验区（自贸区）的金融中心，其在金融创新实践中的法制环境问题，可参照自贸区对外资开放的做法，经全国人大审议后，在规定时间内在自贸区暂停实施一些可能对金融创新产生较大影响的相关金融法规。但应注意的是，相应监管部门应提前制定相关金融法规暂停后的监管预案，防止过渡期内出现监督管理漏洞。

（二）强化上市公司环境信息披露，推动绿色金融发展

绿色金融是绿色发展不可或缺的组成部分，也是我国金融体系向现代化迈进的重点方向。近年来，我国绿色金融蓬勃发展，不仅为经济绿色转型提供了有力支撑，也成为我国在国际金融市场处于领先地位的领域。然而，支持绿色金融高质量、可持续发展的长期性、基础性制度建设尚不完善。其中，企业环境信息披露当属最急需健全的制度之一。

企业信息披露现已成为各国的一项基础性制度。它既是一种市场化的约束手段，也是一项有利于协调各方利益的机制。当前我国环境信息披露的监管规则无论在顶层设计还是在具体实施方面都相对薄弱，要求偏低。这直接导致了上市公司环境信息披露现状不佳，可及性、可用性、可靠性问题突出。一是现有披露规则法律效力偏低且缺

乏系统性协调机制，与绿色发展的重要性不相匹配。二是现有披露要求以自愿披露为主，没有向市场传递明确的信号。三是现有披露要求没有充分体现中国国情，对企业的具体披露行为缺乏明确引导。

目前我国绿色金融发展主要采用“自上而下”的推动方式，在中央政府、地方政府、金融机构和投资者、企业等主体之间还存在认识上的偏差，如何促使“自上而下”和“自下而上”的推进路径协调统一，如何使绿色发展的国家战略有效转化为企业和其他市场主体的自觉行动，从强化上市公司信息披露着手不失为好的方向。针对当前企业环境信息披露状况不佳、相关披露规则要求偏低的问题，提出如下改善建议。

——金融、环保等多部门联合出台规范企业环境信息披露的指导文件，对相关规则及实施细则进行顶层设计。联合文件出台的目的旨在整合以往碎片化的规则，向市场传递明确的信号，并建立有力的落实推进机制。联合文件应对包括上市公司在内的企业环境信息披露的目标、原则、内容、分阶段实施时间表、协调机制等重点问题予以明确。

——确定企业环境信息披露的总目标，并分阶段予以实施。企业环境信息披露的总目标在于促使环境信息最终成为与企业财务状况、公司治理等一样重要的信息，构成企业基本信息和整体绩效的有机组成部分。披露对象重点应先从强化上市公司环境信息披露入手，逐渐扩展到所有企业。近期应该着重推动两项工作：一是强化企业分层管理，可将所有上市公司划分为战略型新兴产业、现代服务业、高污染高环境风险产业、其他产业等四大类，对前三大类产业率先试点实施针对关键信息的强制披露制度；二是统一信息披露的数据格式，提高信息的可用性。

——推进配套机制进一步完善。一是信息共享机制，包括环保部门与“一行两会”、地方政府相关职能部门之间的环保数据共享与应用。二是奖惩机制，对主动自愿披露的上市公司给予一定的奖励，对虚造、伪造、隐瞒环境信息的上市公司实施严惩。三是联合执法机制，对企业环境信息披露状况进行抽查或审计，提高披露的准确性和真实性。

（三）发展面向现代化的普惠金融体系

我国目前处于产业升级、结构转型、增长动力转换的关键阶段，也是向全面小康社会迈进的收官之时，小微企业和弱势群体的发展任务上升到前所未有的高度。针对目前小微企业和农户面临的融资难、融资贵问题，为了促进普惠金融更好发展，各级政府出台了不少激励政策，旨在降低普惠金融服务成本，分担风险。未来可进一步推进以下措施。

——改革农村合作金融发展体制。一是遵循规律，提升风控体系专业化水平。二是在切实保障风控效果基础上，按照合作金融组织的发展规模促进组织联合，以此实现分摊 IT 建设投资、人员培训、产品研发等刚性成本，并强化组织体系内部的专业化监督与责任追究机制。三是完善外部监管体制，优化监管框架，把重点放在监督新型合作金融体系的总部上，通过财务并表管理等方式，通过总部对新型合作金融体系实行整体监督与管理，使地方政府有限的监管资源与监管任务得以有效匹配，解决监管资源有限与新型合作金融组织数量庞大的结构性矛盾。

——深化推广“三位一体”改革。一方面要根据新时代新任务要求完善“三位一体”的服务模式与治理机制，包括结合信息技术发展成果完善运行模式，进一步提升市场化竞争力；另一方面要结合国内各地实际，特别是当地经济、文化、社会的具体情况，探索供销合作、生产合作、信用合作“三位一体”发展的有效模式，以社员积极参与、市场竞争优势明显为标准，形成切合当地条件的组织治理机制和服务模式。在此过程中，围绕提升普惠金融服务能力，应坚持发展信用合作的基本框架，避免农信社全面改造成农商行。

——完善配套激励政策协同机制。在商业化可持续的前提下发展普惠金融，需要有效控制风险，提高成本效率，促进扶小支农政策与普惠金融服务有机结合协同发展是根本途径。一是要把普惠金融服务与相关激励政策统筹考虑，形成配套协同机制。二是通过促进弱势群体联合提升抗风险能力，更能实现金融机构与客户的共同发展。三是进一步完善普惠金融发展所需的基础条件，包括加快完善征信体系、加快建立健全信用信息汇集与共享系统、降低或政府分摊普惠金融服务的成本、整合基层行政资源为普惠金融服务提供便利等。

——借助金融科技创新服务模式。一是鼓励数字科技、金融行业、专业咨询等机构通过跨界融合，促进信息技术在普惠金融领域加快推广应用，并推进技术创新。二是完善基础条件，包括健全信用信息的采集、共享等公共服务平台，规范金融交易信息上报机制，完善政府掌握的信用信息共享机制，促进基于数字技术的评级机构发展。三是借助金融科技促进普惠金融服务嵌入相关的生产服务、生活服务行业，并通过相关交易数据深度挖掘分析。

——促进相关金融行业协同创新。完善产业链金融服务模式，整合信贷、融资担保、保理、融资租赁、保险、期货、物流、仓储等行业机构提供互补配套的普惠金融服务。围绕优化风控机制，根据客户的生产经营特点，以技术创新、流程衔接为基础，整合普惠金融服务，形成一揽子综合化风险管理模式。通过协同创新，整体优化交易流程，降低交易成本，提高金融服务的整体成本效率，并降低金融服务门槛，使更多弱势群体和小微企业能享受关键服务。

执笔人：吴振宇　田　辉　朱鸿鸣①

参考文献

[1] 戴相龙．领导干部金融知识读本．北京：中国金融出版社，2014

[2] 张月．中国跨国银行发展对国家竞争力影响研究．北京：世界图书出版公司，2017

[3] 厉以宁．改革开放以来的中国经济：1978—2018. 北京：中国大百科出版社，2018

[4] 富兰克林·艾伦，道格拉斯·盖尔．比较金融系统．北京：中国人民大学出版社，2002

[5] 钱德勒．规模与范围：工业资本主义的原动力．北京：华夏出版社，2006

[6] World Bank，"Bank Ownership：Trends and Implications"，2018，Policy Research Working Paper 8297.

① 部分数据由石光、王刚、朱俊生、王洋提供。

专题一

适应现代化经济体系建设要求 积极推进利率汇率市场化改革

利率汇率市场化是建设现代化经济体系的基本要求，是资金要素高效配置的关键和提升金融调控有效性的重要保障。过去一段时间以来，利率、汇率市场化均取得积极进展。不过，利率市场化金融机构市场化定价能力不足、利率不敏感主体大量存在、“市场化”利率中包含不少非市场化因素、市场基准利率有待完善等问题。下一步推进利率市场化，要完善政策利率调控体系和健全市场利率体系，同时要增强金融机构市场化定价能力、强化融资主体债务约束。下一步推进汇率市场化，需要在综合考虑内外部约束的基础上，把握好力度和节奏，继续推进人民币汇率中间价报价机制改革，进一步放宽汇率波动幅度和促进外汇市场发展。同时，加强改革配套，管控汇率市场化过程中可能存在的风险。

一、利率汇率市场化是建设现代化经济体系的基础性要求

金融的主要功能在于资源的跨时空配置。从资源配置视角看，建设现代化金融体系的主要目标是发挥市场在金融资源配置中的决定性

作用，以提升金融资源配置效率、增强金融支持社会主义现代化建设的能力。利率、汇率作为经济运行的重要价格信号，其市场化是发挥市场在金融资源配置中起决定性作用的重要前提。推进利率汇率市场化，对于建设现代化金融体系具有基础性、战略性和全局性的重大意义，对于提高市场配置金融资源的效率，推动经济高质量也具有重要意义。

（一）利率汇率市场化是资金要素市场化配置的关键

我国要素市场化改革相对滞后，要素价格市场化水平不高已成为制约市场在资源配置中发挥决定性作用的关键障碍之一。十九大报告将要素市场化配置明确为经济体制改革的重点，要求加快要素价格市场化改革。资金是主要的生产要素之一，利率是具有基础性和全局性地位的资金价格，是许多金融产品的定价基准。只有推进利率市场化，让利率水平更多由市场供求决定，才能有效推动资金或金融资源的市场化配置。汇率不仅是外汇资产的价格，更是人民币相对于其他货币的价格，对人民币资产（如金融资产、房地产及其他类别资产）及以人民币定价的要素（如劳动力、土地、资源、资金）的价格能产生系统性影响。在开放经济条件下，如果缺乏了汇率市场化，就难以真正实现包括资金在内的要素的价格市场化。现代化金融体系应是资金要素可以按市场化进行配置的金融体系，推进利率汇率市场化，实现金融资源要素的市场化配置，将为建设现代化金融体系奠定坚实基础。

（二）利率汇率市场化是提升金融调控有效性的重要保障

在金融领域，既要发挥市场在金融资源配置中的决定性作用，也要更好发挥政府作用。金融调控就是政府作用于金融体系的主要方式之一。我国金融调控方式已经完成了由直接调控向间接调控的转型，但间接调控仍存在着传导机制不顺畅、独立性受影响等问题，不得不依赖于数量型工具乃至一些非市场化的政策工具。这在一定程度上阻碍了市场在金融资源配置中发挥决定性作用。推动利率汇率市场化，则有助于解决这些问题，提升金融调控的市场化水平和有效性。一方面，推动利率市场化，培育金融机构自主定价能力、健全市场利率定价自律机制、完善金融市场基准利率体系，有助于顺畅货币政策的利率传导机制，推动我国货币政策由数量型向价格型转型。另一方面，灵活的市场化汇率是利率市场化和自主货币政策的重要条件①，汇率市场化有利于增强货币政策独立性和有效性，同时降低资本管制措施实施的频率和幅度。现代化金融体系应是金融调控有效的金融体系，推动利率汇率市场化，提升金融调控有效性，将为现代化金融体系建设提供重要保障。

（三）利率汇率市场化有助于提升金融机构市场化水平

金融机构市场化绝不仅仅意味着金融机构的利润导向，更重要的是金融机构在竞争性市场中的自主定价权和自主定价能力。利率市场化的要点是体现金融机构在竞争性市场中的自主定价权②。自主定价权的赋予有助于完善金融机构自主经营机制、克服定价惰性③，提升甄别风险和管理风险的能力，根据客户的风险、成本属性进行差异化定价。这一方面可以拓宽市场配置金融资源的边界，降低企业融资约束④。比如，以提高风险溢价的方式为风险和成本相对更高的小微企

---

① 易纲："利率市场化与当前我国利率现状的利弊"，《中国金融四十人论坛研究周报》第219期，2013年。

② 周小川："关于推进利率市场化改革的若干思考"，《西部金融》2011年第2期，第4~6页。

③ 李波：《构建货币政策和宏观审慎政策双支柱调控框架》，中国金融出版社2018年版。

④ 王东静、张详建："利率市场化、企业融资与金融机构信贷行为研究"，《世界经济》2007年第2期，第50~59页。Koo J., Shin S., Financial Liberalization and Corporate Investment: Evidence From Korean Firm Data, Asian Economic Journal, 2004, 18. pp. 277~292.

业提供更多的金融服务。另一方面，定价差异化也丰富了客户的多样性和客户选择的多样性，使得不同金融机构可根据自身的规模、成本、风险控制能力等方面的特征进行差异化竞争，并在竞争中不断提升服务客户的能力。汇率市场化会衍生出大量的实体经济避险需求，有利于从需求侧推动金融机构创新金融产品，提升金融机构的竞争力。现代化金融体系应是金融机构市场化水平高的金融体系，推动利率汇率市场化，提升金融机构在竞争中按市场配置金融资源的能力，将为现代化金融体系建设提供重要支撑。

（四）利率汇率市场化有助于提升市场防范化解风险的能力

利率汇率市场化有助于发挥市场本身所具有的识别、管理和化解风险的能力。在微观层面，利率市场化可以将风险充分反映到资金价格中，以收益覆盖风险、以收益消化风险。在宏观层面，利率市场化通过将提升金融资源配置效率和提高支撑经济转型的能力，在经济产业发展中消化金融风险。同时，灵活的市场化汇率是经济安全阀和稳定器[①]，刚性的汇率制度既缺乏应对危机的灵活性，也可能引发货币金融危机[②]。汇率市场化有助于发挥“稳定器”功能，通过灵活的汇率调整来调节宏观经济和国际收支，避免对内失衡和对外失衡。现代化金融体系应是富有韧性的金融体系，推动利率汇率市场化，增强市场自身防范化解风险的能力，将为现代化金融体系建设提供重要保障。

---

① 易纲：“利率市场化与当前我国利率现状的利弊”，《中国金融四十人论坛研究周报》第219期，2013年。

② 李波：《构建货币政策和宏观审慎政策双支柱调控框架》，中国金融出版社2018年版。

二、推进利率市场化，发挥市场对资金配置的决定性作用

（一）近年来利率市场化改革回顾

利率市场化改革的基本任务是使利率“放得开”“形得成”“调得了”。2012 年全国金融工作会议后特别是十八届三中全会以来，我国利率市场化改革明显提速，在这三个方面均取得了积极进展。

“放得开”方面的改革取得决定性进展。“放得开”或放开利率管制是这一时期利率市场化改革的主线。由于金融市场（货币市场和债券市场）利率市场化已基本完成，2012 年以来利率管制放开的主要改革任务就是放开存贷款利率管制。存贷款利率管制的放开继续坚持了渐进性原则，并寓改革于调控，将存贷款基准利率下调的货币政策操作与放宽利率管制的利率市场化改革相结合，减少了利率管制放开可能带来的冲击。至 2013 年 7 月和 2015 年 10 月，我国存贷款利率管制已基本放开（见表 1－1）。值得强调的是，这一期间以“余额宝”为代表的货币市场基金和以银行表外理财为代表的金融机构资管产品规模的快速膨胀，加速了存款利率管制放开的进程。

表 1－1　2012 年以来存贷款利率市场化改革主要事件

时　间	事　件	备　注
2012 年 6 月 8 日	存款利率浮动区间上限调整为基准利率的 1.1 倍；贷款利率浮动区间下限调整为基准利率的 0.8 倍	同时分别下调一年期存贷款基准利率 0.25 个百分点
2012 年 7 月 6 日	贷款利率浮动区间下限调整为基准利率的 0.7 倍	同时分别下调一年期存贷款基准利率 0.25 个和 0.31 个百分点
2013 年 7 月 20 日	全面放开贷款利率管制：取消贷款利率 0.7 倍下限，取消票据贴现利率管制，对农信社贷款利率不再设立上限	

续表

时间	事件	备注
2013 年 12 月 8 日	发布《同业存单管理暂行办法》，明确同业存单的发行利率、发行价格等以市场化方式确定	
2014 年 3 月 1 日	放开中国（上海）自由贸易试验区小额外币存款利率上限	
2014 年 11 月 22 日	存款利率浮动区间上限调整为基准利率的 1.2 倍	同时分别下调一年期存贷款基准利率 0.25 个和 0.40 个百分点
2015 年 3 月 1 日	存款利率浮动区间上限调整为基准利率的 1.3 倍	同时分别下调一年期存贷款基准利率 0.25 个百分点
2015 年 5 月 11 日	存款利率浮动区间上限调整为基准利率的 1.5 倍；在全国范围内放开小额外币存款利率上限	同时分别下调一年期存贷款基准利率 0.25 个百分点
2015 年 6 月 2 日	《大额存单管理暂行办法》发布并实施	
2015 年 8 月 26 日	放开一年期以上（不含一年期）定期存款的利率浮动上限	同时分别下调一年期存贷款基准利率 0.25 个百分点
2015 年 10 月 24 日	对商业银行和农村合作金融机构等不再设置存款利率浮动上限	至此，我国利率管制已基本放开

资料来源：根据 2012 ~ 2015 年中国货币政策大事记，李波（2018）整理。

“形得成”方面的改革取得重大进展。一是培育市场利率和国债收益率曲线。通过调整 Shibor 报价时间、完善报价机制和考核机制，不断提高 Shibor 报价质量并增强其基准性和公信力；同时，着力培育新的货币市场基准利率——存款类机构间利率债质押式回购利率（如 DR001、DR007）。通过优化国债结构和发行节奏、完善关键期限及短期国债发行，丰富国债收益率曲线品种，公布国债收益率曲线等方式，不断健全国债收益率曲线并增强其作为定价基准的代表性。二是推动市场利率和贷款利率并轨。2013 年 10 月，中国人民银行建立了贷款基础利率（商业银行对其最优质客户执行的贷款利率）集中报价和发布机制，为贷款定价提供基准。不过，贷款基础利率与贷款基准利率重合度高，贷款市场的定价仍然主要以贷款基准利率为基准，金融体系存在着贷款基准利率和货币市场利率并存的“利率双轨”问题。为促进贷款利率和市场利率“双轨”并“一轨”，2019 年 8 月中国人民银行启动了贷款市场报价利率（LPR）形成机制改革，将报价方式由贷款基础利率的参照贷款基准利率报价改为参照公开市场操作利率（主要是中期借贷便利利率）报价，并增加期限品种、扩大报价行范围及数量，调整报价频率至一月一次。三是增强金融机构定价能力。除了推广内部资金转移定价（FTP）外，针对中小金融机构定价能力不足的问题，中国人民银行开发了《中小金融机构存款利率定价模板》，并于 2015 年 5 月向城商行、农村金融机构等中小金融机构转发。

“调得了”方面改革也在积极推进。一是完善中央银行政策利率体系。中国人民银行创设了中期借贷便利利率、抵押补充贷款利率等中长期政策利率。由于中期借贷便利、抵押补充贷款操作常态化，相应政策利率的影响力和代表性也在不断增强。二是探索利率走廊机制。中国人民银行正在探索建立以超额存款准备金利率为下限、常备借贷便利利率为上限，DR007 利率为中枢的利率走廊机制，以增强中国人民银行对市场利率的引导和调控能力。三是通过 LPR 形成机制改革和加强 LPR 考核增强调控能力。LPR 形成机制采取在中期借贷便利利率基础上加点报价形成，中国人民银行可以通过调整中期借贷便利利率来引导 LPR 和贷款市场定价。同时，中国人民银行还设定了新发放贷款采用以 LPR 定价比例的考核时点要求，有助于增强政策利率的传导效率和央行的调控能力。四是建立市场利率定价自律机制。2013

年9月，市场利率定价自律机制成立，并通过了《市场利率定价自律机制工作指引》《贷款基础利率集中报价和发布规则》，随后逐步扩大自律机制成员范围。2015年4月起逐步成立省级自律定价机制。2016年10月发布《省级市场利率定价自律机制工作指引》。此外，从2016年起开始实施的宏观审慎评估（MPA），也将金融机构利率定价行为纳入考核，约束非理性定价行为。

利率市场化改革已取得不少积极成效，市场在利率形成方面发挥的作用不断增强。一是增强了金融机构定价自主性并提高了微观企业主体的利率敏感度。金融机构定价自主性方面，利率上浮幅度较大的贷款比重明显上升。2012年存贷款利率管制放开前，金融机构人民币贷款中利率上浮30%以上贷款的比重在20%以下。2015年存贷款利率管制基本放开后，这一比重在2015～2017年达到30%左右，2018年更是高达37.7%（见图1－1）。微观企业主体利率敏感度方面，可以发现贷款利率和债券发行利率的利差与新增人民币贷款和企业债券融资额之比成反比[①]。二是价格型工具的传导效率，各金融市场利率之间的传导效率也有明显提升[②]。三是确保了利率市场化进程中风险总体可控。从国际经验看，利率市场化通常伴随着较大的金融风险，甚至引发大量中小金融机构破产。由于坚持渐进性原则逐步放开利率管制，且将利率管制放开与存贷款基准利率下调相结合，一定程度上对冲了利率市场化对中小金融机构的成本冲击，利率市场化自身诱发的金融风险保持总体可控格局。

---

① 李波：《构建货币政策和宏观审慎政策双支柱调控框架》，中国金融出版社2018年版。

② 李波：《构建货币政策和宏观审慎政策双支柱调控框架》，中国金融出版社2018年版。马骏、管涛：《利率市场化与货币政策框架转型》，中国金融出版社2018年版。郭豫媚、戴赜、彭俞超：“中国货币政策利率传导效率研究：2008—2017”，《金融研究》2018年第12期，第37～54页。

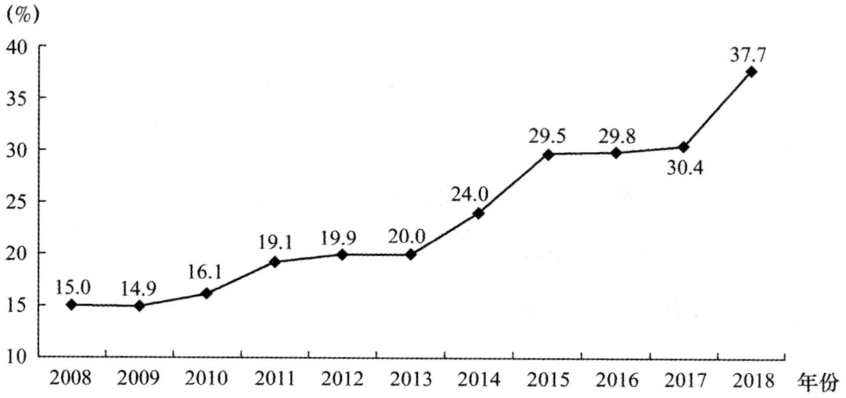

图 1-1 金融机构人民币贷款中利率上浮 30%以上贷款比重

注：2008～2018 年利率上浮 30%以上贷款比重为当年各月数值的平均值。

资料来源：中国人民银行。

（二）利率市场化仍需要解决的主要问题

尽管利率市场化改革已经取得重大进展，但与让市场在利率形成和金融资源配置中起决定性作用，以利率市场化优化金融资源配置的最终目标相比，当前的利率市场化仍面临不少需要解决的问题。

一是“利率双轨制”的问题。虽然 LPR 形成机制改革已经启动了贷款利率和市场利率并轨的进程，但由于 LPR 和市场利率（如 DR007）依然存在较大差异，“利率双轨制”仍然存在。“利率双轨制”的存在割裂了金融市场和信贷市场，导致利率从金融市场向信贷市场传导的效率较低。同时，还导致存款“搬家”、银行负债同业化短期化①、金融创新和金融脱媒过快②等问题，可能累积金融风险隐患。

二是“市场化”利率的形成仍包含有大量非市场化因素。对于利

① 刘怡庆、窦寒、王丽君、张雯：“从双轨走向并轨——完善利率市场化的路径思考”，《金融市场研究》2018 年第 7 期，第 23～33 页。

② 纪敏、李宏瑾：“影子银行、资管业务与货币调控方式转型——基于银行表外理财数据的实证分析”，《金融研究》2018 年第 12 期，第 1～18 页。

率管制已经基本放开的"市场化"利率，在利率形成中市场可能仍未发挥决定性作用。一方面，一些金融市场利率，如银行表外理财利率是隐含了刚性兑付的利率。这种隐含了刚性兑付的市场利率的存在，对货币市场基准利率有拉升效应，会推高无风险收益率。另一方面，一些贷款利率，如地方政府融资平台贷款利率是隐含了隐性担保的利率，并未真实反映融资主体自身的风险，还对未享受隐性担保融资主体的贷款利率定价产生干扰。

三是金融机构的市场化定价能力仍然不足。一方面，金融机构的定价自主权并没有得到完全保障，存贷款利率的定价还受到窗口指导、审计检查等因素的影响和干扰。另一方面，利率管制的长期存在制约了金融机构的自主定价能力①，金融机构特别是中小金融机构的定价能力还在建设过程中。

四是利率不敏感主体仍然大量存在。目前，金融市场特别是贷款市场仍充斥着两类利率不敏感主体：地方国有企业特别是地方政府融资平台，过度负债企业特别是"僵尸企业"或需要以贷养贷、以贷养息的企业。利率不敏感主体的存在甚至扩张②，对全社会资金的供求关系形成重大干扰，严重破坏贷款市场上的竞争秩序，扭曲了金融资源配置结构，市场以利率为主要手段优化金融资源配置的功能大打折扣。

五是市场基准利率还存在不少缺陷。受监管时点考核，银行间同业市场二元结构③等因素影响，Shibor 利率、同业拆借利率及质押式回

---

① 刘明康、黄嘉、陆军："银行利率决定与内部资金转移定价——来自中国利率市场化改革的经验"，《经济研究》2018 年第 6 期，第 4 ~ 20 页。

② 2018 年末，地方国有企业的资产、负债总额分别达到 98.4 万亿元和 54.4 万亿元，分别较 2014 年末增长 103% 和 96%。

③ 即同业市场是不完全竞争的，国有大行拥有定价垄断权，时常面临流动性压力的中小金融机构只能被动接受（刘明康等，2018）。

购利率、DR利率等正在培育的市场基准利率均存在着波动性过大、季末性特征明显等缺陷。同时，由于在短期和超长期国债品种存量及发行量不足、国债交易市场分割、国债期货市场流动性相对不足，国债收益率曲线反映市场供求的有效性仍有待提高。

（三）进一步推进利率市场化的建议

一是稳步推进利率并轨。一方面，不断提升存贷款市场对金融市场利率的敏感度。存款市场方面，可加大大额存单发行、创新与货币市场联动的存款工具，增强存款利率定价与金融市场利率的关联度。贷款市场方面，可进一步完善中期借贷便利操作和贷款市场报价利率机制，增强贷款市场利率定价与金融市场利率的关联度。另一方面，稳步打破刚性兑付，统一表内外业务监管标准，加强金融乱象治理，实现表外业务的逐步归表化，祛除金融市场利率形成中的刚性兑付、监管套利因素。此外，还要增强金融机构对利率并轨的适应性，如提高新发放贷款以LPR为定价基准的比例，引导商业银行构建统一的内部FTP定价曲线，改变商业银行内部贷款业务和金融市场业务定价分割局面；合理提高非利息收入占比，降低利率并轨可能对银行净息差和盈利能力的冲击。在此基础上，逐步推动存贷款基准利率和货币市场政策利率“双轨”并“一轨”，增强货币市场目标政策利率向存贷款利率或存贷款市场传导的效率。

二是完善政策利率调控体系。要继续培育中央银行货币市场政策利率，通过加强监管协调等方式降低政策利率波动性，增强政策利率的基准性，提升政策利率的传导效率。要继续完善利率走廊机制，如完善公开市场操作一级交易商制度，完善常备借贷便利（SLF）抵押品体系，着力发挥利率走廊在引导市场预期、稳定市场流动性、平抑利率波动等方面的功能。

三是继续健全市场利率体系。增加同业市场中报价银行的数目，增强市场活跃性，提高市场利率的代表性。优化监管考核制度，降低监管带来的市场利率的波动性。培育中长期政策利率。发展国债期货，增强国债市场统一性，提升关键品种国债发行规模和节奏，完善国债收益率曲线。

四是着力增强金融机构市场化定价能力。一方面，打破刚性兑付和祛除隐性担保，使利率定价能充分反映真实的信用溢价。另一方面，要继续推动金融机构商业化，健全金融机构内控制度、建立健全内部资金转移定价机制，强化金融机构的风险管理水平和自主合理定价能力。此外，还要建立健全定价自律机制，强化金融机构市场化定价的自律规范意识。

五是强化融资主体债务约束。实体经济充斥大量利率不敏感的不合格融资主体，是利率传导机制不顺畅的重要原因。要推动“僵尸企业”清理，硬化国有企业特别是地方政府融资平台资产负债约束机制，完善地方政府举债约束机制。要推动企业去杠杆，及时处理不良资产，降低市场主体中过度负债企业比重。

三、推进汇率市场化，建设高效连通的国内外市场体系

（一）2005 年以来汇率市场化改革回顾

改革开放以来，我国经历了三轮汇率市场化改革。1978 ~ 1993 年为第一轮汇率市场化改革，改革的基本思路是双轨制。其中，1978 ~ 1985 年为贸易汇率（市场轨）和非贸易官方汇率（计划轨）并存的汇率双轨制；1985 ~ 1993 年为调剂汇率（市场轨）和官方汇率（计划轨）并存的汇率双轨制。1994 ~ 2005 年为第二轮汇率市场化改革，改

革的主要举措是1994年初并轨外汇调剂利率和官方汇率，实行以市场供求为基础、单一的、有管理的浮动汇率制度；同时实行银行结售汇制，建立全国统一的银行间外汇市场。2005年8月以来为第三轮汇率市场化改革。由于第三轮与下一步推进汇率市场化改革的关系更为密切，本部分主要回顾2005年以来的汇率市场化改革。

按照主动性、渐进性、可控性原则，2005年以来的汇率市场化改革主要围绕中间价形成机制改革、放宽汇率波动幅度和外汇市场建设等三个方面进行推进（见表1－2）。

表1－2　　2005年以来汇率市场化改革主要事件

时　间	主要改革事件
2005年7月21日	从2015年7月21日起实行以市场供求为基础、参考一篮子货币进行调节、有管理的浮动汇率；将当日银行间外汇市场美元等交易货币对人民币汇率的收盘价作为下一个工作日人民币汇率的中间价；人民币兑美元汇率一次性贬值2%
2007年5月21日	人民币对美元交易价日浮动幅度由3‰扩大到5‰
2010年6月19日	中国人民银行宣布进一步推进人民币汇率形成机制改革
2012年4月16日	银行间即期外汇市场人民币兑美元交易价浮动幅度由5‰扩大到1%；外汇指定银行为客户提供当日美元最高现汇卖出价与最低现汇买入价之差不得超过当日汇率中间价的幅度由1%扩大至2%
2014年3月17日	银行间即期外汇市场人民币兑美元交易价浮动幅度由1%扩大至2%；外汇指定银行为客户提供当日美元最高现汇卖出价与最低现汇买入价之差不得超过当日汇率中间价的幅度由2%扩大至3%
2015年8月11日	中国人民银行《发布关于完善人民币兑美元汇率中间价报价的声明》，要求做市商在每日银行间外汇市场开盘前向中国外汇交易中心提供的报价应主要参考上日银行间外汇市场的收盘汇率，并结合上日国际主要货币汇率变化以及外汇供求情况进行微调
2015年12月11日	中国外汇交易中心发布CFETS人民币汇率指数
2016年1月4日	引入询价交易方式；引入做市商制度；人民币汇率中间价形成方式由上一日收盘价调整为盘前向银行间外汇市场做市商询价得到的、去掉最高价和最低价的报价的加权平均值

续表

时　间	主要改革事件
2016 年 2 月	中国人民银行明确“收盘汇率 + 一篮子货币汇率变化”的人民币兑美元汇率中间价形成机制
2016 年 6 月	外汇市场自律机制成立，并下设汇率组，负责规范人民币汇率中间价报价行为
2016 年末	将 CFETS 人民币汇率指数货币篮子的货币种类由 13 种扩充为 24 种；扩充后，美元在 CFETS 货币篮子中的占比由 26.4% 降低为 22.4%
2017 年 5 月	外汇市场自律机制核心成员调整人民币兑美元汇率中间价报价模型，在“收盘汇率 + 一篮子货币汇率变化”基础上引入逆周期因子

资料来源：根据历年货币政策大事记，李波（2018）等整理。

一是推动人民币汇率中间价形成机制改革。这是汇率市场化改革的主线。2005 年 7 月 21 日，中国人民银行宣布实行以市场供求为基础、参考一篮子货币进行调节、有管理的浮动汇率制度，人民币汇率由单一盯住美元转变为盯住一篮子货币；并明确将当日外汇市场收盘价作为下一日人民币汇率中间价。2006 年 1 月，人民币汇率中间价形成机制引入询价交易方式和做市商制度，将中间价由上一日收盘价调整为盘前做市商报价的平均值。这一定价方式维持了近 10 年后，中国人民银行于 2015 年 8 月 11 日再度改革人民币对美元汇率中间价形成机制，要求做市商的盘前报价应主要参考上日银行间外汇市场的收盘汇率，并结合上日国际主要货币汇率变化以及外汇供求情况进行微调。2015 年 12 月，人民币外汇交易中心发布 CFETS 人民币汇率指数。2016 年 2 月，人民币兑美元汇率中间价定价公式被明确为“收盘汇率 + 一篮子货币汇率变化”。2016 年 6 月，外汇市场自律机制成立并下设汇率组负责规范人民币汇率中间价报价商行为。2016 年 12 月，一篮子货币种类调增至 24 种，美元在篮子中占比下降。2017 年 5 月，人民币兑美元汇率中间价定价公式调整为“收盘汇率 + 一篮子货币汇

率变化 + 逆周期因子”。

二是不断放宽人民币对美元汇率波动幅度。为避免汇率超调对实体经济和金融市场的负面冲击，我国对人民币汇率波动幅度进行了管制。人民币汇率市场化改革也是一个不断放宽汇率波动幅度的过程。中国人民银行分别于 2007 年 5 月、2012 年 4 月和 2014 年 3 月将银行间即期市场（外汇批发市场）人民币兑美元汇率波动幅度放宽至 5‰、1% 和 2%；于 2012 年 4 月和 2014 年 3 月分别将外汇指定银行为客户提供当日美元（外汇零售市场）最高现汇卖出价与最低现汇买入价之差不得超过当日汇率中间价的幅度分别扩大至 2% 和 3%。2014 年 7 月，取消银行对客户美元挂牌汇率浮动区间限制。2005 年 9 月，人民币对银行间即期外汇市场非美元货币波动幅度扩大至 3%。

三是持续推进外汇市场建设。外汇市场深度、广度和流动性直接影响到外汇市场的定价效率。推进外汇市场建设，是汇率市场化改革的重要组成部分。2005 年以来，外汇市场建设在完善交易制度、丰富交易品种、放宽市场准入、延长交易时间等方面都取得了积极进展。比如，2006 年引入询价交易方式并引入做市商制度；2005 年、2006 年、2007 年、2011 年分别推出人民币外汇远期交易、人民币外汇掉期交易、人民币外汇货币掉期交易和人民币外汇期权交易，可交易货币也大幅扩大①；2015 年外汇市场向境外央行类机构、境外清算行和人民币购售业务的境外参加行三类机构开放。需要说明的是，人民币离岸市场对汇率市场化也起到了推动作用②。

---

① 孙国峰：“我国外汇市场发展与外汇管理体制改革”，《清华金融评论》2018 年第 12 期，第 38 ~ 42 页。

② 丁志杰、严灏、丁玥：“人民币汇率市场化改革四十年：进程、经验与展望”，《管理世界》2018 年第 10 期，第 24 ~ 32 页。

总体而言，2005 年以来的汇率市场化改革整体而言是成功的[①]，既增强了人民币汇率弹性、使市场在汇率形成中更多地发挥作用，又为货币政策调控框架转型创造了条件，还切实缓和了对外经贸关系[②]。

（二）下一步推进汇率市场化须考虑三大约束

实现汇率清洁浮动被认为是汇率市场化改革的长远目标[③]。不过，进一步推进汇率市场化改革的节奏和力度仍应考虑内外两方面因素的制约，继续坚持改革的主动性、渐进性和可控性原则。

内部约束方面，主要是观念上的“汇率波动恐惧”。汇率市场化改革的方向已成共识，但改革推进的节奏却存在很大分歧。产生分歧的根源就在于存在汇率波动恐惧。这种汇率波动恐惧既源于担心汇率升值对外部平衡和外债偿债能力产生不利影响[④]，也源于“高储蓄两难”、央行不得不替私人部门承担汇率风险[⑤]，还源于对汇率过度波动阻碍产业转型升级的担忧[⑥]。尽管我国外债水平总体不高，经常项目仍保持顺差，但居民外币资产配置潜在需求大，实体经济发展正面临产业过快外移和产业转型升级可能受阻等风险，仍需要保持主动性、渐进性、可控性改革原则，避免汇率过度波动。

外部约束方面，一是人民币汇率波动的外溢效应。随着中国经济规模的持续较快增长和人民币加入 SDR，人民币的影响力与日俱增，

---

① 丁志杰、严灏、丁玥：“人民币汇率市场化改革四十年：进程、经验与展望”，《管理世界》2018 年第 10 期，第 24 ~ 32 页。

② 李波：《构建货币政策和宏观审慎政策双支柱调控框架》，中国金融出版社 2018 年版。

③ 易纲：“继续深化汇率改革”，《资本市场》2016 年第 Z1 期，第 8 页。

④ Calvo，Guillermo A. and Carmen M. Reinhart，2002，“Fear of Floating”，The Quarterly Journal of Economics，Vol. 117，No. 2（May，2002），pp. 379 ~ 408.

⑤ 麦金农：《麦金农经济学文集（第六卷）》，中国金融出版社 2006 年版。

⑥ 陈卫东、谢峰：“我国汇率制度未来改革及其面临的约束”，《国际金融研究》2018 年第 6 期，第 3 ~ 11 页。

甚至被认为是影响全球汇率变动的三大货币之一①。汇率市场化带来的波动所产生的外溢效应会对进一步改革带来制约。比如，2015 年 8 月 11 日汇改后人民币汇率贬值就引发了国际上的关注。二是中美经贸摩擦的约束。汇率既是经济问题，也是政治问题，在当前中美经贸摩擦背景下更是如此，很容易被美国政客政治化。2019 年 8 月初，受美国单方面宣布加征关税税率影响，受市场供求和市场预期影响，人民币兑美元汇率跌破 7.0。随后，美国便将中国列入所谓的"汇率操纵国"，虽然这一行为既不符合美国所确定的定量标准②，也与国际共识相悖。

（三）关于继续推进汇率市场化改革的建议

一是进一步推进人民币汇率中间价报价机制改革，更多关注市场供求因素，即在"收盘汇率 + 一篮子货币汇率变化 + 逆周期因子"定价公式中，提高收盘汇率权重，降低一篮子货币汇率变化的权重。同时，进一步放宽汇率波动幅度管制，增强市场弹性。

二是继续推进发展外汇市场，提高外汇市场深度。可进一步丰富外汇市场交易主体，增加非银行金融机构和非金融企业集团；增强外汇市场参与者的定价能力；创新外汇市场交易品种，发展外汇避险产品；适度放宽外汇市场交易的实需限制，增强外汇市场流动性。

三是加强改革配套，管控汇率市场化风险。健全全口径跨境融资外债宏观审慎管理，避免非金融企业和金融机构货币过度错配；完善

---

① Tovar, Camilo E. and Tania Mohd Nor, 2018, "Reserve Currency Blocs: A Changing International Monetary System?" IMF Working Paper WP/18/20, January 2018.

② 根据美国《2015 年贸易便利与强化法案》，该定量标准包括三项：一是对美货物贸易顺差超过 200 亿美元；二是经常账户顺差与该国 GDP 之比超过 2%；三是过去 12 个月中至少 6 个月多次实施外汇净买入且累计买入量超过 GDP 的 2%。虽然中国对美顺差超过 200 亿美元，但 2018 年中国经常账户顺差与 GDP 之比已降至 0.4%，2019 年一季度和二季度也仅为 1.55% 和 1.64%，低于 2%；过去 12 个月中国人民银行也并未连续实施规模巨大的外汇净买入。

跨境资本流动"宏观审慎+微观监管"管理框架，维护外汇市场秩序并避免汇率过度顺周期波动。此外，还要引导企业树立"风险中性"理念①，避免企业过度投机外汇市场。

执笔人：朱鸿鸣

参考文献

[1] 周小川．关于推进利率市场化改革的若干思考．西部金融，2011（2）

[2] 易纲．中国改革开放三十年的利率市场化进程．金融研究，2009（1）

[3] 易纲．利率市场化与当前我国利率现状的利弊．中国金融四十人论坛研究周报，2013（219）

[4] 易纲．易纲行长在博鳌亚洲论坛 2018 年年会分论坛"货币政策正常化"的问答实录．www. pbc. gov. cn，2018－04－11

[5] 易纲．继续深化汇率改革．资本市场，2016（Z1）

[6] 王东静，张详建．利率市场化、企业融资与金融机构信贷行为研究．世界经济，2007（2）

[7] 李波．构建货币政策和宏观审慎政策双支柱调控框架．北京：中国金融出版社，2018

[8] 刘怡庆，窦寒，王丽君，张雯．从双轨走向并轨——完善利率市场化的路径思考．金融市场研究，2018（7）

[9] 郭豫媚，戴赜，彭俞超．中国货币政策利率传导效率研究（2008—2017）．金融研究，2018（12）

[10] 纪敏，李宏瑾．影子银行、资管业务与货币调控方式转型——基于银行表外理财数据的实证分析．金融研究，2018（12）

[11] 刘明康，黄嘉，陆军．银行利率决定与内部资金转移定价——来自中国利率市场化改革的经验．经济研究，2018（6）

[12] 孙国峰．我国外汇市场发展与外汇管理体制改革．清华金融评论，2018（12）

[13] 丁志杰，严灏，丁玥．人民币汇率市场化改革四十年：进程、经验与展望．管理世界，2018（10）

[14] 麦金农．麦金农经济学文集（第六卷）．北京：中国金融出版社，2006

[15] 陈卫东，谢峰．我国汇率制度未来改革及其面临的约束．国际金融研究，2018（6）

[16] 马骏，管涛．利率市场化与货币政策框架转型．北京：中国金融出版社，2018

[17] Calvo，Guillermo A. and Carmen M. Reinhart，2002，"Fear of Floating"，The Quarterly Journal of Economics，Vol. 117，No. 2（May，2002），pp. 379～408.

[18] Koo J.，Shin S.，Financial Liberalization and Corporate Investment：Evidence From Korean Firm Data，Asian Economic Journal，2004，18. pp. 277～292.

[19] Tovar，Camilo E. and Tania Mohd Nor，2018，"Reserve Currency Blocs：A Changing International Monetary System?" IMF Working Paper WP/18/20，January 2018.

① 孙国峰："我国外汇市场发展与外汇管理体制改革"，《清华金融评论》2018 年第 12 期，第 38～42 页。

专题二

深化我国股票发行注册制改革

股票发行制度是资本市场的基础性制度，是金融体系市场化水平的直接体现。股票发行注册制是发达国家股票市场常见的制度，也是我国股票发行制度改革的方向。2013 年 11 月，党的十八届三中全会明确提出推进股票发行注册制改革。2018 年 11 月，习近平总书记提出将在上海证券交易所设立科创板并试点注册制。2019 年 3 月，证监会发布了《科创板首次公开发行股票注册管理办法（试行）》和《科创板上市公司持续监管办法（试行）》。与此同时，经证监会批准，上海证券交易所、中国证券登记结算有限公司相继发布有关业务规则。这些政策和措施标志着我国股票发行注册制以单独试点的方式进入实施阶段。科创板试点注册制，是我国注册制改革迈出的重要一步。未来应在实践中不断改进制度规则，完善配套制度，并稳妥推进注册制在主板、中小板和创业板进一步实施。

一、股票发行制度的主要类型和概念辨析

股票发行制度是资本市场的基础性制度。股票市场发行制度主要有审批制、核准制和注册制三种类型。这三种类制度适用于不同的经济和

市场环境，相互之间既有区别，又有联系，并非截然对立。辨析不同制度的差异，才能更好地理解制度的实质内涵，明确制度的演进方向。

（一）股票发行制度是资本市场的基础性制度

股票发行制度是指发行人在申请发行股票时必须遵循的一系列程序化的规范，包括发行监管制度、发行方式与发行定价等内容。健全的股票发行制度是股份制深入发展的重要条件，也是证券市场建设的基础性制度。在证券发行、上市、交易、并购重组、退市以及登记结算、投资者适当性管理、信息披露、投资者保护等各项股票市场制度中，股票发行制度是基础性制度和首要制度。

首先，股票发行是建立股票市场和上市公司进入股票市场的第一个环节，发行之后才有上市和交易。其次，相比其他环节，股票发行牵涉的利益主体众多，包括公司股东、管理者、投资者、投资银行和其他中介机构等。最后，发行制度在很大程度上决定着股票市场的效率。一是发行上市标准决定了什么样的公司能够进入市场。好的发行制度既要能保证上市公司的质量，又要能避免把具有良好前景的公司拒之门外。二是公司上市时向投资者充分披露信息是投资者投资决策的基础。一旦事后发现上市公司有弄虚作假行为，信息披露不实就成为对其进行处罚的依据。三是发行价格是上市公司的初始定价。如果定价过高，可能会影响二级市场投资者的利益，如果定价过低，则会影响上市公司股东的利益。股票定价合理，市场才能有效运行。

（二）股票发行制度具有三种类型

股票发行制度主要有三种类型，即审批制、核准制和注册制。审批制是完全按计划发行的模式。注册制则是最为市场化的模式，也是发达经济体股票市场较多采用的模式。核准制是从审批制向注册制过渡的中间形式，也是我国当前主要采用的发行制度。

审批制采用行政和计划的办法分配股票发行指标和额度。这种制度下，由地方政府或行业主管部门根据指标推荐企业发行股票，公司发行股票的首要条件是取得指标和额度，竞争焦点是争夺股票发行指标和额度，取得政府给予的指标和额度即取得了政府的保荐。这种发行制度一般适用于股票市场的发展初期，有利于维护上市公司的稳定和平衡复杂的社会经济关系。审批制下，证券监管部门凭借行政权力行使实质性审批职能，证券中介机构的主要职能是进行技术指导，市场力量难以发挥，存在较为严重的缺陷。我国 1999 年之前的股票发行即实行审批制。

核准制是上市公司股票申请上市须经过核准的证券发行管理制度。其市场化程度介于注册制和审批制之间。核准制取消了政府的指标和额度管理，强调证券中介机构的责任，同时强化证券监管部门的职责。在核准制下，发行人在申请发行股票时，不仅要充分公开企业经营管理信息，而且必须符合有关法律和证券监管机构的规定。证券监管机构既对申报文件的真实性、准确性、完整性和及时性进行审查，也对发行人的经营情况、发展前景、股票发行数量和发行价格等条件进行实质性审查，并据此做出发行人是否符合发行条件的价值判断和是否核准申请的决定。核准制体现了实质管理原则，有利于禁止质量差的证券公开发行。英国、德国、2006 年之前的我国台湾地区和 2001 年以来的我国 A 股市场均实行核准制。

注册制是以信息披露为核心、以市场化方式决定股票发行的发行制度。发行人申请发行股票时，依法将公开的各种资料完全准确地向证券监管机构申报。证券监管部门公布股票发行条件，并主要对申报文件的真实性、准确性、完整性和及时性做合规性形式审查，而将发行公司的质量更多留给证券中介机构来判断。注册制对发行人、证券中介机构和投资者的专业能力要求都比较高，适用于市场化程度较高的成熟股票市场。美国、日本和2006年之后的我国台湾地区均实行注册制（见表2－1）。

表2－1　三种股票发行制度的代表国家和地区

发行审核制度	代表国家和地区
审批制	中国（1999年以前）
核准制	英国、德国、中国香港、中国台湾（2006年以前）、中国（2001年至今）
注册制	美国、日本、中国台湾（2006年至今）

注：有的研究将中国香港股票市场归为注册制。
资料来源：证监会官网。

（三）股票发行制度概念辨析

三种股票发行制度都对应一定的法律体系、市场环境和市场发展状况，既有区别也有联系。总体上，从审批制到核准制再到注册制，股票发行的市场化程度越来越高（见表2－2）。

表2－2　三种股票发行制度的比较

项　目	审批制	核准制	注册制
发行指标和发行额度	有	无	无
发行上市门槛	较高	较高，较低	较低
主要推荐人	主管部门政府或行业	中介机构	中介机构
对发行做实质判断的主体	证券监管部门，政府	证券监管部门，中介机构	证券监管部门，中介机构

续表

项　目	审批制	核准制	注册制
信息披露	较少	较多	充分
市场化程度	较低	相对市场化	更高程度市场化
发行审核	证券监管部门实质性审核	证券监管部门和中介机构分担实质性审核职责	证券监管部门兼有形式审核和实质性审核，中介机构实质性审核
市场环境	法律制度不完善，风险水平较高，多见于新兴市场	介于审批制和注册制之间	法律和监管制度完善，能力强，投资理念健全，多见于成熟市场

资料来源：证监会官网，作者自行整理。

三种发行制度之间尤其是核准制和注册制之间并非截然对立、严格区分。可以从下面三个方面来看。

一是信息披露方面。无论核准制还是注册制，都需要重视信息披露，确保企业能够真实、准确、完整、及时披露相关信息。注册制相对于核准制，对信息披露提出更高要求，强化了发行人、中介机构等主体的责任。

二是实质性审核方面。实行注册制的市场对新股公开发行也存在实质性审核，并非仅是简单备案。如美国、日本、中国台湾地区的股票发行都要进行实质性审核，以控制证券投资者的风险。沈朝晖(2011)① 辨析了国内对注册制和核准制的误解，指出国内对美国 IPO 监管制度理解为“披露即合规”并不准确。首先，美国联邦证券交易委员会在贯彻完全的信息披露时，在哪些信息是实质信息、哪些信息不是实质信息的判断中，部分开展着实质审核；其次，州层面的证券

① 沈朝晖：“流行的误解：‘注册制’与‘核准制’辨析”，《证券市场导报》2011 年第 9 期。

实质监管是联邦证券法披露监管哲学存在的基础。王啸（2013）[①] 详细阐述了美国股票发行制度，指出“注册”在美国《1933 年证券法》中是与“豁免”相对应而提出的。此处的“注册”指除非得到豁免，证券公开发行须经美国证券交易委员会的审核。因此“注册”除了嵌入联邦证券法的信息披露基因之外，还清晰地带有“审核”的标签。具体而言，“审不审”不是注册制的本质，“审多久”受多重外部因素影响，“审什么”以持续盈利能力及相关风险披露为重心，“怎么审”则不必回避自由裁量权。此外，在同是实施注册制的美国、日本和中国台湾地区之间，审核方式也有差异。中国台湾地区为实质性审核，日本为形式审核加实质性审核，美国则以形式审核为主，也含有实质性审核。

三是股票上市门槛方面。实施股票发行注册制度能够分离发行和上市，但证券交易所依然有上市门槛设定。例如纽约证券交易所、纳斯达克证券市场的上市要求中都包括了关于规模和盈利的具体指标要求。但注册制下的上市标准相对核准制下更加灵活和具有弹性。以纳斯达克市场为例，公司上市有三套标准，都有股东权益或税前收入、市值、公众持股量及持股价值、股东数目、做市商数目等具体要求，并需要符合先决、消极和积极三个条件及诚信原则。

二、我国股票发行制度改革历程和走向

1993 年，我国建立了统一的股票发行审核制度，并先后经历审批制和核准制两个阶段。其中，审批制又包括“额度管理”和“指标管

① 王啸：“我们需要什么样的注册制”，《上海证券报》2013 年 11 月 20 日。

理”两个阶段，而核准制包括“通道制”和“保荐制”两个阶段。一些学者均对此做出过系统回顾和反思（耿志民[①]、王林[②]、曹凤岐和李伟杰[③]、李敏[④]，等）。总体上，股票发行改革制度朝着市场化的方向不断演进。近年来，核准制已跟不上国民经济和资本市场发展的需要，股票发行制度正在向注册制的方向推进。

（一）从审批制到核准制的改革历程

1. 1993～1995 年的“额度管理”阶段

1993 年 4 月，国务院颁布了《股票发行与交易管理暂行条例》，标志着审批制的正式确立。股票发行由国务院证券监督管理机构根据经济发展和市场供求的具体情况，确定当年股票发行总规模，经国务院批准后，下达给国家计委。国家计委再根据各个省级行政区域和行业在国民经济发展中的地位和需要进一步将总额度分配到各省、自治区、直辖市、计划单列市和国家有关部委。省级政府和国家有关部委在各自的发行规模内推荐预选企业，证券监管机构对符合条件的预选企业的申报材料进行审批。企业上市需要经历两级行政审批，即首先向其所在地政府或主管中央部委提交额度申请，经批准后报送证监会复审。证监会对企业的质量、前景进行实质审查，并对发行股票的规模、价格、发行方式、时间等做出安排。

2. 1996～2000 年的“指标管理”阶段

1996 年，国务院证券委员会公布了《关于 1996 年全国证券期货

① 耿志民：“论中国股票发行制度变迁的内在机制”，《郑州大学学报》（哲学社会科学版）2007 年第 2 期。

② 王林：“我国股票发行制度变迁及若干思考”，《经济理论与经济管理》2011 年第 3 期。

③ 曹凤岐、李伟杰：“新股发行改革研究”，《中国证券期货》2013 年第 10 期。

④ 李敏：“我国股票发行制度的弊端及改革趋势”，《市场研究》2016 年第 6 期。

工作安排意见》，推行“总量控制、限报家数”的指标管理办法。由国家计委、证券委共同制定股票发行总规模，证监会在确定的规模内，根据市场情况向各省级政府和行业管理部门下达股票发行家数指标，省级政府或行业管理部门在指标内推荐预选企业，证券监管部门对符合条件的预选企业同意其上报发行股票正式申报材料并审核。1997 年，证监会增加了对拟发行股票公司预选材料审核的程序。由证监会对地方政府或中央企业主管部门推荐的企业进行预选，改变了两级行政审批下单纯由地方推荐企业的做法，开始了对企业的事前审核。

3. 2001～2004 年的“通道制”阶段

1999 年 7 月 1 日，《中华人民共和国证券法》正式实施，确立了核准制的法律地位。1999 年 9 月，证监会推出了股票发行核准制实施细则。随后，证监会又陆续制定了与《证券法》相配套的一系列法律法规和部门规章，构建了股票发行核准制的基本框架。核准制以强制性信息披露为核心，旨在强化中介机构的责任，减少行政干预。2001 年 3 月，证监会宣布取消股票发行审批制，正式实施股票发行核准制下的“通道制”。在“通道制”下，每家证券公司一次只能推荐一定数量的企业申请发行股票，由证券公司将拟推荐企业逐一排队，按序推荐。“通道制”改变了由行政机制遴选和推荐发行人的做法，使主承销商在一定程度上承担了股票发行的风险，同时也获得了遴选和推荐股票发行人的权利。

4. 2004 年至今的“保荐制”阶段

2003 年 12 月，证监会制定了《证券发行上市保荐制度暂行办法》等法规，开始实施保荐制（保荐代表人制度）。我国的保荐制度是指有资格的保荐人推荐符合条件的公司公开发行证券和上市，并对所推荐的发行人的信息披露质量和所做承诺提供持续训示、督促、辅导、指导和信用担保的制度。其主要内容包括四个方面：建立保荐机构和保荐代表人的注册登记管理制度；明确保荐期限；分清保荐责任；引进持续信用监管和“冷淡对待”的监管措施。保荐制度的重点是明确保荐机构和保荐代表人的责任并建立责任追究机制。与“通道制”相比，保荐制度增加了由保荐人承担发行上市过程中连带责任的内容。保荐人的保荐责任期包括发行上市全过程，以及上市后的一段时期。

（二）股票发行制度市场化程度不断提高

市场化程度不断提高是我国股票发行制度演变的突出特征。这既与经济体系市场化程度不断提高相适应，也是资本市场自身发展的需要。政府的干预逐步减弱，寻租现象有所抑制，市场效率不断提高，市场的融资和投资功能持续提升。

一是发行定价机制改革不断提升股票定价市场化水平。2004 年修订的《证券法》取消了新股发行价格须经监管部门核准的规定。2004 年 12 月，证监会发布《关于首次公开发行股票试行询价制度若干问题的通知》。通过规范化的推介询价程序，发行人及其保荐机构与投资者协商确定发行价格，并使基金等机构投资者参与到定价过程中来，减少了发行定价的主观性和随意性。同时，要求保荐机构将投资者的报价情况、价格确定依据等公开披露，提高了定价过程的透明度，更好兼顾了发行人和投资者利益。在 2009 年以来，证券市场启动了四轮新股发行体制改革（2009 年、2010 年、2012 年和 2013 年），均主要围绕股票发行定价进一步市场化展开。

二是发行制度改革带来了股票市场的快速发展。从上述股票发行制度四个阶段看，审批制和“通道制”实施时间均较短，而“保荐制”的核准制实施时间较长，也正是在这个阶段，A股市场的筹资规模、募集资金家数、市场交易量等指标都出现了飞跃式发展（见图2－1）。

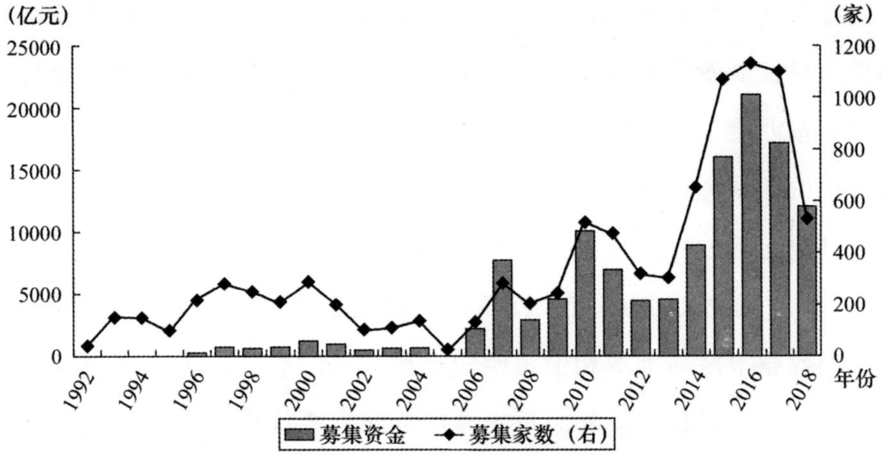

图2－1　A股市场募集资金规模和家数

资料来源：Wind。

（三）注册制成为股票发行制度的改革方向

首先，现行股票发行制度存在诸多问题。一是IPO高发行价、高市盈率和超高募集资金的“三高”现象仍然突出。二是上市公司“过度包装”“虚假披露”、上市后经营业绩迅速变脸等损害投资者利益的行为仍时有发生。三是一级市场“打新、炒新”现象依然严重，投机之风依然盛行。四是股票发行审核效率较低，审核期限和审核结果的不确定性仍然较高，企业适应难度较大，对企业经营产生较大影响。这些现象的根源在于，企业能否上市主要由监管部门决定，上市资源具有稀缺性，而市场的约束作用和定价能力不足，上市公司和中介机构的责权利不匹配，进而催生了权力“寻租”和腐败问题。实施注册制能够部分解决核准制下存在的问题。注册制具有更清晰明确的规则，企业和中介机构拥有更多公平竞争的机会，市场在资源配置中发挥更重要的作用。

其次，内外部经济环境变化提供了注册制改革的基础条件。一是中国经济高质量发展和融资结构调整的要求。我国经济从高增长阶段向高质量发展阶段的转变，决定了股票市场主要功能从支持企业特别是国有企业融资转变为服务经济各领域特别是新兴产业的融资、并购、价值实现和居民投资等多重需求。另外，从调整融资结构、提高直接融资比重的目标看，我国上市公司市值与 GDP 的比例相对美国和日本等发达国家也仍有较大差距，我国股票市场具有较大发展空间。二是世界竞争格局重塑和中美经贸摩擦泛化的影响。近年来世界经济多极化发展格局日益显著，而我国在全球生产价值链中的地位不断提升，由此将与发达国家在内的其他经济体在高科技等领域展开更激烈竞争。与此同时，世界贸易保护主义、单边主义抬头，2018 年以来美国挑起的中美经贸摩擦持续发展，并向科技等领域蔓延。这要求我国资本市场进行相应制度改革以满足高科技和创新企业发展的需求。

最后，股票市场定位大幅提升，注册制改革重要性凸显。2018 年 10 月，国务院金融稳定发展委员会第十次专题会议提出发挥好资本市场枢纽功能，要坚持市场化取向，加快完善资本市场基本制度。2018 年 12 月，中央经济工作会议提出，资本市场在金融运行中具有牵一发而动全身的作用，要通过深化改革，打造一个规范、透明、开放、有活力、有韧性的资本市场。股票市场要更好地服务于经济高质量发展、融资结构调整和应对外部竞争压力，尤其是要增强对科技创新企业的包容性、支持关键核心技术创新，其定位大幅提升。股票市场需要进一步提升市场化水平，改革股票发行制度、实施注册制成为首要任务。

三、注册制改革的进展和挑战

2013 年党的十八届三中全会提出推进股票发行注册制改革以来，不断加强金融监管，推进相关制度建设。2018 年 11 月习近平总书记提出设立科创板并试点注册制以来，目前科创板试点注册制的相关规则体系迅速落地，注册制已进入实施阶段，目前科创板运行情况良好。但科创板试点注册制在中长期仍面临一定的挑战，科创板的良好运作有赖于资本市场基础制度的不断完善。

（一）我国推进注册制改革的过程

2013 年 11 月，党的十八届三中全会发布《中央关于全面深化改革若干重大问题的决定》，提出推进股票发行注册制改革。这是股票发行注册制首次写入中央文件，此后与注册制改革相关的工作陆续展开。当年 11 月，证监会发布《中国证监会关于进一步推进新股发行体制改革的意见》，这是逐步推进股票发行从核准制向注册制过渡的重要步骤。《意见》强调了信息披露、投资者保护和完善市场化运行机制的改革方向。其中，从审核理念、融资方式、发行节奏、发行价格、发行方式、约束机制六个方面完善市场化运行机制，正是注册制改革的关键问题。

注册制改革在《证券法》修订中出现波折，这既受到 2015 年股票市场异常波动的影响，也反映了政策制定者对注册制认识的不断深化。在 2015 年 4 月提请全国人大常委会一审的《证券法修订草案》中，确立了股票发行注册法律制度，并从发行条件、注册程序、各方责任等方面对股票发行注册制进行了较为全面的规定，初步形成了注册制的基本法律框架。草案规定由证券交易所负责对注册文件的齐备性、一致性、可理解性进行审核，并报证监会注册生效；同时修改了发行条件，取消发行人财务状况及持续盈利能力等盈利性要求。但在不久后的 2015 年 6 月，股票市场发生异常波动，“救市”成为短期主导政策，IPO 也一度暂停。2017 年 4 月提请全国人大常委会二审的《证券法修订草案》中，对注册制的具体内容改为暂不规定。

注册制的目标和方向并没有改变。为了便利实施注册制，2015 年 12 月和 2018 年 2 月，全国人大常委会两次授权国务院对拟在上海证券交易所、深圳证券交易所上市交易的股票公开发行，调整适用《中华人民共和国证券法》有关规定，实行注册制度。

注册制改革最终选择以新设板块试点的方式推进。2018 年 11 月，习近平总书记明确提出将在上海证券交易所设立科创板并试点注册制。2019 年 1 月，中央全面深化改革委员会审议通过设立科创板及试点注册制总体实施方案。当月，证监会、上海证券交易所、中国结算发布包括《科创板首次公开发行股票注册管理办法（试行）》和《关于在上海证券交易所设立科创板并试点注册制的实施意见》在内的 10 个文件及配套说明向市场公开征求意见。2019 年 3 月，证监会发布《科创板首次公开发行股票注册管理办法（试行）》和《科创板上市公司持续监管办法（试行）》，自公布之日起实施。同时，经证监会批准，上海证券交易所、中国结算相关业务规则随之发布。6 月 13 日，科创板正式开板。7 月 22 日，科创板首批公司上市。股票发行注册制正式落地。

（二）科创板注册制的主要内容和特点

科创板注册制的主要内容有六点。一是明确科创板试点注册制的总体原则。二是以信息披露为中心，精简优化现行发行条件，突出重大性原则并强调风险防控。三是对科创板股票发行上市审核流程做出制度安排，实现受理和审核全流程电子化，全流程重要节点均对社会公开，提高审核效率，减轻企业负担。四是强化信息披露要求，压实市场主体责任，严格落实发行人等相关主体在信息披露方面的责任，并针对科创板企业特点，制定差异化的信息披露规则。五是明确科创板企业新股发行价格通过向符合条件的网下投资者询价确定。六是建立全流程监管体系，对违法违规行为负有责任的发行人及其控股股东、实际控制人、保荐人、证券服务机构以及相关责任人员加大追责力度。

科创板注册制主要有四个特点。一是证监会和交易所在上市审核与发行注册方面明确分工。上海证券交易所负责科创板发行上市审核，证监会负责科创板股票发行注册。二是发行机制更加市场化。新股发行价格、规模、节奏主要通过市场化方式决定，建立以机构投资者为参与主体的询价、定价、配售等机制，充分发挥机构投资者专业能力，强化市场约束。三是上市标准既有包容性，也有针对性。综合考虑预计市值、收入、净利润、研发投入、现金流等因素，设置多元、包容的上市条件，允许符合科创板定位、尚未盈利或存在累计未弥补亏损的企业在科创板上市。四是引入投资者适当性管理规则。科创板对投资者有 50 万元资产门槛和两年证券交易经验的适当性要求。

2015 年以来我国股票发行注册制改革一度放缓，一方面是股市异常波动及其反映的市场固有问题的影响，另一方面也在于对注册制认识不够清晰，并由此引起市场对于注册制实施后 IPO 迅速扩容、市场供需失衡、股票价格大幅下跌和上市缺乏必要门槛、上市公司质量下降的担忧。科创板注册制和核准制相比同样具有实质性审查和具体的上市条件，排除了上市公司数量无节制增加、上市公司质量大幅下降的风险（见表2－3）。

表2－3　　科创板上市标准

	预计市值	其他条件
标准一	不低于10亿元	最近两年净利润均为正且累计净利润不低于5000万元
	不低于10亿元	最近一年净利润为正且营业收入不低于1亿元
标准二	不低于15亿元	最近一年营业收入不低于2亿元，且最近三年研发投入合计占最近三年营业收入的比例不低于15%
标准三	不低于20亿元	最近一年营业收入不低于3亿元，且最近三年经营活动产生的现金流量净额累计不低于1亿元
标准四	不低于30亿元	最近一年营业收入不低于3亿元
标准五	不低于40亿元	主要业务或产品须经国家有关部门批准，市场空间大，目前已取得阶段性成果，并获得知名投资机构一定金额的投资。医药行业企业须取得至少一项一类新药二期临床试验批件，其他符合科创板定位的企业须具备明显的技术优势并满足相应条件

资料来源：上海证券交易所。

（三）注册制改革的中长期挑战

中长期看，注册制改革的挑战在于资本市场的基础性制度尚待完善。

一是信息披露和投资者保护制度不完善，对违规违法行为的惩处力度不足。信息披露制度是注册制的核心。但即使有了完善的信息披露制度，而没有配套的监管制度和法律制度及其有效执行，信息披露制度也无从真正发挥作用。我国股票市场不成熟，上市公司更重视股市的融资和套现功能，轻视了对投资者特别是中小投资者的回报，分红制度未能落实，现金分红比例低。更有甚者，造假上市、操纵市场、信息披露违规等行为尽管已经得到有效治理，但仍未能都得到有效惩处。注册制下，如果监管能力跟不上，可能会导致市场效率的下降。

二是退市制度缺失，缺乏优胜劣汰机制。我国股票市场退市比例很低。据Wind统计，截至2018年末，A股市场累计退市公司只有115家，而且绝大多数是吸收合并退市，欺诈发行退市直到2016年才出现。“只进不出”导致市场的优胜劣汰机制不能很好发挥作用，同时上市公司数量不断增加。大量经营失败企业不能退出市场，扭曲资源配置，助长炒壳风气，滋生“寻租”行为。实施注册制的国家和地区股票市场的退市比例普遍较高。纽约证券交易所平均退市比例为6%，纳斯达克市场更高达8%。市场的“大进大出”导致上市公司数量波动较大，但总量能够得到相对控制。在有些年份，美国退市公司数量甚至超过新上市公司数量，如2001年美国上市公司数量就减少了1169家。

三是多层次资本市场建设尚不完善，各个层次资本市场之间的转板机制没有建立。新三板市场发展很快，但是向更高层次市场的转板机制没有建立，对挂牌企业产生了预期不明的影响，有的企业从新三板摘牌后重新到中小板、创业板谋求上市。区域股权市场因为前期出现的一些问题总体还在规范之中，面向新三板及更高层次市场的转板机制也未建立。

四、完善和推进股票发行注册制改革的政策建议

我国股票发行制度应在科创板试点注册制的基础上，不断改进制度规则，完善配套制度，逐步在创业板、中小板和主板推进实施注册制。

（一）明确注册制本质，建立并完善注册制改革评价标准

应明确注册制改革的本质是发挥市场配置资源的基础性作用。

通过把股票发行权从政府向市场让渡，注册制能够提升市场效率，释放市场活力，增强市场包容性，提升市场服务科技创新企业的能力，更好发挥资本市场价格发现、融资、资源配置三大基础功能，推动经济高质量发展，同时也有助于转变政府职能，减少市场“寻租”行为。

围绕注册制本质建立并完善注册制改革的评价标准。衡量科创板注册制试点是否成功，不应过多考量上市公司家数和融资规模等数量指标，而应更加重视市场效率提升等质量指标。成功的科创板注册制应有利于提升上市公司的质量，有利于优质科技创新企业发展，有利于激发资本投入孵化更多科技创新企业，有利于发挥市场价值发现功能，同时做到依法监管、严惩违规违法行为。

（二）持续改进和渐进推进注册制试点

注册制不是一次性、标准化的改革，而是持续渐进的动态改革。一是注册制的规则体系应在“试错”和市场需求激发下不断加以完善。二是与注册制有关的其他改革举措应相互配合，稳步实施。以科创板为例，涉及科创企业上市、红筹股回归、CDR 落地等多项改革。在整个 A 股市场对于 IPO 扩容仍然敏感，并且市场仍具有存量资金博弈特征的情况下，IPO 规模过大、频率过高可能对二级市场产生较大影响，甚至可能由股市下跌而引发股票质押融资等其他风险。应充分考虑现有市场的承受能力，分步实施各项改革措施。三是应正确对待注册制改革中出现的风险。在注册制实施过程中，应增加对市场正常波动的容忍度，更多用市场化的方式化解潜在风险，不忘注册制改革初心。

在科创板注册制试点不断成熟的基础上，稳妥和有序推进注册制在创业板、中小板和主板的实施。首先，需消化存量排队上市公司，实现IPO常态化，缩短上市周期。其次，根据市场基础制度和金融监管的完善情况，逐步简化发行流程，减少对发行价格、融资规模、发行节奏的控制，更多交由市场决定。最后，将审核权逐渐从证监会下移至交易所，发审委吸收更多市场专业人士参加。在此基础上，依次在创业板、中小板和主板审慎推进注册制新一轮试点。

（三）结合《证券法》修订和强监管加快市场基础性制度改革

股票发行注册制不是孤立的一项制度。注册制改革不能单兵突进，应结合强监管和《证券法》修订，加快市场基础性制度改革。

应搁置争议，抓住主要矛盾，适时推出新的《证券法》。《证券法》新一轮修订已经经过多次修改和全国人大常委会二审，特别是经过股市异常波动的反思，形成了以信息披露和投资者保护为重心的理念，并对证券违法违规行为扩展了内容、完善了处罚规则、增大了监管的执法权限和处罚力度。适时推出新的《证券法》，能够使证券市场主体和行为有法可依，推动证券市场监管法治化。

应继续加强证券市场监管特别是事中事后监管。从核准制转向注册制，股票发行权从政府向市场逐步和部分过渡，让渡比例取决于发行人、中介机构、投资者、监管部门等各类主体的成熟程度。在市场不够成熟之时，需要监管发挥作用；即使市场成熟了，也需要监管发挥作用。强监管应常态化、制度化，提高监管能力。实施注册制，要平衡事前事中事后监管，逐步实现监管的重心后移。

应加快完善市场基础性制度。一是要尽快落实退市制度，特别是重大违法强制退市的执行力度。提高退市比例，与科技创新类企业的高淘汰率特征相适应。二是建立并完善转板制度，实现多层次资本市场之间的良性升降机制。可充分发挥新三板作用，上市企业不符合上市条件的，可以先在新三板挂牌，待条件满足后再转板到科创板等其他板块。在新三板建立退市整理板。上市公司退市的，可以先退到三板市场。三是完善信息披露制度，加强投资者保护，加大违法违规行为处罚力度。证券市场存在违法违规成本较低而收益巨大的情况。建议通过修改《证券法》《刑法》等法律法规，加大对信息披露违规、造假上市、内幕交易等行为的处罚力度，以违法所得倍数为主要处罚依据，提高处罚标准，杜绝鼓励式罚款，强化有关责任人的法律责任。同时完善集体诉讼制度、举证倒置制度和损害赔偿制度。四是强化中介机构的责权匹配。注册制实施意味着对市场组织和监督将主要由成熟的中介机构来完成，因而其作用和责任将不断加强。应以责权匹配为原则，清晰界定中介机构的权责边界，避免对中介机构施加过重或过轻责任。

（四）稳步推进证券交易所改革

推出科创板并试点注册制对上海证券交易所提出了更高的要求，也将使上海证券交易所和深圳证券交易所以及新三板市场之间的竞争加大，可能出现交易市场之间放松监管、降低门槛的恶性竞争。应稳步推进证券交易所改革。一是继续夯实交易所尤其是上海证券交易所的一线监管职能。二是统筹、协调推进证券交易所和新三板市场改革，推动交易所之间适度竞争。对各层次资本市场设置差异化的市场定位和规则体系，同时完善对交易所的激励和约束机制。

执笔人：王　洋

参考文献

[1] 沈朝晖．流行的误解：“注册制”与“核准制”辨析．证券市场导报，2011（9）
[2] 王啸．我们需要什么样的注册制．上海证券报，2013－11－20
[3] 耿志民．论中国股票发行制度变迁的内在机制．郑州大学学报（哲学社会科学版），2007（2）
[4] 王林．我国股票发行制度变迁及若干思考．经济理论与经济管理，2011（3）
[5] 曹凤岐，李伟杰．新股发行改革研究．中国证券期货，2013（10）
[6] 李敏．我国股票发行制度的弊端及改革趋势．市场研究，2016（6）

专题三

加快构建面向现代化的金融和商品衍生品市场

现代经济日益增长的不确定性，对风险管理带来了巨大需求。衍生品是转移和分散风险的重要工具，是高度市场化的风险管理手段。随着经济全球化和金融自由化进程的加速，全球衍生品市场高速发展。远期、期货、期权、互换等衍生工具，已广泛应用在外汇、证券、利率、大宗商品等基础性市场，在风险管理中发挥了重要作用。我国衍生品市场发展经历了曲折过程，当前我国正处于全面深化改革的关键阶段，利率和汇率市场化快速推进，这对发展衍生品市场提出了更高要求。发展衍生品市场，对于优化资源配置、完善风险防范、提升金融市场的广度和深度具有重要意义。我们既要积极探索、稳妥推动衍生品市场健康发展，也要吸取有关教训，有效控制衍生品市场可能带来的新风险。

一、国际衍生品市场发展的主要特征和趋势

衍生品是一种双边合约或支付交换协议，其价值衍生于标的资产或基础资产的价格。20 世纪 70 年代以来，发达国家衍生品市场高

速发展，已成为资本市场的重要组成部分。与现货市场相比，衍生品市场具有提高定价效率、重新配置风险、构造不同收益和风险组合的金融工具等独特功能，是推动股、债、汇等金融市场快速发展和结构优化的重要动力。从全球范围来看，衍生品发展主要有以下几个特征。

（一）经济全球化和金融自由化推动衍生品市场大发展

衍生品有悠久历史，早在人类文明的早期时代，衍生品的雏形就已出现。4000 年前的古美索不达米亚时期，美索不达米亚人与其他地区的人签订未来食物供应合约，买方在合约签订时支付价款，卖方则等到收获季节交付谷物，这是典型的远期产品。

现代意义上的衍生品发轫于 20 世纪 70 年代的金融自由化浪潮。发达国家衍生品之所以迅速发展，是因为当时市场上积累了大量的风险，市场总体亟须利用金融衍生品对冲风险。布雷顿森林体系解体后，发达国家汇率由固定走向浮动，逐渐放松利率管制，汇率和利率波动幅度大幅提升，金融市场风险不断增加。一些金融高度开放的国家，跨境资金流动性大，对汇率类衍生品需求越来越多。同时，随着经济全球化趋势的增强，石油、铁矿石、大豆等大宗商品成为全球化市场，其供给和需求都是全球性的，价格剧烈波动使得市场主体面临巨大风险。在此背景下，各国迫切需要有效的风险管理手段，各种形式的衍生品工具应运而生。衍生品工具在规避商品和资产价格大幅波动风险、服务工业和农业企业方面发挥了重要作用。

20 世纪 80 年代后，金融自由化浪潮在发达国家兴起，信用市场不断扩展，对金融市场参与者风险管理提出了挑战，客观上需要新型风险管理工具。发达国家金融监管逐步放松，逆转了 20 世纪 30 年代

“大萧条”后加强金融监管的大趋势。美国金融经营开始混业化，英国在撒切尔夫人时期金融“大爆炸”，放松金融管制的趋势越来越强，这大幅扩大了衍生品发展空间。2007 年次贷危机之前，英美等国对衍生品的监管相对较弱，场外衍生品等诸多领域监管甚至存在空白，这是衍生品快速发展的重要制度背景。

（二）次贷危机是全球衍生品市场发展的分水岭

近 30 年来，现代衍生品高速发展，工具形态日益丰富，覆盖的基础产品越来越多，产品结构日趋复杂。根据标的资产的不同，衍生品可以分为商品衍生品和金融衍生品两大类，前者包括能源、农产品、金属等大宗商品，后者包括利率、汇率、股票等金融资产。从金融工具形态角度看，典型的衍生品包括远期、期货、期权、互换，以及资产证券化、信用衍生品等。从交易场所来看，衍生品包括场内衍生品和场外衍生品两类。

次贷危机是全球衍生品市场发展的分水岭。次贷危机前的大约 10 年，全球衍生品市场呈现指数式的高速增长。但次贷危机后，衍生品市场规模大幅波动，总体呈下滑趋势。国际清算银行（BIS）从 1998 年起向其成员国定期统计衍生品市场规模和结构情况。

从场内市场来看，全球美元计价的场内利率衍生品日均名义交易额，在 2007 年达到 4.5 万亿美元后波动下滑，2016 年再次超过 2007 年峰值水平，2018 年已超过 6 万亿美元（见图 3－1）。全球美元计价的场内外汇衍生品日均名义交易额，2011 年达到 1500 亿美元的峰值，此后持续波动下降，2017 年开始回升，2018 年已超过 2011 年水平（见图 3－2）。

从场外市场看，衍生品市场规模在次贷危机之前也呈现高速发展

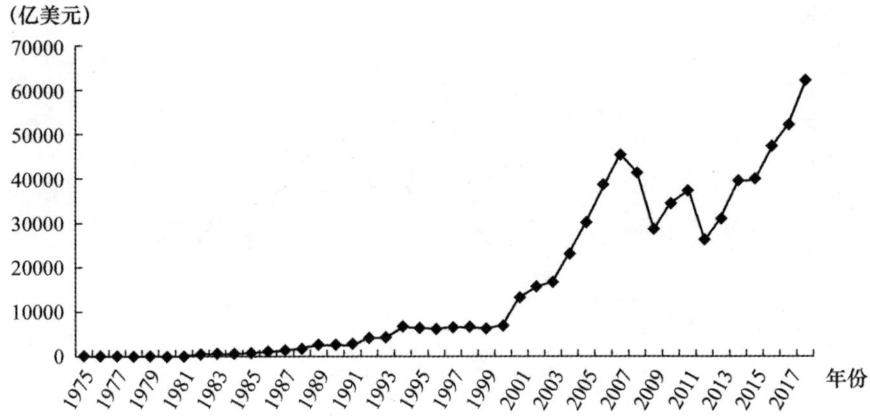

图 3－1　全球场内利率衍生品日均交易额*

注：＊Turnover-notional amounts（daily average）.

资料来源：BIS 数据库。

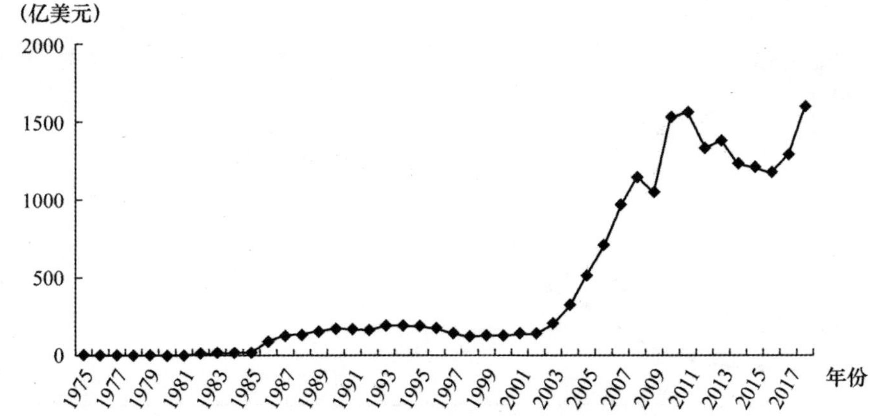

图 3－2　全球场内外汇衍生品日均交易额*

注：＊Turnover-notional amounts（daily average）.

资料来源：BIS 数据库。

态势，次贷危机后发生转折。全球场外衍生品的总市值在次贷危机前三年增长了近两倍，从 2006 年底的 10 万亿美元增至 2008 年底 35 万亿美元的峰值，此后 10 年波动下滑，2018 年底已降至 2006 年规模水平（见图 3－3）。名义本金在 2008 年前持续增长，此后大幅波动，2015 年以来都低于 600 万亿美元（见图 3－4）。

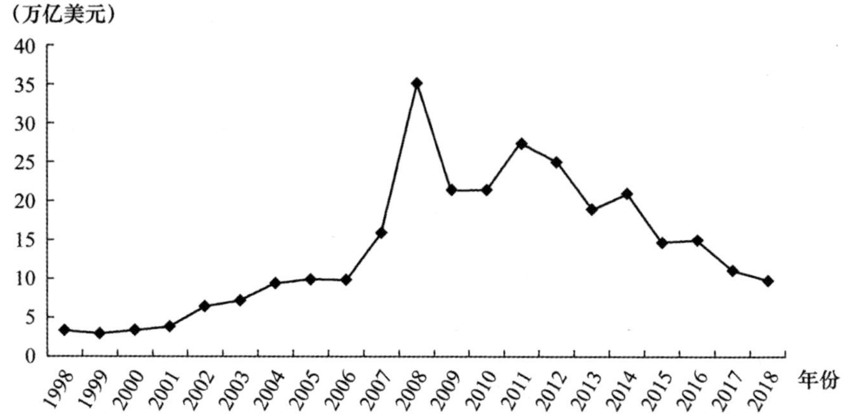

图 3-3　全球场外衍生品总市值

注：总市值（Gross market values）：指在统计期所有已买入且未平仓的衍生品公开合约以市值计算的单边数额总和的绝对值。总市值反映了国际 OTC 衍生品市场交易中存在的金融风险情况。

资料来源：BIS 数据库。

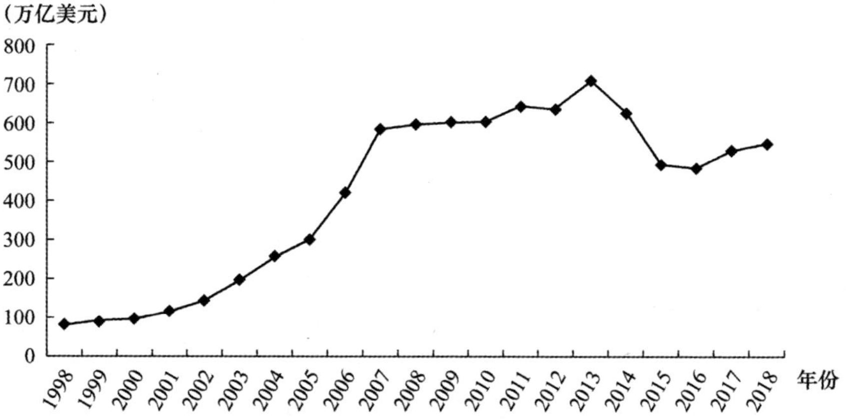

图 3-4　全球场外衍生品名义本金

注：名义本金（Notional amounts outstanding）是指交易者在统计期已买入且未平仓的衍生品的名义数额。名义本金反映了国际 OTC 衍生品市场的规模情况。

资料来源：BIS 数据库。

（三）金融衍生品交易规模远远大于商品衍生品

商品和金融资产是衍生品的两大标的资产类别。从国际市场来看，金融衍生品规模远远大于商品衍生品规模。以场外衍生品为例，商品类衍生品是场外衍生品市场中规模最小的品种，商品衍生品占场外衍生品市场的比重在2%以下，98%以上是利率、外汇、股权和信用等金融衍生品。2018年，商品衍生品总市值为0.22万亿美元，占场外衍生品市场总市值的2%（见图3－5），名义本金约1.9万亿美元，占场外衍生品市场总名义持有金额的0.3%（见图3－6）。

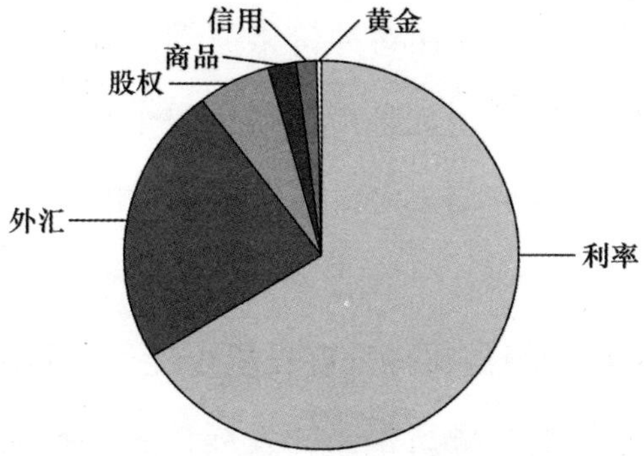

图3－5　2018年全球场外衍生品市场结构：总市值

资料来源：BIS数据库。

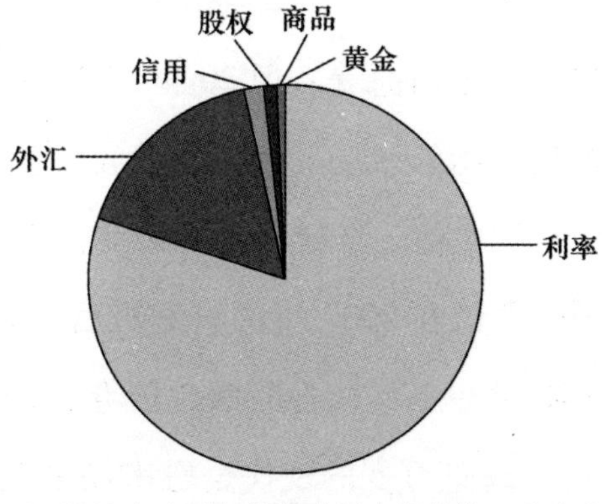

图3－6　2018年全球场外衍生品市场结构：名义本金

资料来源：BIS数据库。

在金融衍生品中，利率衍生品占据绝对主导地位，其次是外汇衍生品，这与利率和汇率市场化条件下资金避险需求密切相关。截至2018年底，国际场外衍生品市场名义本金为544万亿美元，其中利率类衍生品占总名义本金的80%，外汇类衍生品占17%，而信用衍生品和股权衍生品分别仅占 1.5% 和 1.2% 。从总市值角度看，2018 年底，利率类衍生品占总市值的 66% ，外汇类衍生品占 23% ，而信用衍生品和股权衍生品分别仅占 2% 和 5.9% 。

这意味着，相对于规避大宗商品风险，衍生品在规避金融风险中的作用是更为主导性的。商品衍生品作为衍生品市场不可或缺的一部分，在能源、农业等领域，在对冲价格波动风险、支持工业和农业方面发挥着重要作用。但是，金融衍生品是整个衍生品市场的主体，这与当前经济全球化、经济金融化、利率汇率大幅波动的背景密切相关。

（四）衍生品市场脱离实际过度投机可能引发新风险

对于衍生品尤其是金融衍生品的发展，一直存在争论。衍生品市场发展早期，参与者多是具有产业背景和实际需求的市场主体。例如，芝加哥期货交易所早期主要经营农产品期货，参与者主要是农场主、农贸产品收购者和谷类经销商等。但 20 世纪 70 年代以来，随着金融衍生品的发展，尤其是场外市场的爆发，使得银行、证券公司等金融机构成为衍生品交易的主体，形成了对价格变化进行投机的庞大系统。

对衍生品市场的争论在 2007 年次贷危机后达到顶峰①。金融衍生品的本质是提供风险对冲工具，为股票、债券、抵押贷款等金融资产提供“保险”②，这在瞬息万变的现代金融市场中尤为必要。但是，金融衍生品是双刃剑，它既是转移和分散基础资产风险的工具，本身又是投机工具。金融衍生品脱离实际的过度繁荣也可能导致金融和经济

① 王屯、于金酉：“金融危机背景下中国金融衍生品市场的发展”，《金融论坛》2010 年第 2 期，第 42 ~ 48 页。

② 金中夏、张甜甜：“信用衍生品市场发展对金融稳定的意义”，《中国金融》2007 年第 8 期，第 15 页。

危机，这是2007年美国次贷危机的重要根源。过去几十年间发生的大部分重大金融机构破产和经济危机中，都有衍生品的身影。例如，巴林银行因日经指数期货交易而破产，住友商社因期铜交易而巨额亏损等。

次贷危机之前，美国货币和金融监管当局对金融衍生品总体持自由放任的立场，这在一定程度上鼓励了衍生品的过度投机，偏离了风险控制的真实需求。同时，美国长期实施低利率政策，带来了巨大的房地产泡沫[①]。金融机构通过信贷衍生品将房地产贷款的信用风险转移至机构外。部分金融机构过度投机，为追求利润而大量交易金融衍生品。但从系统性角度看，这只是风险在不同市场主体间转移，并没有实现风险缓释和对冲，风险本身并未消失。

当房价大幅下跌时，基础资产出现问题，衍生于房地产贷款的各类金融衍生品也失去了根基。金融衍生品多是高杠杆交易，透明度不高，多层嵌套，结构复杂，难以穿透。房价下跌的冲击，因金融衍生品的过度投机而大幅放大，对美国和全球金融市场带来了巨大冲击，金融衍生品甚至被称为“大规模金融杀伤性武器”。

二、我国衍生品市场发展的现状和特点

我国衍生品市场是在计划经济向社会主义市场经济转轨的过程中发展起来的[②]。衍生品市场发展中的一些曲折探索，都与经济转轨、金融体制改革等因素密切相关。我国从1987年底开始期货市场理论研

① 格林斯潘在1987年至2006年任美联储主席。他在任期间，一直对金融衍生品持支持态度，并实施低利率政策。

② 刘伟琳、赵文荣：“我国衍生品市场发展的历程回顾：现状分析与前景展望”，《理论界》2010年第9期。李伏安：“中国金融衍生品的发展与监管”，《中国外汇》2006年第3期。

究并开展试点。1993 年前后，期货交易所、经纪公司和交易品种快速扩张，产生了投机炒作、外汇流失、欺诈和经济纠纷等问题。经过 1993 年和 1998 年两次清理整顿，仅保留了上海、郑州、大连三家商品期货交易所，2006 年又新设一家中国金融期货交易所。1999 年以来，我国衍生品市场进入相对稳定的发展期，相关法律法规、监管制度、风险防控体系逐步完善，抵御了包括 2008 年国际金融危机等一系列风险冲击。

近年来，我国衍生品种类不断丰富，市场规模持续增长，初步形成了覆盖期货与期权、场内与场外、境内与境外的衍生品市场体系。截至 2018 年底，我国上市的期货和期权品种数量达 61 个，其中商品期货 51 个、金融期货 6 个、期权 4 个，基本覆盖了农产品、金属、能源、化工、金融等国民经济主要领域①。根据世界交易所联合会（WFE）数据，按成交量排序，2018 年上海期货交易所在世界十大商品交易所中排名第一，大连和郑州商品交易所分别排名第三和第四位。但与发达国家相比，我国衍生品市场发展历史还很短，产品结构、市场深度、交易活跃度、参与者广度和创新能力都还有较大区别。

（一）商品衍生品发展快于金融衍生品

我国衍生品市场以商品衍生品为主，这与发达国家成熟市场不同。根据美国期货业协会（FIA）对全球场内衍生品交易数据的统计，从全球衍生品种类来看，金融衍生品占主导地位。其中，股指类和个股类衍生品的市场规模较为突出，2011 年成交量分别占整个衍生品市场的 33.9% 和 28.3%，其次是利率和外汇类的期货和期权，而商品类

① 中国证券监督管理委员会、中国期货业协会：《中国期货市场年鉴（2017 年）》，中国财政经济出版社 2018 年版。

的期货和期权比重仅为约10%①。

1992年上海外汇调剂中心开办外汇期货业务以来，我国金融衍生品市场经历了“试点—停止—重开”的曲折发展历程。2006年，中国金融期货交易所成立，成为国内首家金融衍生品交易所，这标志着对金融衍生品的争论暂时结束②。但在2010年股指期货上市之前，我国期货市场大多是商品期货。我国信用衍生品起步也比较晚，中国银行间市场交易商协会2010年在银行间市场推出了信用风险缓释工具（CRM），这标志着我国信用衍生品市场开始出现。2017年，在场内市场，我国商品类期货期权交易量占比超过99%。相比发达国家，我国金融衍生品明显不足。2018年我国期货市场成交金额总计210.82万亿元（见表3－1），其中商品期货占比超过87%，金融期货仅占12.39%。从成交量来看，金融期货占比不足1%。商品期货中，交易规模最大的依次是金属、能源化工、农产品。从品种看，螺纹钢、豆粕、玉米、天然橡胶、菜籽油是主要的交易品种。

表3－1　2018年中国期货交易情况

交易所名称	累计成交总额（亿元）	累计成交总额占全国份额（%）	累计成交总量（手）	累计成交总量占全国份额（%）
上海期货交易所	815417.14	38.68	1175388670	38.81
上海国际能源交易中心	127383.47	6.04	26509423	0.88
郑州商品交易所	382203.75	18.13	817829796	27.00
大连商品交易所	521956.61	24.76	981927369	32.42
中国金融期货交易所	261222.97	12.39	27210053	0.90
全国期货市场交易总额	2108183.94	100.00	3028865311	100.00

资料来源：中国期货业协会。

① 中国期货业协会：《金融期权》，中国财政经济出版社2013年版。

② 成思危：“积极慎重地发展中国的金融衍生产品”，《经济界》2007年第1期，第4～7页。

从历史来看，新兴国家和发达国家的金融衍生品遵循不同的发展规律。发达国家大多是先推出汇率类衍生产品，再推出利率、股指等金融衍生产品。这是因为布雷顿森林体系解体后，汇率大幅波动，市场参与者迫切需要转移汇率风险，所以汇率衍生产品出现较早。而外汇波动引起利率和其他资产价格的波动，相应出现了利率和股票类衍生品等品种。新兴市场一般先出现股票类衍生产品，再推出汇率类和利率类衍生品。这是因为新兴国家汇率和利率大多处于改革阶段，相关的汇率衍生产品和利率衍生产品的发展受到制约。而新兴国家股票市场往往有较强的独立性，所以会优先发展股票类衍生产品。

（二）期货发展快于期权等其他衍生品

期权与期货是全球衍生品市场的两大基石。期权是全球最活跃的衍生品之一。从场内衍生品种类来看，我国衍生品以期货为主，期权等其他衍生品较少。2018 年底我国 61 个期货期权品种中，期货有 57 个，而期权仅有 4 个。期权交易在发现价格、稳定收益、控制风险方面具有重要作用。从欧美发达国家在农产品期权发展的经验来看，大宗农产品期权交易在引导农户参与期货市场、稳定农民收益、规避农产品价格下跌风险等方面发挥了积极作用。

我国期货类产品发展相对较早，但是期权产品仍然处于萌芽状态。目前我国场内交易的 4 个期权品种分别为 2015 年上市的 50ETF 期权、2017 年上市的豆粕期权、2017 年上市的白糖期权、2018 年上市的铜期权。在 2017 年股市上涨、2018 年中美贸易摩擦期间，50ETF 期权和白糖、豆粕期权成交量都经历了大幅增长，表明在高度不确定环境下，市场对利用期权的避险功能存在巨大需求。目前我国场内期权品种不多，难以有效满足市场的需求。

（三）场内衍生品发展快于场外衍生品市场

场内衍生品具有标准化程度高、透明度高、流动性强的特点，相比场外衍生品，在监管、交易透明性等方面具有优势[①]。但是，场内市场通常服务于标准化合约，标准化的场内工具无法有效满足金融机构的多样化需求。场外衍生品能够满足这一需求，根据不同客户的风险特征设计不同的产品类型，通过个性化、定制化的合约，更灵活地提供风险管理产品。国内场外衍生品市场主要由银行、证券公司与期货风险管理公司主导，常见的交易品种包括：银行的汇率类衍生品（包括人民币外汇掉期、人民币外汇远期、人民币外汇期权）[②]、利率类衍生品（包括利率互换、债券远期），证券公司的收益互换、场外期权，期货风险管理公司的远期、互换和场外期权等。

相比发达国家较为成熟的场外衍生品市场，我国场外衍生品市场尚在起步阶段。全球衍生品市场中，场外市场规模远大于场内市场。根据 BIS 数据，截至 2012 年底，全球金融衍生品名义金额达到 687 万亿美元，其中，场外市场 633 万亿美元，场内市场 54 万亿美元[③]。

场外衍生品由于个性化定制、透明度不高、信息披露不充分等原因，在监管上面临较多困难，存在业务集中度较高、杠杆率过高、业务标准不统一、不合格投资者参与等问题，可能带来较大风险。如果金融机构风控能力薄弱，一旦交易对手不能履约，就会产生损失，甚至导致资金不足等流动性风险。2008 年，美国金融衍生品的场外交易量占总交易量的比重接近 90%，对场外市场缺乏有效监管，是次贷危

① 中国期货业协会：《场外衍生品》，中国财政经济出版社 2013 年版。

② 徐忠、张晓宇：“外汇衍生品市场格局演变”，《中国金融》2014 年第 24 期，第 37 ~ 39 页。

③ 参考《金融期权》，中国财政经济出版社。

机的重要诱因。2010 年美国颁布《多德—弗兰克法案》，一个重要措施是将场外衍生品市场纳入监管。近年来，场外和场内衍生品的边界趋于模糊，逐渐演变为接受统一监管、进行中央结算的场外衍生交易，纯粹的场外交易正在萎缩。

不同国家场外衍生品具有不同的结构特征。英美等传统发达国家衍生品市场以利率衍生产品为主，而新加坡、中国香港等高度开放、资金流动活跃的新兴市场，则以汇率类衍生产品居多。我国场外衍生品市场起步较晚，目前品种较为单一。2008 年金融危机后，全球场外衍生品交易出现标准化、集中清算、统一监管的发展趋势，交易所具有较低的交易成本、较好的流动性，逐渐吸引投资者从场外市场转移到场内市场。

（四）金融机构参与深度高于产业参与者

服务实体经济是衍生品市场的重要功能之一。根据国际互换和衍生品协会（ISDA）调查，世界五百强企业中，94% 的企业使用衍生工具管理或规避所面对的商业和金融风险。根据 BIS 统计，发达国家场外金融衍生品市场的交易主要发生在金融机构之间，交易份额占到近 90%。近年来，场外金融衍生品交易的市场集中度明显提高，少数规模大、信誉好的金融机构的市场份额越来越高。对中国香港、印度尼西亚、马来西亚和新加坡的非金融上市公司的研究发现，工商企业使用衍生品越成熟，经营现金流的波动性就越低，这对中小型企业而言尤为明显。

我国衍生品市场服务实体经济的能力尚未充分发挥，远逊于发达市场，未来市场发展空间巨大[①]。2016 年，我国期货市场持仓金额与

---

① 王琼、冯宗宪：“中国发展信用衍生品市场的必要性及实施路径”，《社会科学家》2006 年第 1 期。

GDP 的比值约为 1%，而美国为 70%，我国期货市场持仓金额约为美国的 8‰。国内工农业企业，对衍生品市场的利用度还不高，参与度不充分，市场功能有待进一步发挥。目前，我国规模以上企业有 50 多万家，参与期货市场的产业客户仅有 2 万余户，大量企业尚未直接参与期货市场。

三、衍生品市场是现代化经济体系的重要组成部分

党的十九大报告指出，中国经济正处在转变发展方式、优化经济结构、转换增长动力的攻关期，建设现代化经济体系是跨越关口的迫切要求和我国发展的战略目标。现代化经济体系是一个有机整体，金融体系是不可或缺的重要一环。金融衍生产品是现代经济发展到一定阶段的产物，是现代化金融体系的重要组成部分。随着中国金融市场的深化、金融开放程度的提高，对衍生品市场价格发现和风险规避功能的需求越来越强①。当前，我国衍生品市场还难以适应发展的新要求。积极稳妥推进衍生品市场发展，对于推动中国经济转向高质量发展、实现高水平对外开放和深化金融改革发展具有重要意义。

发展衍生品市场，是推动中国经济高质量发展的客观要求。衍生品市场对服务实体经济具有重要作用，要推进衍生品市场的改革和发展，以满足实体经济多样性的风险管理需求。当前，我国衍生品市场的深度和活跃度，与中国经济和金融体量还不相称。衍生品市场提供的风险管理还无法满足实际需求。我国经济总量位居世界第二、制造

---

① 李启亚："金融衍生产品与中国资本市场的发展"，《经济研究》2000 年第 2 期，第 49 ~ 55 页。

业规模世界第一。对于大部分大宗商品，我国都是全球最大的生产、贸易或消费国。我国拥有全球最大的银行业、第二大股票市场、第三大债券市场和第二大保险市场。这些条件为我国衍生品市场进一步深化发展提供了有力支撑。

发展衍生品市场，是中国经济实现高水平对外开放的重要保障。衍生品市场是最具有全球化特征的金融市场。衍生品市场在价格发现、风险管理等方面具有重要作用。通过价格发现的功能，衍生品市场能引导商品和资本在全球范围内流通，实现资源高效配置。历史经验表明，完善的金融体系是支撑高水平开放型经济的重要因素。中国是全球进出口贸易总额最大的国家，是全球第一大货物贸易出口国和第二大进口国。2014 年以来，中国实际对外投资已超过利用外资规模。当前，我国衍生品市场的发展程度与实体经济开放程度还不匹配，还不能有效满足经济开放的风险管理需要。

发展衍生品市场，是未来金融业改革发展的重要组成部分。随着我国利率和汇率市场化进程的深化，人民币国际化程度的提高，未来对金融衍生品的需求将高速增长。发展金融衍生产品可以促进资本市场体系与功能的完善，对于我国金融市场化改革具有重要的意义。美国衍生品市场在 20 世纪 70 年代后爆发式增长的重要原因是金融自由化。近年来，我国利率市场化改革持续推进，在金融市场中发挥着越发重要的作用。党的十九大报告提出深化汇率市场化改革，2017 年全国金融工作会议把深化人民币汇率形成机制改革作为扩大金融对外开放的首要任务。衍生品市场理应在推动我国金融开放中发挥重要作用。利率和汇率制度的变化，是衍生品市场发展的重大机遇，也对衍生品市场提出了更高要求。

四、适应现代化经济体系建设要求，加快建设衍生品市场

当前，我国衍生品市场正面临重要的战略机遇期，应在风险可控的前提下，积极稳妥推进衍生品市场发展。发展衍生品市场，要与我国经济和金融市场改革的进程相适应，按照从简单到复杂、从低级到高级、从低风险到高风险、从专业投资者到一般投资者、从局部试点到完善推广的思路，结合实际需求，渐次推进，分步实施①。适宜优先发展场内市场，谨慎推进场外市场；优先发展期货等基础性产品，根据实际需求发展更为复杂的衍生品；以股权、信用市场为切入点，稳妥推进金融衍生品发展，分步推出股指、国债和外汇期货等产品；建立衍生品协同监管体系，加强场外市场监管，完善衍生品相关法律法规。为此，提出以下建议。

第一，优化衍生品产品结构，建立高质量、多元化的衍生品体系。逐步增加衍生品种类，形成门类齐全的产品体系，促进多层次衍生品市场发展，为经济发展提供可靠、广泛的价格参考和风险管理工具。加强场内和场外衍生品的协同发展，共同服务于实体经济。充分利用交易所和场外的两种优势，进一步满足实体企业和机构投资者的风险管理需求。主动对接多层次资本市场体系建设，开发适应市场需求的衍生产品。积极配合利率、汇率市场化改革进程，进一步丰富金融期货产品体系。顺应人民币国际化趋势，加快人民币外汇期货期权市场建设。抓住金融结构调整、直接融资比重提升的机遇，丰富债券期货

---

① 高扬、何帆：“中国外汇衍生品市场发展的次序”，《财贸经济》2005 年第 10 期。李义奇：“发展我国金融衍生品市场的几点建议”，《中国金融》2007 年第 24 期，第 51 ~ 52 页。林清泉、罗刚：“我国金融衍生品市场发展模式与路径选择”，《经济学动态》2011 年第 4 期。

产品体系，尽快研究推出中短期限债券期货产品，提升交易活跃度，满足各期限债券风险管理的需要。

第二，加快市场主体培育，丰富衍生品市场投资者队伍。发挥龙头企业、行业协会等的纽带作用，促进现货和期货市场更紧密衔接，鼓励专业服务机构为上下游企业提供专业化、个性化的风险管理服务，引导有风险管理需求的工农业企业积极参与衍生品市场。推进商业银行、保险公司、QFII、境外机构等参与国债期货等衍生品市场交易，丰富投资者结构，扩大市场厚度和深度，提高市场流动性，增强国债期货市场价格的代表性，提升市场定价效率和精度，形成准确反映全市场信息的价格信号，保障我国金融市场安全平稳发展。

第三，完善衍生品市场监管，助力防范和化解金融风险。把完善衍生品市场监管和促进衍生品市场发展放在同等重要的位置，在“管得住”的前提下，积极稳妥推动衍生品市场发展。强化市场监管，确保衍生品市场平稳运行。进一步强化交易所一线监管职能，增强对账户和产品的穿透式监管，加强行业自律，明确期货公司等风险管控责任。对衍生品产品和交易方式的创新，要做到风险可控、监管到位。切实增强衍生品市场监管力量，提升信息技术、金融科技手段在衍生品市场监管中的应用。完善衍生品市场法规体系建设，加强市场顶层设计，不断优化市场整体构架。加快推进期货立法，提升规范效力层级，促进期货市场规范运行和长远发展。

第四，逐步加大衍生品市场开放，提高国际化程度。积极试点引入境外投资者，研究税收、交易、汇兑、交割等相关政策，为境外投资者参与境内交易提供便捷通道，提高境外投资者对我国衍生品市场的参与度，提升国际化服务水平。探索开展与境外交易所灵活多样的合作。扩大境内外交割区域，探索在海南自贸区等特殊监管区域设立交割库，扩大保税交割品种和范围，继续推动完善税收等配套政策。适应相关衍生品国际化发展的需求，支持期货交易所在境外设立交割仓库，为企业提供更加高效便捷的风险管理工具。

执笔人：石　光

参考文献

[1] 成思危．积极慎重地发展中国的金融衍生产品．经济界，2007（1）

[2] 高扬，何帆．中国外汇衍生品市场发展的次序．财贸经济，2005（10）

[3] 李伏安．中国金融衍生品的发展与监管．中国外汇，2006（3）

[4] 刘伟琳，赵文荣．我国衍生品市场发展的历程回顾：现状分析与前景展望．理论界，2010（9）

[5] 金中夏，张甜甜．信用衍生品市场发展对金融稳定的意义．中国金融，2007（8）

[6] 李启亚．金融衍生产品与中国资本市场的发展．经济研究，2000（2）

[7] 李义奇．发展我国金融衍生品市场的几点建议．中国金融，2007（24）

[8] 林清泉，罗刚．我国金融衍生品市场发展模式与路径选择．经济学动态，2011（4）

[9] 王屯，于金酉．金融危机背景下中国金融衍生品市场的发展．金融论坛，2010（2）

[10] 王琼，冯宗宪．中国发展信用衍生品市场的必要性及实施路径．社会科学家，2006（1）

[11] 吴建刚．中国衍生品市场概况与未来发展．金融与经济，2009（11）

[12] 徐忠，张晓宇．外汇衍生品市场格局演变．中国金融，2014（24）

[13] 中国期货业协会．金融期权．北京：中国财政经济出版社，2013

[14] 中国期货业协会．场外衍生品．北京：中国财政经济出版社，2013

[15] 中国证券监督管理委员会，中国期货业协会．中国期货市场年鉴（2017年）．北京：中国财政经济出版社，2018

专题四

适应现代化经济体系要求 深化保险业市场化改革

近年来，我国保险市场快速发展。保费收入从 2012 年的 2455 亿美元提升到 2017 年的 5414 亿美元，占全球保费收入比例从 2012 年的 5.28% 提高到 2017 年的 11.07%①。然而，保费收入快速增长并未带来保险业的高质量发展，保险业市场化改革仍较为滞后。建设适应现代化目标的金融体系，推动保险业的高质量发展，必须深化保险市场化改革，更大程度地发挥市场机制的作用。

一、保险是现代市场经济体系的重要组成部分

保险具有风险转移、风险管理、长期储蓄、资产积累和管理等功能，能够有效促进创新和长期投资，降低经济运行的潜在风险，跨期平滑消费，满足金融市场的长期融资需求，从而促进市场经济的运行效率。发达的保险市场是现代市场经济体系的重要标志。

① Swiss Re sigma, World Insurance in 2017.

（一）市场经济的发展是保险产生和发展的基础

从国际保险业的历史看，海上贸易的发展促进了现代保险业的产生。从13世纪开始，意大利成为海上贸易的中心。为了规避海上贸易的高风险，意大利商人发明了保险贷款，与今天的海上保险非常接近①。据考证，第一份保险合同始于1347年的意大利名城热那亚②，现代保险业也由此产生和发展。此后，随着世界市场经济格局变化，国际保险业的重心也在改变。17世纪开始，英国逐步成为世界海上贸易中心，海上保险的重心也就转移到了英国。19世纪末20世纪初，美国超过英国成为全球最大的经济强国，世界保险业的重心也逐步由英国转移至美国。近年，随着新兴经济体市场经济的发展，其保费收入增长率大大高于发达市场，在全球保险市场中的地位逐步提升。2017年，发达经济体寿险保费收入同比下降2.7%，而新兴经济体寿险保费收入则增长14%；发达经济体的非寿险保费收入同比增长1.9%，而新兴经济体非寿险保费收入增长率则为6.1%③。

保险业进入中国源于清代1757～1842年推行的一种致力于对外贸易的制度（即广州制度），尤其是19世纪20年代中国的贸易自由以及市场经济的发展④。随着贸易的发展，转移风险对保险的需求自然产生。1801年，广州的一些外商成立了临时性的保险协会，为每个会员的货物提供不超过12000两白银的保险保障。这标志着外资保险进入

① Din，SajidMohyUl（2013）．“Impact of cost of marine and general insurance on international trade and economic growth of Pakistan”．World Applied Sciences Journal. 28（5）：659～671.

② Franklin，James（2001）．The Science of Conjecture：Evidence and Probability Before Pascal. Baltimore：Johns Hopkins University Press. pp. 274～277.

③ Swiss Re sigma，World Insurance in 2017.

④ 苏小和：《百年经济史笔记（上卷·晚清启蒙课）》，东方出版社2015年版。

中国。另外，还有几家加尔各答的英国保险公司在广州建立分支机构[①]。1949 年后，我国实行了计划经济体制，绝大多数经济损失由国家承担，商业保险没有了存在的必要，于是 1958 年停办了国内保险业务。即便如此，对外贸易涉及国内计划经济体制之外的交易伙伴，仍存在转嫁风险的需求，以海上保险为主的涉外保险仍继续开展。改革开放后，我国于 1979 年恢复了国内保险业务。此后，随着我国经济规模的扩大，保险业也快速发展。

（二）保险是市场经济高效运行的重要支撑

1. 通过风险转移减少不确定性，促进创新和长期投资

保险最基本的功能是通过汇集与转移风险提供保障[②]。保险的风险转移功能不仅可以减少不确定性，而且可以鼓励创新、创业活动和风险承担。因此，有效的风险转移可以促进长期投资和产出[③]。

一是保险有助于企业和家庭融资。融资提供者（银行、债券和股票投资者）精于评估商业和金融风险，但对如何量化、对冲财产和责任风险或产品责任风险等其他风险知之甚少。由保险机构专业承担这些风险，并处理相关的道德风险或逆向选择问题，效率更高。因此，保险部分转移了融资提供者的风险，有助于促进微观市场主体获得融资。比如，投保住房保险通常是获得抵押贷款的先决条件，发放汽车贷款的银行往往要求贷款人投保保证保险，农作物保险则有助于农民

---

① Feng Bangyan, NyawMeeKau (2010). "Enriching Lives: A History of Insurance in Hong Kong, 1841－2010". Hong Kong University Press. pp. 8～10.

② OECD (2013), "Contribution of Insurance to Economic Growth and Financial Stability", unpublished document DAF/AS/WD (2012) 18/REV1.

③ Liedtke, Patrick M. (2007), "What's Insurance to a Modern Economy", The Geneva Papers, 32, pp. 211～221.

获得资金。

二是保险鼓励创新和长期投资。保险将风险事件的成本分摊在广大的投保人中，有助于减少重大风险事件的影响，使得个人和公司能够承担和管理风险，降低了风险带来的不确定性，从而鼓励投资和创新。

三是保险可以最大限度地避免高成本的临时筹资，降低破产概率①。一家投保的公司在遭受重大外部冲击（如自然灾害或意外事故等）带来的损失时，通常不会被迫以高成本临时筹集资金或是破产。因为保险公司会及时支付保险赔款，补偿其发生的保险损失，从而有利于缓解其临时筹资的压力，并帮助其尽快恢复生产。

2. 通过风险管理降低经济运行的潜在风险

保险的第二大功能是通过收集、分析和发布风险信息，促进风险管理。保险产品的精算定价要求保险人收集风险事件发生概率和损失程度的数据，并对风险分布进行量化分析。这样，保险业就生成了大量有关风险的信息②。由于保险公司掌握了如何降低损害发生概率和损害程度的专业知识，基于减少赔款和增加利润的动机，愿意传播这些风险信息，促进风险管理，以便尽可能地减少道德风险和逆向选择。投保人利用这些风险信息，不仅可以更准确地评估其所承担的风险，更客观地估计风险调整之后的投资回报，还可以在风险信息的指导下，基于成本效益原则实施自身的风险管理，提高资源的配置效率。保险的风险管理功能，实际上可以降低整体经济运行的潜在风险。

---

① Brainard, Lael (2013), "What is the role of insurance in economic development?", Zurich Government and Industry Affairs thought leadership series, available at http://www.draudimas.com/allpics/What_ is_ the_ role_ of_ economic_ developement. pdf.

② OECD (2013), "Contribution of Insurance to Economic Growth and Financial Stability", unpublished document DAF/AS/WD (2012) 18/REV1.

3. 通过长期储蓄跨期平滑消费

保险的第三大功能是长期储蓄。寿险公司受短期回报的压力较小，具有长期投资的优势，可以提供有竞争力的长期储蓄产品。此外，通过适当地将市场风险与保险风险相结合，保险公司能够提供收益波动性较低的储蓄产品，即收益率与其他投资类别相关性较低或甚至负相关。因此，投保人通过保险产品实现长期储蓄，有助于跨期平滑消费，从而有助于抑制宏观经济冲击。

4. 通过资产积累与管理满足金融市场的长期融资需求

保险的第四大功能是资产积累与管理。与对保单持有人的负债相匹配，保险公司持有大量资产[①]。由于保险业的资产规模巨大，且其资产管理通常具有长期投资、相对保守、杠杆作用很小等特点[②]，保险机构被公认为是金融市场重要的机构投资者[③]，在金融市场和投资融资方面发挥着重要作用。例如，在欧盟，保险机构是最大的机构投资者，2017年管理资产超过10万亿欧元，相当于欧盟国内生产总值的63%[④]。

保险的业务模式是提前收取保费，并在风险事故发生或是保险合同约定的条件下赔偿或给付。因此，保险机构可以通过证券借贷等形

① Dickinson, Gerry (1998), "The Economic Role of the Insurance Sector in the Risk Transfer-Capital Market Nexus", The Geneva Papers on Risk and Insurance. Issues and Practice, Vol. 23, No. 89, pp. 519 ~529.

② Shirakawa, Masaaki (2011), "Insurance companies and the financial system-a central bank perspective", Bank for International Settlements, available at http: //www. bis. org/review/r111005b. pdf.

③ EIOPA (2013), "Discussion Paper on Standard Formula Design and Calibration for Certain Long-Term Investments", available at https: //eiopa. europa. eu/Publications/Discussion%20paper/Discussion_Paper_ on_ Standard_ Formula_ Design_ and_ Calibration_ for_ Certain_ Long-Term_ Investments_ 20130408. pdf; European Commission (2014), "Communication on long term financing of the European economy", available at http: //ec. europa. eu/internal_ market/finances/financing-growth/long- term/index_ en. htm.

④ Insurance Europe. European Insurance—Key Facts, October 2018, https: //www. insuranceeurope. eu/sites/default/files/attachments/European%20insurance%20 - %20Key%20facts%20 - %20October%202018. pdf.

式提供流动性①。尤其是当银行面临严峻的净稳定资金（net stable funding）需求时，保险资金可以成为长期融资的重要来源。事实上，一般认为，与银行甚至债券市场相比，保险资金为长期项目（如大型基础设施项目等）提供融资具有巨大的比较优势②。保险业与银行业二者可以相互补充，共同构成完善的金融市场体系（见表4－1）。

表4－1　　保险业和银行业商业模式比较

项目	保险业	银行业
经营范围	风险集合与风险转移； 长期储蓄	支付服务； 短期储蓄； 贷款
筹资	负债驱动； 预付保险费； 有限发行证券； 有限使用公司间借贷； 资产大多和负债挂钩	负债和市场融资驱动； 主要是短期资金； 发行证券； 银行间借贷多； 资产和负债不联系不紧密
资产负债表周期性	商业周期在一定程度上影响资产负债表可能的保险周期	资产和负债受商业周期影响大
风险	利率风险大； 低流动性风险； 主要保险公司之间关联性较低； 承担的风险可以通过再保险转移	信用风险大； 高流动性和融资风险； 机构间的重大风险敞口（银行间和回购）； 承担的风险可以通过证券化转移
资产负债管理和投资	资金相对稳定； 负债驱动投资	短期和市场融资； 资产驱动投资

资料来源：Committee on the Global Financial System，“Fixed income strategies of insurance companies and pension funds”，CGFS Papers，No. 44，July 2011。

---

① OECD（2013），“Contribution of Insurance to Economic Growth and Financial Stability”，unpublished document DAF/AS/WD（2012）18/REV1.

② Warwick Commission on International Financial Reform，（2009），“In Praise of Unlevel Playing Fields”，Warwick University，November 2009，available at http：//www. stephanygj. net/papers/Warwick-Commission. pdf；Persaud，Avinash（2004），“The Regulation of Long-Term Savings”，Gresham College lecture，available at http：//www. gresham. ac. uk/lectures-and-events/the-regulation-of-long-term-savings.

二、发达经济体保险市场体系的特征和趋势

保险市场体系受一国或地区的经济体制、监管、金融市场、历史传统等多种因素的影响，发达国家之间也存在较大的差异。总体来看，发达经济体的保险市场体系呈现以下五个方面的特征。

（一）市场准入门槛较低，市场主体数量较多

总体来看，发达经济体的市场准入门槛较低，对成立保险公司的最低资本要求不高，资本进入保险市场比较容易。在美国，每个州都有自己的保险法和资本要求。许多州根据州批准的经营险种的权限，使用法规中的表格计算资本要求。比如，加利福尼亚州要求财产和意外伤害保险公司的最低盈余为100万~280万美元（670万~1890万元人民币），人寿和残疾保险公司的最低实收资本为250万美元（约1700万元人民币），再加上250万美元的最低盈余。佛罗里达州对财产和意外伤害保险公司的资本要求是总负债的10%或500万美元中的较大者，对人寿保险公司的资本要求是总负债的4%或250万美元中的较大者。[①] 日本《保险业务法》和《保险业务法实施令》规定，日本保险公司的最低资本额为10亿日元（约为6000万元人民币）。[②] 在澳大利亚，根据审慎监管局的规定，财产保险及其再保险公司的最低资本要求为500万澳元（约2400万元人民币），而人寿保险公司及其

① Charles Infosino U. S. Insurance Company Capitalization Requirements，https：//smallbusiness.chron. com/us-insurance-company-capitalization-requirements-81607. html.

② http：//www. inhouselawyer. co. uk/wgd_ question/what-are-the-minimum-capital-requirements.

再保险公司的最低资本要求为1000万澳元（约4800万元人民币）。[①] 在中国香港，保险公司最低实收资本目前为1000万港元（约860万元人民币），复合保险人（即同时经营财产及寿险业务）或希望经营法定类别保险业务的保险人的最低实收资本为2000万港元（约1600万元人民币）。[②]

由于市场准入门槛不高，市场主体的数量较多，这在欧美体现得非常明显。2017年，美国保险市场共有4493家保险公司，包括743家人寿和健康保险公司、2620家财产和责任保险公司和1130家健康保险公司，[③] 在全球直接保险收入中占比28.15%。[④] 美国保险市场由于主体数量多，市场集中度相对较低。其中，保费收入规模前10家公司的市场份额约占一半，前100家公司的市场份额通常超过了90%。2017年，欧洲共有约3400家保险公司，[⑤] 包括英国在内的欧盟在全球直接保费收入中约占28%。[⑥]

在发达经济体中，日本的市场主体数量相对较少，市场集中度较高。2014年，日本非寿险市场共有52家公司，其中前四大保险公司保费收入的市场份额高于80%；寿险市场共有42家保险公司，前6家保险公司保费收入的市场份额占60%。

---

① http://www.inhouselawyer.co.uk/wgd_question/what-are-the-minimum-capital-requirements.

② https://www.ia.org.hk/en/supervision/reg_insurers_lloyd/regulatory_requirements.html.

③ 人寿和健康保险公司、财产与责任保险公司是美国的主要保险市场主体。健康保险公司包括仅允许经营健康保险的公司或健康维护组织。资料来源：A. M. Best Aggregates and Averages (2018 Editions) and S&P Global。

④ Swiss Re sigma, World Insurance in 2017.

⑤ Insurance Europe. European Insurance — Key Facts, October 2018, https://www.insuranceeurope.eu/sites/default/files/attachments/European%20insurance%20-%20Key%20facts%20-%20October%202018.pdf.

⑥ Swiss Re sigma, World Insurance in 2017.

（二）建立了较为完善的市场化退出机制，破产成为主要市场约束

发达经济体大都建立了市场化退出机制。以美国为例，1969～2008年，美国非寿险市场共破产了1028家保险公司，年度破产率为0.17%～1.77%，40年中平均年度破产率为0.8%。20世纪90年代，受日本经济泡沫破裂的影响，7家寿险公司受利差损的影响接连破产。[①] 发达市场经济国家，破产与退出机制成为保险公司提高经营绩效与规范经营行为的主要市场约束。这种市场约束是与其完善的法律制度和管理体系相关的。

一是保险市场退出的法律框架较为完善。在一些发达国家，保险市场退出除了受到《公司法》《破产法》《保险法》等法律约束外，还制定了专门性法律，对退出细节予以明确。如美国全国保险监督官协会（NAIC）制定的《保险重整和清算法案》《评估后财产和意外保险保证协会示范法规》《人寿和健康保险保证协会示范法规》以及《1992年联邦偿付能力保障法》等；英国的《1975年保单持有人保护法》《1982年保险公司法》等；日本的新《保险业法》和《更生特例法》等。这些专门法规详细规定了退出标准、退出条件和操作流程，为保险市场退出提供了有力的法律保障。

二是破产管理和退出流程明确清晰。美国对保险市场退出规定了三种方式：合并、兼并和破产，并且对每一种退出方式都细化了流程，如针对破产方式，列明的实施整顿和清算程序有16种，并且详细规定了法院、监管机构、破产保险公司等多方的权责。英国《2004年保险人（重整和清算）规则》和欧盟《保险业重整和清算指令》对破产保险公司的债务处理方式做了明确规定。日本就问题保险公司的保险合

① 张忆东："以史为鉴，监管利于中国保险行业长期向好"，《兴业证券研究报告》2018年2月7日。

同转移、公司并购和救助公司选择也都有具体规定。各国确定保险机构破产管理人的做法不尽相同，日本和英国法律规定由法院任命，并负责组建，而美国则由监管当局直接任命破产管理人进行破产清算，以提高保险机构市场退出的效率。

三是建立了较为健全的保险保障基金制度，保护消费者利益。美国在各州均设有保障基金，按照净保费的1% ~2%向各保险公司收取保险保障基金，法律规定经营环境恶化时可以适当提高基金收费标准。日本设立人寿保障公司（PPCJ）和非人寿保障公司（NPPCJ）分别管理相应的保险保障基金，基金由保险公司按其保费收入和积累准备金的一定比例缴纳。

（三）实现了费率市场化，促进竞争

费率市场化实质上就是要理顺费率的政府监管和市场决定之间的逻辑边界[①]。英国的保险费率决定一直是市场化的。英国的金融监管机构认为，对于复杂多变的保险业，通过规定最低保险费率以保证保险公司的偿付能力是没有意义的，保险公司只要在法律和道德范围内以负责的态度进行经营，政府就不应对其进行干预。因而，在英国，监管机构的重心放在偿付能力监管上，要求公司必须以特定的方式向政府提供有关信息，监管机构通过分析业务报表和年度报告，对公司的偿付能力做出评价。而对于保险公司的保险条款和保险费率，监管机构均予审批，只是保留否决权，即保险监管部门若认为保险条款违反法律和社会标准，有权要求保险公司予以纠正。在这种监管形式下，只要保险公司的偿付能力良好，无论是寿险还是非寿险，费率完全由市场调节，不受监管和控制。保险公司可以自己划分风险类别，并据

① 祝向军："寿险费率市场化的国际经验"，《中国金融》2014年第9期。

此来制定保单条款。

美国对于人寿保险的费率，一般不进行直接控制，而是要求寿险费率“必须凭契约格式向接受申请处办理申报”。美国监管机构采用偿付能力监测系统，即保险监管信息系统（IRIS）、财务分析偿付能力工具（FAST）、风险资本法（RBC）对保险公司偿付能力进行综合评价和监督检查，并以此来对个人人寿和年金保险的最低费率进行间接监管，而个人人寿、个人年金和团体人寿健康保险的最高费率则完全由市场竞争决定，同时按照美国保险监督官协会（NAIC）寿险披露标准管理要求提供给寿险保单持有人和投保人关于“利率调整成本的比较和其他资讯”，以保护消费者利益。大危机之后，美国加强了对非寿险费率的监管，主要集中在“机动车保险、健康保险、员工补偿保险、医疗事故保险和房屋所有者保险”等领域。但随着价格管制的负面效应日益显现，美国逐步放松对这些领域的管制，实现费率市场化。

日本与英美保险监管模式不同，从第二次世界大战后至20世纪90年代中期的50多年里，一直对保险费率采取严格监管模式。20世纪90年代，日本经济泡沫破灭，利率不断走低，此前销售的大量高预定利率保单带来了严重的利差损。1996年4月1日，日本新《保险法》开始实施，确立了以放宽限制和扩大自由化来促进竞争、提高效率的方针，对寿险费率管理改为申报备案手续，放松了对寿险业的费率管制。1998年7月，日本修订了《非寿险费率算定组织法》，废除了各产险公司必须使用算定组织费率的义务。费率市场化后各家保险公司的价格竞争更加激烈。此后，日本保险监管机构开始采取新的监管措施来保证保险业的可持续发展，其中包括将监管重点从费率转移到偿付能力，建立保单持有人保障计划等措施。在费率市场化之后，日本保险公司更多地通过健全经营机制、产品创新、提升资金运用能力来降低经营风险、提高竞争力。

（四）资金运用日益市场化，不断拓展资产管理的空间

受监管体制、金融市场以及历史传统等因素的影响，不同经济体对于资金运用的监管存在很大的差异。英国对资金运用的监管宽松，只要保险公司具有规定的偿付能力，投资项目、投资范围可以自行决定。和英国相比，美国和日本对保险资金运用的监管偏于严格。美国对投资领域和投资比例方面的监管较为严格。如2001年NAIC的《保险公司投资示范法》（限制版）详细规定了对债券、股票、不动产、保单贷款等投资形式的质量和数量限制。日本对于保险资金运用的监管也较为严格。经济泡沫破灭后，日本加强了对保险公司偿付能力的监管，并完善了保险资金运用的信息公开制度。1996年的《保险法》规定股票投资不得超过总资产的30%，保险公司购买同一公司的债券和股票不得超过总资产的10%。

随着经济形势的不断变化，美日较为严格的保险资金运用监管规则也在面临调整，以使保险公司根据宏观经济环境的变化，灵活调整投资方向和投资组合配置。比如，在低利率背景下，适时调整监管规则，促进保险公司投资基础设施、新创企业等另类投资领域，增加另类资产，增加海外资产配置等，以更好地实现资产负债匹配管理。

（五）保险监管目标是保护消费者的合法权益，关注偿付能力监管、功能监管与宏观审慎监管

从发达国家经验看，虽然保险监管基础框架有区别，但在监管目标、重点、方式等方面逐步趋同。

——监管目标主要是保护消费者的合法权益。保险监管机构的监管行为，行使的是公权力，追求的目标应当是维护公共秩序和公众利益。由于保险交易中存在严重的信息不对称，保险监管机构主要保护投保人和被保险人的合法权益。

——监管重点主要以偿付能力为主。国际保险监管从单一的市场行为监督，发展到市场行为和偿付能力并重，再发展到以偿付能力为主，并逐渐从静态的偿付能力监管到动态的偿付能力监管。

——监管方式逐步从机构监管发展到功能监管。为了顺应金融综合经营的态势，采取分业监管架构的国家与地区，大都开始突破机构监管，加强功能监管，由同一监管部门对不同金融机构相同功能的金融产品按照同一规则监管。

——监管视角从微观审慎到宏观审慎。加强宏观审慎监管，从关注单个金融机构的稳健运行，到关注整个金融体系的稳健运行，提高系统性金融风险的防范能力。

三、我国保险业市场化改革存在的突出问题

近年来，我国不断推进保险市场准入退出机制、保险产品与费率、资金运用等领域的市场化改革，拓展市场主体的经济自由。但由于产权制度、公司治理、监管等制度性安排仍有待完善，市场化改革仍面临一些问题与挑战。

（一）市场退出机制不健全，没有形成硬性的市场约束

近年来，保险市场退出机制不断完善[①]。一是修订《保险法》，逐步增加市场退出的有关规定。我国《保险法》规定了对保险公司市场退出的监管要求，如保险公司要经国务院保险监督管理机构批准后解散。且寿险公司除因分立、合并或者被依法撤销外，不得解散。人民

① 任建国："保险保障制度与市场退出机制"，《中国金融》2017 年第 7 期。

法院裁定保险公司的重整、和解或者破产清算。[①] 并明确了保险监管部门的风险处置权和处置范围，规定了限期整改、整顿、接管、重整、破产、清算等风险处置措施和具体程序，增加对偿付能力严重不足公司的风险处置措施，赋予监管机构在保险公司整顿、接管、撤销清算期间对其高管人员采取相应措施的权力，建立保险保障基金制度，明确风险处置的资金来源和救助措施，初步形成了市场化的风险自救机制。二是 2011 年 10 月起实施《保险公司保险业务转让管理暂行办法》，确立了保险业务转让的基本原则、转让双方的基本义务、审批流程和申报材料，以在市场退出过程中更好地保护消费者利益。

但我国保险市场退出机制尚不完善，缺乏配套细则和政策工具，没有实现真正机构意义上的市场退出，没有对市场主体形成有效的压力传导机制。

一是法律和政策依据不够具体明确。我国缺少对保险公司市场退出的专门性立法，并且当前的法律规定内容抽象，适用性和可操作性较差，虽然《保险法》和《保险公司管理规定》都对保险公司解散、撤销和破产有所规定，但没有详细说明清算组的组成、权限和职责，这使得关于市场退出的监管规则不太透明。

二是对于问题公司主要以接管为主，没有实现真正的市场退出。

---

① 参见《保险法》第八十九条：保险公司因分立、合并需要解散，或者股东会、股东大会决议解散，或者公司章程规定的解散事由出现，经国务院保险监督管理机构批准后解散。

经营有人寿保险业务的保险公司，除因分立、合并或者被依法撤销外，不得解散。保险公司解散，应当依法成立清算组进行清算。

第九十条：保险公司有《中华人民共和国企业破产法》第二条规定情形的，经国务院保险监督管理机构同意，保险公司或者其债权人可以依法向人民法院申请重整、和解或者破产清算；国务院保险监督管理机构也可以依法向人民法院申请对该保险公司进行重整或者破产清算。

第九十二条：经营有人寿保险业务的保险公司被依法撤销或者被依法宣告破产的，其持有的人寿保险合同及责任准备金，必须转让给其他经营有人寿保险业务的保险公司；不能同其他保险公司达成转让协议的，由国务院保险监督管理机构指定经营有人寿保险业务的保险公司接受转让。

转让或者由国务院保险监督管理机构指定接受转让前款规定的人寿保险合同及责任准备金的，应当维护被保险人、受益人的合法权益。

截至2018年底，我国保险市场先后发生四起保险公司接管案例（见表4－2），其中两起为中国人民银行和原保监会行政接管，两起为保险保障基金市场接管。

表4－2　　监管机构接管案例

公司	接管方式	接管时间	期限	接管原因
永安财险	中国人民银行决定对永安财产保险股份有限公司依法接管，并责成陕西省分行负责实施	1997年12月	半年，后延长3个月	一是违规经营，即存在异地展业问题；二是资本金问题，即资本金不足，有的股东达不到股东资格，有的股东资本金未到位
新华人寿	保险保障基金先后购买了隆鑫集团有限公司、海南格林岛投资有限公司等所持的新华人寿股权，占38.815%，位居第一大股东；2009年，保险保障基金退出，将持有的新华人寿的股权全部转让给中央汇金公司	2007年5月	4年	公司高管经济犯罪
中国联合保险	2009年5月，新疆生产建设兵团将其所持有的61%中华联合的股权交由原保监会托管。2011年12月，保险保障基金公司介入，并控股中华联合保险公司，持股比例为57.43%。2012年，在中华联合保险增资至75亿元后，保险保障基金持股比例增至91.49%，成为单一大股东。此后，中华联合保险公司完成重组，由东方资产管理公司以债转股方式注资78.1亿元，控股51%成为第一大股东	2011年12月	4年	2007年巨额亏损64亿元，偿付能力不足
安邦保险集团	原保监会接管	2018年2月	1年，后延长1年	公司高管经济犯罪

资料来源：作者整理。

三是风险预警和危机处理配套机制有待建立健全。在监管中并未建立完善的风险预警系统，监管机构与保险公司之间的信息不对称，使风险累积最终不利于化解甚至无法化解。

（二）费率市场化改革有待深化，市场主体短期行为突出

近年来，我国保险市场不断推进产品定价机制改革。人身险方面，2000 年我国引进分红险、万能险、投连险等新型产品，从 2013 年开始按照普通型、万能型、分红型“三步走”的路径，初步完成了费率市场化改革，放开已经持续执行 14 年的 2.5% 的预定利率上限限制。财产险方面，推进商业车险费率改革，完善定价方式，下调费率浮动系数下限。但由于保险市场的制度基础薄弱，费率市场化改革带来了一些短期行为，削弱了改革的效果。一是人身险费率市场化有可能带来利差损风险。人身险费率市场化改革的整体思路是“放开前端、管住后端”，将前端产品定价权交还保险公司，产品预定利率（或最低保证利率）由保险公司根据市场供求关系自主确定；后端的准备金评估利率由监管部门根据“一揽子资产”的收益率和长期国债到期收益率等因素综合确定，通过后端影响和调控前端合理定价，管住风险。但由于市场主体的治理机制尚不健全，人身保险费率市场化诱发出一些短期行为。在转型与竞争的双重压力之下，部分市场主体通过降低产品定价或利用高预定利率的长期年金产品获取保费收入，有可能带来利差损风险。二是商业车险费率市场化引发激烈的费用竞争，可能对行业发展带来不利影响。

（三）保险资金运用市场化改革有待进一步推进

改革开放初期，我国保险资金运用较为混乱，形成了大量不良资

产。为此，1995 年颁布的《保险法》对保险资金运用进行了严格限制，这种简单的管控方式固然有利于控制风险，但同时也极大制约了保险资金运用的活力，造成了其他风险。从 2012 年开始，原保监会加大保险资金运用改革力度，不断放开投资领域和范围，整合简化监管比例限制，推进注册制改革，逐步扩大市场主体的投资自主权，支持保险资金进入实体经济和资本市场，有效激发了市场活力。

目前保险资金运用的市场化改革在以下几个方面仍有待进一步推进。

一是保险资金的投资范围仍有待进一步拓宽。比如，保险资金尚不能对一些流动性较好、有长期增值潜力资产进行投资，如资产支持证券（ABS）、房地产信托投资基金（REITs）、非公开定向债务融资工具（PPN）、黄金、大宗商品等。

二是投资运作空间仍有待进一步扩大。现行法规制度中存在一些操作性和适用性不强的条款，不利于市场主体扩大投资运作空间。比如，现行保险资管产品发行主要从融资主体、资金投向、增信措施、信用评级、风险管理等方面做了较为严格的规定①。其中，关于增信措施的规定采用了列举式方式，对于各类增信方式要求较为严格。上述规定有助于提升保险资金运用的安全性，但也导致了现有保险资管产品的交易结构较为单一，使得保险资管产品既难以适应融资方的个性化需求，又难以提升保险资管的专业投资能力和产品设计能力，在资产端竞争中较为被动。

三是保险资产管理市场有待培育。目前保险资金支持实体经济发展的重要途径是另类投资。另类投资的重要特征是非标准化投资，因

---

① 韩向荣、胡学文："保险资管非标投资反思与展望"，《中国保险资产管理》2018 年第 3 期。

锁定期较长、流动性较差而享有更高的流动性风险与市场风险溢价。长期以来，保险业缺乏保险非标资产交易平台，导致保险资管公司缺乏流动性对冲机制，非标资产流动性的不足在一定程度上抑制了保险资金的优势。因此，需要保险资管行业加强平台建设，培育保险资产管理市场提高产品流动性。

（四）股权改革有待深化，法人治理结构亟须完善

保险市场的良序运行有赖于市场主体具有清晰的产权和完善的公司治理结构。改革开放以来，我国保险公司逐步实现股权改革，完善法人治理，推动建立现代企业制度。但仍存在若干问题。

一是股权结构有待进一步多元化。保险业国有资产往往在保险企业中扮演控股股东的角色，“一股独大”多为国企股东①。截至2018年第三季度，保守计算，保险业超过50家国有险企单一股东股比超过1/3②。

二是股权结构不合理造成公司治理难以完善。国有资本为主导的保险行业企业高管的调整往往非常频繁③。在高频度高管调整中，国内保险公司的董事长或总裁大多任期不超过3年。频繁调整以及大多数高管任职年限很短则使得企业的经营缺乏实施长期发展战略的机

① 刘敬元、邓雄鹰、潘玉蓉：“逾50家险企大股东持股比例超过1/3一股独大多为国企”，《证券时报》2018年9月28日。

② 在中资人身险公司中，除保险集团控股的20家公司外，单一股东（含披露关联方、一致行动人）持股超过1/3的有15家，被媒体报道或有公开消息称存在关联方股东股权超过1/3的有25家。财险公司股东“一股独大”的情况比寿险更突出。87家财险公司中，有16家公司为外资100%持股，剩下的71家公司中，42家财险公司的第一大股东或实际控制人是国企或者央企，而且持股比例在1/3以上。实际控制人为民营企业的财险公司仅有约20家，如平安产险、合众财险、天安财险、华安财险、前海联合等，行业占比近1/4。这些财险公司中，有一些已引入了国企小股东，比如安华农业、久隆财险、长安责任、阳光信用、天安财险等。

③ 2017年，50家保险公司履新董事长、40家保险公司履新总经理；2018年保险业共有70余位高管的任职资格获得批复。

会，影响了保险机构的持续发展。

三是个别民营保险公司行为出现异化。中国保险业的民营资本已经超过了半壁江山，但个别市场主体的治理结构及其行为也发生了一些异化。主要体现为寻求与监管权力结盟，从政府获取资源或给予特权。

（五）对外开放水平有待提高

改革开放以来，特别是加入世贸组织之后，我国日益扩大保险业外开放，逐步放开股权比例限制①、经营地域限制②、业务领域限制③。截至 2017 年底，共有来自 16 个国家和地区的境外保险公司在我国设立了 57 家外资保险公司，下设各级分支机构 1800 多家，世界 500 强中的外国保险公司均已进入中国市场。扩大对外开放，可以促进保险业转变经营理念，推动保险市场深化改革。

但外资保险公司所占的市场份额较为有限，保险业的对外开放水平仍然有待进一步提升。2018 年，外资保险公司原保险保费收入 2354.34 亿元，市场份额为 6.19%。其中，外资财产险公司市场份额较低。在财产险公司原保险保费收入中，外资财产险公司原保险保费收入 227.79 亿元，市场份额为 1.94%。外资人寿保险公司市场份额相对较高。在人寿保险公司原保险保费收入中，外资寿险公司原保险保

---

① 在加入世贸组织两年过渡期后，取消了合资非寿险公司外资持股比例限制；五年过渡期后，取消了外资保险经纪公司外资持股比例限制，允许合资人身险公司外方股东持股比例达到 50%。2018 年 4 月，银保监会将外资人身险公司外方股比放宽至 51%，三年后将不再设限。

② 1992 年开始，上海、广州先后对外开放保险业。在加入世贸组织三年过渡期后，将开放地域从上海、广州、大连、深圳、佛山 5 个城市逐步放宽至全国。

③ 在加入世贸组织两年过渡期后，允许外资非寿险公司经营除法定保险业务以外的全部非寿险业务；三年过渡期后，允许外资人身险公司经营全面的寿险业务；2012 年对外资非寿险公司放开交强险业务；四年过渡期后，取消外资保险公司就非寿险、个人意外和健康保险有关业务向指定再保险公司分保的要求；五年过渡期后，将申请设立保险经纪公司的外方总资产要求从 5 亿美元降低至 2 亿美元。2018 年 4 月，允许符合条件的境外投资者来华经营保险代理业务和保险公估业务；放开外资保险经纪公司经营范围，与中资一致。

费收入2126.54亿元，市场份额为8.10%。外资保险公司在对外开放深化的区域的市场份额相对较高，但也比较有限。在北京、上海、深圳、广东外资保险公司相对集中的区域保险市场上，外资保险公司的市场份额分别为17.95%、19.84%、10.43%、10.92%。

此外，我国保险业政府与市场的边界有待厘清，保险监管有待完善。市场主体的自律需要进一步加强。

四、深化市场化改革，推动保险业高质量发展

保险业产生发展于市场经济，市场机制是保险业高质量发展和建立现代化金融体系的立足点。深化保险业改革的唯一取向就是发挥市场在资源配置中的决定性作用，并与此同时加强政府监管水平和能力。具体可从以下几个方面推进。

（一）完善市场退出机制，逐步允许相关机构破产

一是完善退出机制的法律体系。通过专门的立法，详细规定退出标准、退出条件和操作流程，对不同情形的市场退出与风险处置措施的适用条件要加以明确，以增强被监管对象的预期，为保险市场退出提供有力的法律保障。二是明确破产管理和退出的具体流程，构建可操作的市场退出机制。三是淡化接管的行政主导色彩，建立风险处置中的权力制衡与监督机制。四是引入机构破产机制，实施真正意义上的市场退出。除了接管外，要适时启动破产机制，实施真正意义上的市场退出，以硬性的市场约束促进保险市场资源的优化配置。五是监管部门和行业要不断提高事前监测的能力，夯实行业风险事前纠正的基础，努力降低行业风险处置成本，建立健全保险市场风险监测体系

和预警机制。

（二）深化商业车险为代表的费率市场化改革

一是健全商业车险条款形成机制。除了完善行业示范条款制度，不断增强其适应性外，要健全市场主体创新型条款形成机制。允许和鼓励保险公司开发商业车险创新型条款，为保险消费者提供多样化、个性化、差异化的商业车险保障和服务，满足社会公众不同层次的保险需求。探索建立保险产品创新保护机制，激发市场主体对于产品创新的激励机制。二是健全商业车险费率形成机制。要进一步完善建立行业基准纯风险保费的形成、调整机制，逐步提高商业车险基准纯风险保费表的精确性和适应性，为财产保险公司科学厘定商业车险费率提供参考，提高财产保险行业商业车险经营的科学性、稳定性和规范性。继续赋予财产保险公司更大的商业车险费率厘定自主权，由市场主体根据自身实际情况科学测算基准附加保费，合理确定自主费率调整系数及其调整标准。根据保险市场发展情况和保险市场成熟程度，逐步扩大财产保险公司商业车险费率厘定自主权，最终形成高度市场化的商业车险费率形成机制。三是加强和改善商业车险条款费率监管。完善对条款费率的动态监管机制，建立商业车险条款费率回溯分析制度，定期验证保险公司条款设计和定价假设的合理性，避免个别公司的定价风险。完善偿付能力监管标准，将对市场主体的偿付能力最低资本要求与其商业车险经营情况联系起来，推动财产保险公司建立健全全面风险管理制度，约束保险公司审慎定价，引导财产保险公司规范商业车险经营行为，促进理性经营。四是要强化信息披露，建设透明的保险市场。五是要提升保险业在风险管控、产品定价等多方面的能力，为费率市场化提供技术保障。

（三）深化保险资金运用市场化改革，增加市场主体资产配置选择空间

一是要逐步放开能够有效匹配保险资金运用需求的投资领域。推动保险资金参与长租市场等政策尽快落地，并适时扩大投资范围，增加优质债权投资计划和股权投资计划供给，扩大资产支持计划业务，逐步允许保险资金对流动性较好、有长期增值潜力资产的投资。二是要促进负债端保险业务与资产端投资业务的融合。资产配置领域应增加对于养老、健康产业的投资，实现负债业务与养老、健康产业的协同发展。三是根据现实情况和市场需要，调整现行法规制度中操作性和适用性不强的条款，适当扩大投资运作空间。在产品发行条件、增信措施方面予以适当放松及优化，将监管重点集中于信息披露方面，更多地将产品设计能力、风险控制方法等回归市场主体，从而提升保险资金运用的专业能力。要完善基础设施债权计划相关的管理规则。要完善融资主体免于增信的条件；适时拓宽投资计划资金用途。四是要积极培育保险资产管理市场。为此，要加强上海保险交易所等平台建设，实现互联互通，为产品提供更加充足的流动性支持和公允定价的基础。推进保险资产管理产品标准化，包括合同文本标准化、要素含义标准化、交易结构标准化等①。推进非标资产标准化，进一步激发保险资管产品的市场活力②。

（四）加快推进混合所有制改革，逐步降低国有资本比重，完善治理结构

一是积极引入民营资本参与国有企业混合所有制改革。民营资本

---

① 曹德云："保险资产管理产品创新的现实困难与应对措施"，《清华金融评论》2016 年第 6 期。

② 曾于瑾："夯基实础，高质量建设保险资产登记交易平台"，《当代金融家》2018 年第 5 期。

可通过出资入股、收购股权、认购可转债、股权置换等多种方式，参与国有保险公司的改制重组或增资扩股以及企业经营管理。二是积极引入外资战略投资者，优化国有保险公司的股权结构。三是推动员工持股试点。采取增资扩股、出资新设等方式开展员工持股，建立健全激励约束长效机制，让入股员工与企业共享改革发展成果，共担市场竞争风险。四是健全混合所有制企业治理机制。为此，要落实董事会对经理层成员等高级经营管理人员选聘、业绩考核和薪酬管理等职权，维护企业市场主体地位。规范企业股东（大）会、董事会、经理层、监事会的权责关系，形成定位清晰、权责对等、运转协调、制衡有效的法人治理结构。推行混合所有制企业职业经理人制度，建立市场导向的选人用人和激励约束机制。五是加强相关配套保障措施建设，包括完善国有资产评估定价机制，建立健全市场化退出机制；完善产权制度，着力保护产权，营造各类资本公平竞争的市场环境；健全相关法律法规，保障混合所有制依法合规推进；建立鼓励改革创新的容错机制，形成改革合力。

（五）深化保险业对外开放，降低服务贸易壁垒

一是落实加快开放步伐，放宽外资持股比例上限。尽快完成《外资保险公司管理条例实施细则》的修订工作，2020 年将人身险外资股比限制从 51% 提高至 100%。二是降低市场准入条件，提高开放的力度。尤其是促进专业性经营程度高、合规经营意识强烈的外资机构进入市场，补充已有市场主体的一些不足，促进相互之间的共同成长。三是优化监管环境，降低竞争的隐形壁垒，使本国与外国的保险机构具有同等的市场地位，进一步推动外资投资便利化。四是开放的节奏要和风险防范与监管的能力相适应。开放有可能会带来外部风险，因此，开放的节奏要和风险防范与监管的能力相适应。但值得指出的是，不能静态地看待开放所带来的外部风险和不确定性，开放并不必然带来风险的增加。开放可能会带来一定的风险，但不开放不利于促进保险业的竞争，不利于推动深层次的改革，风险其实更大。相反，开放有利于保险业转变经营理念，推动制约保险业发展的制度改革，提升保险业经营效率和竞争力，从而提高承担风险能力。

（六）完善符合现代保险市场体系要求的保险监管

一是加强宏观审慎监管，防范和化解系统性金融风险。为此，要构建高效充分的信息采集系统和科学完备的分析框架，强化系统性风险监测评估，以便准确识别和预警系统性风险，提高宏观审慎管理工具和政策运用的前瞻性和有效性；加强对系统重要性金融机构的识别和监管，对其适用更为严格的监管标准和措施，以降低系统性风险；加强逆周期调控，减缓周期性波动对保险市场稳定的影响；建立相关机制性安排，降低金融体系的关联度风险，以有效避免风险传染。二是完善偿付能力监管体系。推动偿二代二期工程建设，进一步提高偿付能力监管的科学性、有效性和针对性，更好地适应我国保险业发展改革、风险防控和金融安全的要求。为此，要完善偿付能力监管规则，解决当前存在保险公司资本不实、关联交易复杂等问题和制度漏洞；健全偿付能力运行机制，建立常态化、多元化的偿付能力数据真实性检查制度等，确保偿二代实施到位，增强偿付能力监管的执行力；推动国内监管合作与国际监管合作。三是加强消费者保护。强化保险公司维护消费者权益的主体责任，督促保险公司切实提高和改进保险服务水平，强化投诉处理和矛盾化解，加大查处力度，加强消费者教育和风险提示，突出透明度监管，推进保险业信用体系建设，完善保险消费者权益保护制度机制，治理损害保险消费者合法权益行为，防范保险业声誉风险。

执笔人：朱俊生

参考文献

[1] 曹德云. 保险资产管理产品创新的现实困难与应对措施. 清华金融评论，2016（6）

[2] 韩向荣，胡学文. 保险资管非标投资反思与展望. 中国保险资产管理，2018（3）

[3] 刘敬元，邓雄鹰，潘玉蓉. 逾50家险企大股东持股比例超过1/3一股独大多为国企. 证券时报，2018-09-28

[4] 任建国. 保险保障制度与市场退出机制. 中国金融，2017（7）

[5] 苏小和. 百年经济史笔记（上卷·晚清启蒙课）. 北京：东方出版社，2015

[6] 张忆东. 以史为鉴，监管利于中国保险行业长期向好. 兴业证券研究报告，2018-02-07

[7] 曾于瑾. 夯基实础，高质量建设保险资产登记交易平台. 当代金融家，2018（5）

[8] 祝向军. 寿险费率市场化的国际经验. 中国金融，2014（9）

[9] Brainard，Lael（2013），"What is the role of insurance in economic development?"，Zurich Government and Industry Affairs thought leadership series，available at http：//www.draudimas.com/allpics/What_is_the_role_of_economic_developement.pdf.

[10] Charles Infosino U.S. Insurance Company Capitalization Requirements，https：//smallbusiness.chron.com/us-insurance-company-capitalization-requirements-81607.html.

[11] Dickinson，Gerry（1998），"The Economic Role of the Insurance Sector in the Risk Transfer-Capital Market Nexus"，The Geneva Papers on Risk and Insurance. Issues and Practice，Vol. 23，No. 89，pp. 519~529.

[12] Din，SajidMohyUl（2013）."Impact of cost of marine and general insurance on international trade and economic growth of Pakistan". World Applied Sciences Journal. 28（5）：659~671.

[13] EIOPA（2013），"Discussion Paper on Standard Formula Design and Calibration for Certain Long-Term Investments"，available at https：//eiopa.europa.eu/Publications/Discussion%20paper/Discussion_Paper_on_Standard_Formula_Design_and_Calibration_for_Certain_Long-Term_Investments_20130408.pdf.

[14] European Commission（2014），"Communication on long term financing of the European economy"，available at http：//ec.europa.eu/internal_market/finances/financing-growth/long-term/index_en.htm.

[15] Feng Bangyan，NyawMeeKau（2010）."Enriching Lives：A History of Insurance in Hong Kong，1841-2010". Hong Kong University Press. pp. 8~10.

[16] Franklin，James（2001）. The Science of Conjecture：Evidence and Probability Before Pascal. Baltimore：Johns Hopkins University Press. pp. 274~277.

[17] Insurance Europe. European Insurance — Key Facts，October 2018，https：//www.insuranceeurope.

eu/sites/default/files/attachments/European% 20insurance% 20-% 20Key% 20facts% 20-% 20October% 202018. pdf.

[18] Liedtke, Patrick M. (2007), "What's Insurance to a Modern Economy", The Geneva Papers, 32, pp. 211 ~ 221.

[19] OECD (2013), "Contribution of Insurance to Economic Growth and Financial Stability", unpublished document DAF/AS/WD (2012) 18/REV1.

[20] Persaud, Avinash (2004), "The Regulation of Long-Term Savings", Gresham College lecture, available at http: //www. gresham. ac. uk/lectures-and-events/the-regulation-of-long-term-savings.

[21] Shirakawa, Masaaki (2011), "Insurance companies and the financial system-a central bank perspective", Bank for International Settlements, available at http: //www. bis. org/review/r111005b. pdf.

[22] Swiss Re sigma, World Insurance in 2017.

[23] Warwick Commission on International Financial Reform, (2009), "In Praise of Unlevel Playing Fields", Warwick University, November 2009, available at http: //www. stephanygj. net/papers/Warwick-Commission. pdf.

专题五

建设国际金融中心 助力构建面向现代化的金融体系

建设具有全球影响力的国际金融中心是构建面向现代化的金融体系的重要组成部分。为了充分发挥国际金融中心建设对构建我国现代化国际金融体系的支撑作用，本文在分析当前我国国际金融中心建设环境和条件基础上，结合主要国际金融中心建设经验和教训，提出我国建设国际金融中心的发展策略。

一、建设国际金融中心对构建面向现代化的金融体系的作用

首先，国际金融中心可以成为我国金融开放的最前沿和金融改革的创新先行区。建设国际金融中心可以促进我国金融开放程度的不断加深和国际化发展，能够在一定程度上推进相关领域内金融改革开放进程，促进法治化、社会治理、信用体系和透明度等方面的建设。

其次，国际金融中心可以作为我国金融更好地服务于实体经济的试验田。国际金融中心建设需要以较发达的金融市场体系为依托，更好地发挥市场在资源配置中的作用；需要建立多功能的金融机构体

系，创新发展多种类的金融业务和产品；需要以充足的金融人力资源为基础；需要健全符合我国实际需要和国际惯例的各项规章制度，打造具有国际竞争力的金融发展环境。

最后，国际金融中心建设还可以为我国在相关领域风险防范提供借鉴。因此，建设国际金融中心可以从多方面促进我国构建面向现代化的金融体系的过程，满足实体经济多样化的金融需求，不断提高我国金融服务实体经济的能力。

二、我国建设国际金融中心的机遇和挑战

国际局势变化是影响我国经济发展的重要因素，是我国建设国际金融中心重要的外部环境。近年来，尤其是 2008 年国际金融危机以来，经济全球化、信息全球化、世界格局多极化的趋势进一步增强，国际局势也发生了重大变化，使得我国在国际金融中心建设的过程中，既充满机遇，也面临挑战。

（一）机遇

首先，近年来国际经济格局的变化，尤其是新兴经济体的崛起，为我国建设国际金融中心提供了较好的外部机遇。具体表现在：一是国际货币体系将从一主多元逐步走向“多元均衡”，新兴经济体的经济贸易份额持续上升，使其货币至少在区域内会发挥更大影响力。二是经济金融全球一体化进程虽然曲折，但其符合国际社会整体利益，仍是全球市场的客观需要，方向不会逆转。三是虽然多样化发展模式导致竞争更加激烈，但新兴经济体将更加重视探索符合自身情况的发

展模式[①]。从历史上看，国际经济格局的变动，将会直接导致金融中心的形成和转移。这是因为，所属国家或地区的经济发展，和由此产生的对金融及相关领域的需求，是国际金融中心形成、发展的内在原因和持久动力。拥有较坚实和稳定经济基础的国家，也能够以此为基础形成具有一定国际影响力的金融实力，并成为国际金融中心最终得以崛起的基本支撑。

其次，亚太地区尚未有城市能拥有类似伦敦和纽约的角色和影响力。根据英国 Z/Yen 集团发布的全球金融中心指数（GFCI）[②]，2012～2018 年前 10 位的国际金融中心排名如表 5－1 所示。

表 5－1　　2012～2018 年全球金融中心指数（GFCI）排名

名次	2018 年	2017 年	2016 年	2015 年	2014 年	2013 年	2012 年
1	伦敦	伦敦	伦敦	纽约	纽约	伦敦	伦敦
2	纽约	纽约	纽约	伦敦	伦敦	纽约	纽约
3	香港	新加坡	香港	香港	香港	香港	香港
4	新加坡	香港	新加坡	新加坡	新加坡	新加坡	新加坡
5	东京	东京	东京	东京	苏黎世	苏黎世	东京
6	上海	旧金山	苏黎世	苏黎世	东京	东京	苏黎世
7	多伦多	芝加哥	华盛顿	首尔	首尔	日内瓦	芝加哥
8	旧金山	悉尼	旧金山	旧金山	波士顿	波士顿	上海
9	悉尼	波士顿	波士顿	芝加哥	日内瓦	首尔	首尔
10	波士顿	多伦多	多伦多	波士顿	旧金山	法兰克福	多伦多

注：GFCI 每年发布两期，为方便比较，选取每年 3 月份的报告进行比较。

资料来源：GFCI 2012～2018 年报告，官网：www. longfinance. net/programmes/financialcentre-futures/global-financial-centres-index. html。

① 张天桂："国际金融中心格局变化和传统国际金融中心的发展"，《商业经济》2015 年第 5 期。

② 2007 年 3 月开始发布，是全球具有一定影响力的国际金融中心指数。2016 年第 20 期开始与中国（深圳）综合开发研究院共同发布。

从表5－1中可以看出，近几年来，伦敦和纽约持续占据前两名，其国际金融中心的地位相对稳定。之后的城市则包括东京、新加坡、香港和上海。这些城市均位于亚太地区，各自在其时区内或领域内具有一定的影响力，但目前尚没有一个金融中心能够完全承担类似伦敦和纽约的功能。我国建设具有全球影响力国际金融中心具有一定的发展空间。

最后，随着我国经济实力提高和金融等相关领域改革不断推进，我国内地建设国际金融中心的基础越来越好。一是我国近年来经济增长态势较好，为金融中心发展提供重要支撑。金融发展的基础是工商业活动，只有工业生产达到一定程度，同时商业活动开展活跃，金融服务规模才能不断扩大，金融市场交易才能更加活跃。2018年，我国国内生产总值（GDP）首次突破90万亿元，同比增长6.6%。二是随着金融需求不断增加，金融改革持续推进，我国内地金融体系进一步完善，法规制度和监管体制逐步与国际接轨。改革开放40年来，我国基本建立了既符合国情又与国际接轨的现代金融法律体系，基本形成以《中国人民银行法》《商业银行法》《银行业监督管理法》《证券法》《保险法》等基本金融法律为核心，相关行政法规、部门规章及规范性文件为重要内容的金融法律制度框架，成为金融业改革发展的制度基础[①]。同时，我国内地金融监管也逐步与国际接轨，并形成更具前瞻性、灵活性和针对性的货币调控体系。三是我国金融科技在国际上处于领先地位，为建设国际金融中心提供了技术支撑。随着科技对金融的促进作用不断强化，金融与科技的结合促进了传统金融服务的创新，拓展了传统金融市场的边界。我国金融科技在金融科技公司

① 刘向民："我国金融法治建设四十年"，http：//money.163.com/18/0807/19/DOKNM67Q00258105.html，2018年8月7日。

全球排名或技术应用上，均处于世界领先水平，这成为推动我国建设国际金融中心的重要动力。

（二）挑战

首先，当前以美元为主的国际货币体系仍将维持很长一段时间。美国仍是作为全球第一大经济体，同时多数国家和广大市场主体也希望避免货币政策变革带来的剧烈变化和重大不确定性。在此基础上，国际金融治理的变革完善是一个渐进过程，具有长期性、复杂性和不确定性。可见，不管是从国际金融中心实力变动看，还是从国际货币体系和国际治理体系变革看，国际经济格局的调整都是一个长期而缓慢的过程。因此，我国建设具有国际影响力的金融中心，也需要经历长期而深刻的变化和调整过程。

其次，外部环境的不确定因素较多。一是美国保护主义和单边主义抬头严重影响了全球化进程。美国针对他国（尤其是我国）的贸易投资保护措施日益增多。二是国际金融新秩序难以建立。虽然新兴市场国家和发展中国家在2008年危机后的崛起，使其对国际话语权产生了更高的需求，但西方国家仍期望维持既有秩序和规则框架，维护其在国际金融市场上的主导地位。三是英国脱欧的不确定性。虽然伦敦的金融中心地位因为脱欧将有所削弱，但脱欧的过程也将影响欧元、英镑和其他欧洲国家货币币值，造成国际外汇市场的波动增加，并不利于我国建设国际金融中心所需的币值稳定。总的来说，以上这些因素是我国面临的外部挑战，均会对我国国际金融中心建设产生负面影响。

最后，国际金融中心的建设也取决于一段时期内我国战略和政策的选择。国际金融中心的建设不仅依赖该城市或该国当前的静态比较优势，而是要与该地区一段时期内的战略目标和政策措施相结合。

三、我国国际金融中心建设的现状和问题

从1992年党的十四大第一次正式提出将上海建设为国际金融中心的目标以来，我国国际金融中心建设已经取得了一定成就，上海等内地的国际金融中心在国际上的排名不断提高，为我国未来更好建设国际金融中心提供了基础。然而，这些金融中心与国际主要金融中心相比，仍存在一定的不足，这需要我们在未来的发展建设中不断完善相关制度，提高我国国际金融中心的影响力。

（一）现状

首先，我国国际金融中心已形成一定的体系，影响力不断扩大，与国外的金融中心之间的差距在不断缩小。根据GFCI对全球主要金融中心的排名看（2018年9月），我国进入榜单的金融中心共有10个，分别为香港、上海、北京、深圳、广州、青岛、天津、成都、杭州和大连。这些城市从辐射范围和影响力看，大致可以分为三个梯队：第一梯队包括上海和香港，其具有一定国际影响力。第二梯队包括深圳、广州和北京，其辐射范围小于第一梯队，主要在全国范围内或在某个领域内具有影响。第三梯队包括青岛、天津、成都、杭州和大连，以区域性影响为主。这些城市近年来在榜上的排名和评分均呈现整体上升趋势，与来自北美和西欧国家的金融中心间的差距不断缩小。例如上海在2018年3月的排名中首次位列第六，并在2018年9月的排名中超过东京位列第五。北京在2018年9月的排名中位列第八。此

外，在 GFCI 最新的报告中列举了有望进一步提高影响力的全球 15 个金融中心，我国占据 5 席，分别为上海、青岛、香港、北京和成都。可见，我国金融中心对亚洲乃至全球金融格局的影响日益凸显。

其次，我国内地金融中心在金融机构集聚、金融市场设立和金融生态环境建设方面具备一定的基础。一是以北上广深为代表的金融中心已聚集了一定规模和数量的金融机构。金融机构的积聚并开展相关业务是建立金融中心的核心。根据中国（深圳）综合开发研究院 2018 年 9 月发布的“中国金融中心指数”（CDI · CFCI），北上广深的“金融机构实力”① 较强，其所占据的金融机构资源和综合实力超过了其他区域金融中心的总和。二是以资本市场为主要交易场所的各类金融业务不断发展。根据“中国金融中心指数”（CDI · CFCI）中“金融市场规模”② 指标，上海金融市场表现突出，全国性金融市场几乎都集中于上海；深圳凭借多层次资本市场的发展优势紧随其后，两地的投资者来自全国各地。广州则在区域股权交易市场方面发展相对较好。这些金融中心形成了较强的规模优势和良好的市场活跃氛围。三是主要金融中心的基础设施和现代化金融服务设施逐步完善，金融生态环境建设取得一定成果③。作为对金融机构积聚和金融市场设立的支持，金融中心也需要有相应的城市基础设施和现代化金融服务设施作为支撑，比如交通、通信、人力资源等。根据“中国金融中心指

---

① “中国金融中心指数”中，“金融机构实力”指标主要将银证保和各类准金融机构的数量、资产规模、业务量，以及外资金融机构的数量规模等因素进行指标化，每个城市金融机构实力指标体现了该地区金融机构的综合实力和金融业务量的大小。

② “中国金融中心指数”中，“金融市场规模”指标主要将货币市场、股票市场、债券市场、黄金市场、外汇市场、衍生品市场和区域股权市场的交易额、参与企业数量等因素进行指标化，每个城市金融市场规模指标体现了该地区金融市场规模和交易的活跃度。

③ 卓群：“全球金融基础设施发展趋势及对上海国际金融中心建设的启示”，《上海金融》2017 年第 9 期。

数”（CDI·CFCI）中“金融生态环境”[①] 指标，国内的金融中心生态环境都有积极改善。由于金融生态环境与城市发达程度相关性很高，北上广深四地整体生态环境较好。

最后，我国各金融中心各自具备一定的特点。例如，香港拥有“一国两制”的制度优势，资金流动性较好且资本市场国际化程度较高，监管制度也与国际接轨，同时具有跨境银行网络及大量具有国际经验的专业人才，其优越的地理位置能够连接我国内陆和全球市场，是内地金融机构及企业与全球市场连接的理想平台。香港 2017 年金融业占 GDP 之比达到约 19%，港股总市值达 GDP 的约 13 倍[②]。再如，上海具有齐全的金融产品、金融机构和金融市场，聚集了股票、债券、期货、货币、外汇、黄金、保险、产权交易等各类金融要素，生态环境良好。2017 年，上海金融市场交易总额约 1430 万亿元，拥有持牌金融机构 1537 家，成为中外金融机构的重要集聚地，金融业占上海 GDP 总值的比例已超过 17%[③]。上海作为我国内地最具国际影响力的金融中心，其优势为国内需求潜力巨大，能够为提升我国在国际金融体系的影响力提供有力支撑。预计上海将于 2020 年基本建成与我国经济实力和人民币地位相适应的国际金融中心。此外，深圳和广州可以依托珠三角经济一体化、粤港澳大湾区建设和华南地区重要战略枢纽地位，特别是深圳有最具活力的创新产业作为支撑，能够通过科技与金融深度融合，不断增强配置全球金融资源的能力和提升国际交流能力，推动两个城市由区域金融中心向全国金融中心迈进。

---

① “中国金融中心指数”中，“金融生态环境”主要将人才环境（交通、医疗、教育、环境和生活成本等）和商业环境（经济基础、社会保障、专业服务和经济外向度等）等因素进行指标化，每个城市金融市场规模指标体现了该地区城市社会经济发展的程度。

② 数据来自万德。

③ http：//finance. sina. com. cn/7x24/2018 - 01 - 14/doc-ifyqptqv9214630. shtml。

（二）主要问题

首先，我国金融中心缺少整体定位，主要城市差异程度有限。虽然我国各金融中心均不断探寻个性化发展之路，并取得了一定的成果。然而，总体上看，我国各个金融中心的差异化定位的显著性有待提高。例如，在发展科技创新产业方面，上海和深圳均把建设科创中心作为自己的未来发展的方向。此外，从国际上看，由于欧美的金融市场产品丰富，不同的城市可以根据不同的金融产品或业务差异化发展。例如美国在纽约之外，还有以商品期货为主发展的芝加哥、以资管业务为主的波士顿和以风投为主的旧金山。我国主要金融中心尚未根据主要金融产品和业务区分发展的重点，这主要跟我国金融市场虽然功能齐全、交易量大，但金融产品不够丰富相关。

其次，我国内地金融中心国际影响力仍不足[①]。以上海为例，其国际影响力不足主要体现在四个方面。一是金融开放水平有待提高。金融开放是一国构建国际金融中心的首要条件，也是实现由国内中心向国际中心飞跃的基础。随着我国加入 WTO（世贸组织）开放承诺的兑现，人民币跨国使用比重的提升，我国金融的开放程度不断提高。但总的来说，我国金融市场尤其是资本市场尚未充分开放，资本项目可兑换尚未实现，汇率市场化形成机制尚未完成。在目前的条件下，国际资本与国内资本直接的流动通道受到额度限制，并未真正打通。二是内地金融市场发育与欧美存在差距。我国内地金融市场虽然规模较大，但是对国际机构的吸引力有限。从市场结构来看，上海中心资金来源和运用仍以国内市场为主，国际资本的参与程度与伦敦、香港、新加坡等中心差距较大。截至 2018 年底，上海内外资银行总资产达

---

① 孙国峰："上海要以建设全球领先的国际金融中心作为目标"，https：//www. sohu. com/a/236138293_ 257448，陆家嘴论坛上的演讲，2018 年 6 月 16 日。

1.5 万亿元，虽然较 2001 年末中国加入 WTO 初期增长近 7 倍，但仅占上海银行业资产总额（15.4 万亿元）的约 10%，这一数值低于排名靠前的国际金融中心。三是缺少在国际上具有影响力的金融市场研究机构，特别是对国际金融市场和金融制度的研究方面。目前，针对国际金融市场和未来形势的研究，比较具有国际认可度的仍以国外投行和研究机构为主，我国内地金融机构和相关研究机构发布的报告影响力在国际范围内仍有限。四是我国金融机构难以完全满足国际金融需求，全球竞争力有限。目前我国金融机构在海外提供的服务仍以提供传统的存贷款为主要内容，而与资本市场相关的一些服务，例如项目融资、财务顾问、并购重组等提供的较少。此外，也存在有些金融业务不符合国际或当地标准的现象。

最后，我国内地金融中心营商环境仍有待改善，尤其是人才制度、税收制度和法律监管制度建设方面仍不够完善。一是在人才方面，各主要金融中心的高素质金融和法律等人才相对缺乏，难以满足建设国际金融中心的长期需求。即使是上海，目前也缺少具有国际化视野的高端金融法律专业人才。此外，上海在本地人才的金融创新能力、生活居住环境等方面也与其他国际金融中心存在着一定差距。根据 GFCI 于 2018 年 9 月发布的全球金融中心指数报告，我国主要内地金融中心在人力资本方面的排名为所有领域①中最低，上海也仅排名第八。与伦敦、纽约相比，上海的金融从业人员和律师等相关人才占比均有一定差距②。二是在税收制度方面，相对较高的税率限制了对国际高端

① 包括营商环境、人力资本、基础设施、金融业发展水平和声誉。

② 有报道表示："全世界 83% 的顶级律师事务所将总部设在伦敦和纽约。2018 年，上海金融从业人员超过 36 万，约占全市从业人员总数的 3%，香港和新加坡为 5%，纽约和伦敦分别为 10% 和 25%。" http://www.shfinancialnews.com/xww/2009jrb/node5019/node5036/node5049/u1ai208758.html。

机构和人才的吸引力。根据世界银行的总税率指标①，我国企业总税率在主要国家和地区中仍相对偏高，超过了60%，高于英国、美国、日本和南非、俄罗斯和印度等多数国家（见表5－2）。与国外拥有国际金融中心的国家比，我国较高的税负主要源自营业税/增值税。例如，西方发达国家对金融业基本不征收营业税或税率较低，而我国金融保险业“营改增”后的增值税为6%。此外，我国个人所得税②最高税率为45%，也高于美国（37%）、中国香港（17%）。三是在法律和监管制度方面，我国内地主要金融中心法制监管环境与国际主要金融中心相比仍有较大差距。规制健全和执行有力的法制监管环境是金融中间建设的重要保障，也是伦敦和纽约等国际金融中心能够持续保持其竞争力的原因之一。然而，我国以上海为代表

表5－2　2018年部分国家和地区企业总税率指标

国家和地区	总税率（%）	国家和地区	总税率（%）
新加坡	20.6	德　国	49.0
中国香港	22.9	日　本	46.7
爱尔兰	26.0	澳大利亚	47.4
南　非	29.1	印　度	52.1
英　国	30.0	墨西哥	53.0
韩　国	33.1	意大利	53.1
土耳其	40.9	中　国	64.9
美　国	43.8	巴　西	65.1
俄罗斯	46.3	阿根廷	106.0

资料来源：世界银行网站（引用日期为2019年1月29日）。

① 为了便于与拥有国际金融中心的国家或地区进行横向比较，本文使用了该世界银行的总税率指标。总税率是度量企业在说明准予扣减和减免后的应缴税额和强制性缴费额占商业利润的比例。扣缴税款（如个人所得税）或收缴和汇给税务部门的税款（如增值税、销售税或商品及服务税）不包括在内。

② 我国实行累进税率，收入超过9.6万元部分征收45%的个人所得税。

的内地金融中心，仍在法律监管方面存在不足。例如，我国立法制度和程序使相关主管部门难以快速针对金融市场变化做出调整，地方立法机构授权有限。再如，对债务纠纷等问题执行力不强，削弱了金融机构有效化解金融风险的能力。此外，对离岸金融资产缺乏明确的法律和监管保护。

四、国际金融中心建设的国际经验

我国在推进国际金融中心建设的过程中，可以参考其他国家的经验和教训，结合我国实际发展情况，为我国的国际金融中心建设提供借鉴。其中，美国、日本以及新加坡在国际金融中心建设方面的国际经验十分具有代表性①。

（一）美国

美国拥有全球重要的金融中心——纽约，同时也拥有芝加哥、波士顿和旧金山等在某个金融领域具有全球影响力的金融中心。美国的特点是金融中心之间有较好的协调和分工，形成既竞争又互补、布局合理、层次分明、分工明确却又一体化的国际和区域金融中心体系。

1. 纽约

纽约地理位置优越，是美国最大的港口，因此纽约金融中心的形成也受益于国际贸易的发展，极大促进了当地金融业的发展。19 世纪

① 本部分资料主要来自：孙福庆、刘亮等：《转型国家的国际金融中心建设》，上海社会科学院出版社 2018 年版；张丽平、韩萌：“加快推进我国国际金融中心建设”，国务院发展研究中心《调查研究报告》2016 年第 23 号；以及部分机构（如证交所）的网站资料。

早期，纽约证券市场的发展为其成为国际金融中心奠定了基础。1944年布雷顿森林体系建立了以美元为中心的国际货币体系，是纽约发展为全球金融中心的重要支柱。纽约作为美国乃至全球金融中心，除了拥有联合国总部，也是银行、证券、保险等行业顶尖实力企业高度聚集的城市。例如，花旗银行、摩根士丹利、高盛、摩根大通、美国国际集团等跨国金融集团的总部均位于纽约。同时，全球三大信用评级机构——标准普尔、穆迪投资者服务和惠誉评级的总部或联合总部也设在纽约市。此外，纽约也拥有金融咨询公司、律师及会计师事务所、评级机构等完善的金融中介机构。从金融市场看，纽约的股票市场发展遥遥领先，居于全球首位。纽约证券交易所和纳斯达克是全球最大的两个证券交易所。截至 2018 年 12 月，全球证券交易所股票市值共 74.5 万亿美元。其中，纽约证券交易所股票市值高达 20.7 万亿美元，占比高达28%，上市公司2285 家，外国公司510 家；纳斯达克股票市值9.76 万亿美元，占比 13.1%，上市公司 3058 家，外国公司 436 家。除了金融机构和金融市场，美国完备的法律体系以及相对丰富的人才储备也提供了良好的环境。美国金融法律的完备体现在对存款人的保护和对金融体系秩序的稳定，强调事前合规监管、事中风险监管和事后保险监管，并从功能上给予限制。人才方面，纽约除了拥有世界名校纽约大学、哥伦比亚大学等，也拥有汇聚最尖端金融人才的华尔街。同时，纽约的金融创新能力也较强。历史上，纽约在 1829 年创立了安全基金制度，要求各银行拨出总资本的 3% 交由政府专门管理的基金机构，防止银行破产倒闭的损失；在 1838 年创设了“自由银行制”，允许符合条件的任何团队开设银行；在 1853 年正式成立了纽约清算公司，较早地建立了方便、快捷、安全的清算制度。当前，美国更是依托其发达的资本市场，不断创新金融产品[①]。这些均为纽约金融中心的发展提供了源源不断的动力。

2. 美国其他国际金融中心

（1）芝加哥

芝加哥拥有全球发达的商品期货市场，已成为国际上许多大宗商品的国际定价中心和美国西部的区域金融中心。芝加哥商业交易所集团是全球最多元化的衍生品交易市场，提供包括基于利率、股指、外汇、能源、农产品和金属的期货和期权在内的多元化金融衍生品。2018年，全球交易所的期货和期权成交量增长20.2%，至302.8亿份，创历史新高。其中，芝加哥商业交易所集团成交量同比增长18.5%，至48.5亿份，位列全球衍生品交易所第一。

（2）波士顿

波士顿是美国最为重要的资产管理业务中心，并在全球范围内有较大的影响力。道富环球投资管理公司、富达投资、威灵顿管理公司这些全球顶尖的资产管理机构总部均坐落于波士顿。截至2017年底，全球资产管理规模达79.2万亿美元，较2016年的69.1万亿美元同比增长12%。其中，美国资产管理规模2017年增长率为14%，仍然是全球第一大资产管理市场。

（3）旧金山

旧金山是美国和全球重要的风险投资中心，众多具有国际影响力的风险投资机构总部均设立在旧金山。《Rise of the global startup city》报告显示，2015～2017年，旧金山风险投资交易量总计4900笔，以9.7%的全球份额高居榜首；风险投资额计818.1亿美元，以16%的全

① 例如引发2008年金融危机的一系列资产证券化产品。

球占比位列第一。应注意的是，美国占全球风险投资份额的比例已经有所下降，从20世纪90年代中期的95%以上，降到2017年的略高于50%，主要是受到亚洲、欧洲和其他地区城市迅速崛起的挑战。

（二）东京

东京国际金融中心的形成和发展离不开二战后日本经济的迅速发展，以及日元国际化的进程。东京国际金融中心崛起于20世纪70年代。1955～1972年，日本经济年均增速达9.7%，为高速增长时期。雄厚的经济实力为东京国际金融中心发展奠定了坚实基础。20世纪80年代，日本推行包括利率自由化、金融机构业务自由化和金融国际化在内的自由化改革。1980年日本新《外汇和外贸管制法》生效；1981年日本修改《银行法》和《证券法》。外汇管制、银行管制和资本市场管制的放松以及日元国际化成为东京国际金融中心发展的重要推动力。

当前，东京已经建立起完善的金融市场体系，聚集了全日本主要的银行，拥有东京证券交易所、东京金融交易所和东京工业品交易所等多个大型交易所。其中，东京证券交易所已经和大阪证券交易所合并为日本交易所集团。东京国际金融期货所1989年4月成立。2007年9月，东京国际金融期货所由单纯经营金融期货转型为经营各类金融产品的更全面的东京金融交易所。美国期货业协会数据显示，2018年日本交易所市场成交量增长20.4%至3.9亿份，位列全球衍生品交易所第16名；东京金融交易所市场成交量3883万份，同比增长0.92%，全球排名第30名；东京工业品交易所市场成交量约2360万份，全球排名第32名。从外汇市场看，日本由于其独特的地理位置和时差优势，外汇市场较为发达，其外汇交易主要集中在东京。国际清算银行数据显示[①]，2013 年以前日本曾是继伦敦、纽约之后的全球第三大外汇交易市场。

然而，进入 20 世纪 90 年代以来，由于日本长时间的低利率和积极的财政政策引起的泡沫经济破裂，日本银行业遭受重大打击，东京虽然仍是全球和亚太地区主要的金融中心，但其发展开始受到影响，特别是在国际金融中心排名上被香港和新加坡超过。例如，日本外汇市场交易规模在 2013 年被新加坡超越，2016 年被中国香港超越。国际清算银行和路透社发布数据显示，日本外汇市场 2018 年 4 月的日均交易量为 4150 亿美元，占全球外汇市场份额约为 8%，是全球第五大外汇交易市场。在 2018 年 9 月最新一期 GFCI 全球金融中心排名中，东京更是被上海超过。可见，东京国际金融中心的影响力有所下降。

（三）新加坡

新加坡独立之初，国内经济实力和金融市场基础并不十分强大。新加坡国际金融中心的崛起主要是政府政策强力支持的结果。建国后不久，新加坡政府就明确提出金融立国和金融市场国际化的发展战略。20 世纪 60 年代，新加坡政府抓住跨国公司国际化经营的机遇，于 1968 年设立亚洲美元市场。20 世纪 80 年代，新加坡政府加大金融市场开放力度，把握金融衍生产品兴起机遇，成为亚洲金融衍生产品重要市场。1997 年亚洲金融危机后，新加坡政府随后出台金融业改革发展蓝图，致力于成为亚洲资产管理中心。现在金融业已经成为新加坡主要的国家税收来源和国内经济的支柱产业。

---

① 根据国际清算银行 2016 年 9 月发布的《Triennial Central Bank Survey: Foreign exchange turnover in April 2016》，以及路透社 2018 年 8 月的报道：http://dy.163.com/v2/article/detail/DPQQTK7R0519PKDK.html。

新加坡在 GFCI 全球金融中心的排名一直较稳定，始终和香港竞争全球第三大金融中心的位置。就银行业而言，在新加坡设立分支机构的外资银行已超过 200 家，本地银行数量较少，外资银行占比极高，具有较高的对外开放程度。就股票市场而言，国际化程度较高，但新加坡交易所总市值和上市公司数量与纽约等国际金融中心存在较大差距。世界证券交易所联合会的数据显示，截至 2018 年 12 月，新加坡交易所股票市值约为 6873 亿美元，上市公司 741 家，其中外国公司 259 家，占比高达 35%。此外，新加坡还聚集了大量全球大宗商品交易机构，大宗商品衍生品交易发展较快。

新加坡依靠具有国际竞争力的税收制度和严格的金融监管标准等优势，已经发展成为全球领先的财富管理中心。2017 年，全球离岸财富总额约 8.2 万亿美元，其中新加坡离岸财富同比增长 10% 达 0.9 亿美元，是全球第三大离岸中心。根据新加坡金融管理局发布的 2017 年资产管理调查显示，新加坡资产管理公司管理的资产总额连续多年增长，2017 年同比增长 19% 至 2.4 万亿美元，78% 是境外资产，67% 投资于亚太区域，奠定了新加坡亚洲资产管理中心的地位。

新加坡依靠其时区位置优势，全天 24 小时与全球各地进行外汇交易；同时在政府取消外汇管制等政策的推动下成为全球重要的外汇市场。国际清算银行 2016 年 9 月发布的数据①以及路透社 2018 年 8 月发布的数据显示，新加坡外汇市场 2018 年 4 月的日均交易量高达 5230 亿美元，虽然较 2016 年 4 月略有下降（英国和美国占全球外汇市场份额分别超过了 40% 和 20%，较 2016 年 4 月均有上升），但仍是继英国、美国之后世界第三大外汇交易中心，同时也是亚洲地区最大的外

① 《Triennial Central Bank Survey：Foreign exchange turnover in April 2016》.

汇和商品交易中心。新加坡外汇市场委员会（SFEMC）最新数据显示，截至 2018 年 10 月，新加坡现货交易、外汇远期及外汇掉期的总交易量超过 9 万亿美元，日均交易量约 3937 亿美元；货币互换及外汇期权总交易量约 2.6 万亿美元，日均交易量 1138.4 亿美元。

新加坡国际金融中心的发展进程中政府起着至关重要的作用。新加坡政府从硬环境和软环境两个方面建设了良好的金融发展环境。硬环境方面，新加坡基础设施十分完善。世界经济论坛 2018 年 8 月发布的《2018 全球竞争力报告》[①] 显示，新加坡基础设施方面排名全球第一。软环境方面，主要涉及法制环境、政策环境和金融监管环境等。新加坡政府还及时把握各种机遇，结合本国国情，提出一系列金融改革措施，不断推动金融市场的对外开放，促进国际金融中心发展。此外，新加坡长期维持了“AAA”水平的主权信用等级，稳定的政治和经济局势也为新加坡国际金融中心的发展提供了有力保障。

（四）对我国的启示

通过以上三个具有代表性的国家国际金融中心建设经验的分析，我们可以得到以下启示来促进我国国际金融中心建设。三个国家都是基于国内外经济形势，抓住历史机遇，结合本国发展现状和特点，提出适合本国的发展战略。

首先，国际金融中心发展需要强大的经济实力来支撑，并与国内其他金融中心共同形成相互协调的金融中心体系。经济发展为金融中心建设提供相应的支撑和保障；金融发展反过来又作用于经济发展，二者相得益彰。同时，美国金融中心体系做到了较好的分工和协调。

---

① http：//www.mofcom.gov.cn/article/i/jyjl/m/201810/20181002796960.shtml.

纽约作为重要的国际金融中心，和芝加哥和波士顿等在某个金融领域具有影响力的金融中心分工明确，共同促进，为美国金融体系集聚资源，发挥国际影响力提供了良好的支撑。

其次，建设国际金融中心需要营造良好的发展环境。从以上三个国家的国际金融中心建设过程可以看出，完善的基础设施、健全的法律体系、良好的监管制度、优惠的税收政策以及优质的教育、医疗等生活环境可以吸引各类机构和国际化人才等优质金融资源，打造富有活力的金融创新机制，为国际金融中心的长远发展提供不竭的动力。

最后，地理位置优势一定程度上助推了国际金融中心的发展。纽约优越的地理位置在其形成国际金融中心初期起到了重要作用；新加坡优越的地理位置推动了其外汇市场的进一步发展。当前我国已经有多个城市入选全球金融中心指数榜单，可以结合每个城市的地理位置特点，借鉴美国经验，打造分工明确、既合作又竞争的多层次国内金融市场。

五、我国建设国际金融中心的发展策略

（一）重点和目标

第一，明确我国建设国际金融中心的总体目标。我国国际金融中心体系的建设应切实抓住经济实力不断提升和人民币国际化的战略机遇，在国内金融行业不断发展，市场开放程度持续提高的背景下，以政府政策为主导，切实服务国内实体经济，并不断推动离岸金融业务发展。具体来说，应提高我国内地金融中心，特别是上海的国际地位和影响力，努力推动各城市作为平台整合及配置国际金融资源的能力。

第二，明确我国建设国际金融中心的路径。目前，从国内主要金

融中心来看，上海和香港已经具有一定的国际影响力，是全球重要的金融中心，应在我国金融中心整个体系建设中起到引领和示范作用。例如，2019 年 2 月实施的《粤港澳大湾区发展规划纲要》提出了建设国际金融枢纽。发挥香港在金融领域的引领带动作用，巩固和提升香港国际金融中心地位，打造服务“一带一路”建设的投融资平台。其他如北京、广州和深圳这些具有一定影响力的金融中心，可以在稳固其区域影响力的基础上，以某个领域为突破口，向国际金融中心迈进。通过加快我国境内其他金融中心的建设，更好地起到整合国际国内金融资源，构建适应现代化发展要求的金融体系。

第三，明确各个金融中心之间的功能定位，并在发展上有所区别。例如对于上海和香港来说，上海作为内地最主要的金融中心，香港作为离岸金融中心，金融市场均相对成熟发达，二者可以在业务模式、产品创新、资金融通等方面互补更加紧密，共同成为亚洲地区以人民币为核心的国际金融中心。同时，上海也需处理好北京、广州和深圳之间的关系。例如，北京聚集了大多数大型金融机构的总部，并且是货币政策和监管政策的主导，具有政策方面的优势，上海等其他金融中心应与北京加强沟通和联动，共同协调发展。《粤港澳大湾区发展规划纲要》等相关文件也提出继续强化香港国际资产管理中心及风险管理中心，打造大湾区绿色金融中心；广州在国际商贸中心基础上，建设区域性私募股权交易市场，建设产权、大宗商品区域交易中心；深圳作为全国性经济中心，继续发展以深圳证券交易所为核心的资本市场，建设知识产权和科技成果产权交易中心。

（二）政策重点

1. 继续推进金融行业对外开放

通过金融开放，国内金融机构可以学习国际金融机构较好的公司治理标准，提高国内金融机构管控风险的能力。具体可以对国内金融机构参与国际金融市场给予足够的支持；研究适当的准入条件，允许国内金融机构参与离岸人民币市场；给予证券公司或期货公司在境内外开展跨境业务的许可；扩大证券行业对外开放，例如公司结售汇试点等。同时，允许更多符合条件的国际金融机构参与国内市场。通过竞争提升金融机构国际化经营的动力和能力，对我国宏观金融风险的防控也有一定的促进作用。

2. 完善支付清算体系建设

目前全球主要的金融中心也是国际支付清算的中心城市①。其中，各国支付清算体系的建设重点为拓展使用的工具和服务的范围；注重成本、效益、流动性和稳定性；提高参与支付清算体系各金融机构和主题的兼容性；更好地控制系统运行的风险。发展趋势为支付终端竞争多元化，后台服务一体化。我国主要金融中心均尚未形成集中、统一、互联并与全球主要金融市场相衔接的资金支付清算体系。因此，需要以市场化为原则，通过对现有的清算机构整合和对未覆盖领域的发展，为国内外金融机构提供便利，有效支持人民币跨境支付，使主要金融中心支付清算体系能够起到联系境内外金融市场的作用。

3. 构建适应国际金融中心建设的税制环境

作为国际上主要的金融中心，需要能够聚集全球的金融资源，可见，国际金融中心也必然是其他国家重要的离岸金融中心。因此，构建适应国际金融中心的税收制度也需要符合离岸金融中心的税制需求。我国目前在金融领域的税收与其他国家相比要高，因此以上海为代表的我国金融中心在汇集离岸金融资源方面很难与其他离岸金融中

---

① 褚伟：“国际金融中心支付清算体系比较及对上海的启示”，《上海金融》2007 年第 1 期。

心进行竞争。可以借鉴新加坡等国的经验，适当对上海等金融中心的离岸金融业务收入进行税收减免，对经认定的高端金融人才给予税收优惠。

4. 建设与国际金融中心相匹配的监管体制

国际上看，国际或区域内具有影响力的金融中心需具备相对自由流动的市场要素，创新力较强。然而，当前我国的金融监管架构并不适应国际金融中心在金融创新方面时效性强的特点，也无法满足金融业务多样性发展的需要。可以结合我国简政放权的改革进程，给予金融中心在监管方面一定的宽松环境，减少行政管制，增加金融创新和监管效率，使国际金融中心真正成为金融机构探索业务创新、产品创新、管理创新、风险管控创新的大平台。例如，在中央与各地方金融中心之间合理配置金融监管事权，允许一定的监管创新试点，根据情况处理金融创新过程中的问题，以监管的成效作为标准，确定风控底线，防止容错不足导致的不敢作为。再如，上海也可依托自由贸易试验区的分账管理制度，更进一步放松金融管制；逐步增加沪港通、沪伦通额度，并尝试推动与纽约等资本市场的互联互通。

5. 依托各自地区自由贸易试验区改革，适当提高主要金融中心的法律授权

对于上海和广州等同为自由贸易试验区（自贸区）的金融中心，其在金融创新实践中的法制环境问题，可参照自贸区对外资开放的做法，经全国人大审议后，在规定时间内在自贸区暂停实施一些可能对金融创新产生较大影响的相关金融法规。但应注意的是，相应监管部门应提前制定相关金融法规暂停后的监管预案，防止过渡期内出现监督管理漏洞。

执笔人：张丽平　陈　宁　梁　微

参考文献

[1] 孙福庆，刘亮等．转型国家的国际金融中心建设．上海：上海社会科学院出版社，2018

[2] 卓群．全球金融基础设施发展趋势及对上海国际金融中心建设的启示．上海金融，2017（9）

[3] 秦立桐，郑弦．中国建设国际金融中心的机遇与必要性分析．现代经济信息，2012（10）

[4] 张天桂．国际金融中心格局变化和传统国际金融中心的发展．商业经济，2015（5）

[5] 孙国峰．上海要以建设全球领先的国际金融中心作为目标．https：//www.sohu.com/a/236138293_257448. 陆家嘴论坛上的演讲，2018－06－16

[6] 郭田勇．建设现代化金融强国　提高服务实体经济能力．http：//www.financialnews.com.cn/pl/zj/201711/t20171118_127986.html，2017－11－18

[7] 金鹏辉．推进上海国际金融中心建设．中国金融，2017（24）

[8] 淦佳敏．上海国际金融中心建设的进展、借鉴与对策——基于伦敦、东京的比较分析．市场论坛，2018（5）

[9] 中国（深圳）综合开发研究院课题组．中国金融中心指数报告（第十期）．北京：中国经济出版社，2018

[10] 国际金融中心发展报告编写组．国际金融中心发展报告 2017. 北京：中国金融出版社，2017

[11] 中国经济信息社．新华·国际金融中心发展指数报告．http：//upload.xinhua08.com/2018/0713/1531467701815.pdf，2018（7）

[12] 英国智库 Z/Yen 集团与中国（深圳）综合开发研究院．全球金融中心指数（GFCI），2018（24）

[13] 张丽平，韩萌．加快推进我国国际金融中心建设．国务院发展研究中心调查研究报告，2016 年第 23 号

[14] 陈宁．我国配置国际金融资源的现状、趋势和建议，国务院发展研究中心调查研究报告，2018 年第 182 号

[15] 褚伟．国际金融中心支付清算体系比较及对上海的启示．上海金融，2017（1）

专题六

以完善宏观审慎政策框架为抓手健全双支柱金融调控体系

由货币政策体系和宏观审慎政策体系构成的金融调控体系，是金融体系的重要组成部分，其目的在于维护物价稳定和金融稳定，并以此促进经济可持续发展。分析全球金融危机史和回顾中国过去一段时间以来的金融发展历程，可以发现：金融调控体系能否根据经济金融周期的周期性变化和经济金融体系中不断出现的结构性问题进行适应性调整乃至变革，直接关系到金融体系能否为实体经济发展创造适宜的货币金融环境，能否有效防控系统性金融风险，能否有效提升服务实体经济效率及支撑经济转型的能力。中国要实现到2035年“基本实现社会主义现代化”的目标，现代化金融体系要对社会主义现代化建设形成有效支撑，就必须不断健全双支柱金融调控体系。完善双支柱金融调控体系，既需要推动货币政策框架由数量型向价格型转型，健全“货币政策”支柱，也需要从完善宏观审慎治理架构、丰富宏观审慎工具、加强宏观审慎与微观审慎协调配合等方面健全“宏观审慎政策”支柱，还需要强化“货币政策”支柱与“宏观审慎政策”支柱之间的协调。

一、构建面向现代化目标的双支柱金融调控体系

完善金融调控体系的主要目标是实现稳增长、防风险和抑泡沫的统一。在社会主义现代化建设的大背景下，评判金融调控体系是否有效，是否符合现代化金融体系需要，主要标准是能否有助于打好防范化解重大风险攻坚战和如期实现全面建成小康社会目标，能否有效推进经济发展方式转变、经济结构调整和增长动力转换。打好防范化解重大风险攻坚战，意味着金融调控政策要有效防风险，守住不发生系统性风险的底线。在当前经济下行压力较大情况下，如期实现全面建成小康社会目标意味着要稳增长，确保经济平稳运行。在经济泡沫化会扭曲生产性、创新性活动报酬结构的情况下，要实现发展方式转变、经济结构调整和增长动力转换就需要抑泡沫，营造创新者得利的市场环境。

完善金融调控体系的主要任务是健全货币政策和宏观审慎政策双支柱调控框架。这一框架有三个组成部分：有效的货币政策框架、有效的宏观审慎政策框架以及金融调控政策内部即双支柱之间的协调机制。为此，健全货币政策和宏观审慎政策双支柱调控框架，构建适合现代化金融体系和社会主义现代化建设，有助于实现稳增长、防风险、抑泡沫的金融调控体系，就需要从以下三方面着手。一是完善货币政策框架，即循序渐进推动货币政策目标简化和货币政策调控框架向数量型转型。二是完善宏观审慎政策框架，即优化宏观审慎政策治理架构和丰富宏观审慎政策工具体系。三是在完善货币政策体系和宏观审慎政策体系的同时，建立货币政策和宏观审慎政策之间的有效协调机制，最终形成货币政策管总量、宏观审慎政策管结构，货币政策管价格、宏观审慎政策管数量，货币政策管经济增长、宏观审慎政策管金融稳定的相互支撑、相互配合的格局。

二、宏观审慎政策：内涵演进、政策逻辑与国际经验

（一）宏观审慎政策的内涵演进

宏观审慎政策是指主要使用审慎性工具防范系统性风险，以减少金融危机频率和严重程度的政策①，与微观审慎监管相对应。

宏观审慎的内涵经历了一个从审慎监管的宏观视角到着眼于系统性风险防范的宏观审慎的演进过程，宏观审慎的接受度也经历了一个不受重视到备受推崇的过程。在20世纪70年代末“宏观审慎”一词首次被提出时，宏观审慎主要用于强调金融监管应具有系统性的视野。进入21世纪后，宏观审慎才开始具有防范系统性风险的内涵。2000年，时任国际清算银行总裁克洛科特首次区分了金融稳定层面的宏观审慎和微观审慎，指出宏观审慎以维护整个金融体系稳定为目标而微观审慎以保障单个金融机构健康为目标②。随后，宏观审慎越来越多地为国际清算银行的研究人员所提及③。由于长期以来单家金融机构出现问题蔓延至整个金融体系并引发金融危机的情况很少发生，宏观审慎政策并未成为金融管理部门用于维护金融稳定的主要政策工具。全球金融危机向全世界充分展示了着眼于单个金融机构健康的微观审慎监管在维护金融稳定方面的失败后，宏观审慎着眼于系统性风险防范的内涵得到强化和认同，宏观审慎政策应作为一种维护金融稳定的独立政策工具成为共识。值得说明的是，尽管宏观审慎政策作为一类单独的政策与货币政策、监管政策并列是全球金融危机爆发之后

① International Monetary Fund, Key Aspects of Macroprudential Policy, June 10, 2013.

② Andrew Crockett, “Marrying the micro-and macroprudential dimensions of financial stability”, BIS Speeches, September 21, 2000.

③ 如Tsatsaronis（2002）；Borio, Furfin & Lowe（2001），Claudio Borio（2003）；White（2006）；Knight（2006）。

的事，但不少宏观审慎政策工具或具有宏观审慎雏形的审慎监管工具，如动态拨备、贷款价值比（或首付比）、债务收入比、信贷增速控制，在全球金融危机之前已经得到大量使用。

（二）宏观审慎政策的政策逻辑

“合成谬误”、通胀目标制和丁伯根法则是理解宏观审慎政策在金融危机后受到广泛重视的三大因素。

一是“合成谬误”。全球金融危机的爆发表明，“合成谬误”在金融监管领域也存在，微观审慎性的加总不等于宏观审慎性，微观金融机构健康的总和不等于宏观整体健康。这种“合成谬误”可能源于资产负债表高度关联带来的危机传染性，资本充足率、流动性、杠杆率、拨备要求及会计准则等健康性标准出现问题，羊群效应、动物精神、信息处理的复杂性等导致集体失误①。“合成谬误”意味着，维护金融稳定不仅需要关注单家金融机构的微观审慎监管，还需要其他防范化解系统性风险、维护金融稳定的制度安排。

二是通胀目标制。全球金融危机前，微观审慎监管和货币政策是政府作用于金融体系的两种主要机制。既然微观审慎监管不能维护金融稳定，价格稳定也并不一定带来金融稳定，那么是否还应坚持货币政策的通胀目标值，金融稳定是否应成为货币政策必须考虑的重要目标一度成为争论的焦点。虽然全球金融危机的爆发引发了关于通胀目标值的大量指责②，但目前的共识仍是坚持通胀目标制③。这就意味

---

① 周小川：“金融政策对金融危机的响应——宏观审慎政策框架的形成背景、内在逻辑和主要内容”，《金融研究》2011 年第 1 期，第 1 ~ 14 页。

② 如 Paul DeGrauwe（2007）；Axel Leijonhufvud（2008）；Francesco Giavazzi and Alberto Giovannini（2010）。

③ Michael Woodford（2012）：“Inflation Targeting and Financial Stability”，Economic Review，1，7 ~ 32.

着，即便可以更多关注对金融风险的影响，货币政策仍应以价格稳定为主要目标，而不应将金融稳定作为核心目标[①]。

三是丁伯根法则（Tinbergen principle）。丁伯根法则意味着政策工具不能比政策目标少。考虑到价格稳定不能自动带来金融稳定，根据丁伯根法则，由于货币政策不能同时实现价格稳定和金融稳定目标。为此，需要构建新的着力于防范系统性风险的政策工具。

（三）构建宏观审慎政策框架的国际经验

全球金融危机以来，各国纷纷从目标、工具和治理架构等着力构建宏观审慎框架。

在目标方面，许多国家均将宏观审慎政策作为一类区别于货币政策和微观审慎监管的独立政策，并将其政策目标设定为防范化解系统性风险。这一目标可分解为三个相互关联的中间目标，即增强金融体系抗冲击的韧性、遏制系统性风险顺周期累积、控制金融体系内的结构性脆弱性[②]。

在政策工具方面，围绕降低时间维度脆弱性，即与随着时间推移而累积的风险相关的脆弱性，以及结构性维度脆弱性，即在某一给定时点金融体系内的相互关联性及风险分布带来的脆弱性[③]，各国创设了形式多样的宏观审慎政策工具。总体而言，这些工具可以分为五类：总体性工具、居民部门工具、企业部门工具、流动性工具和结构性工

---

① 全球金融危机后，关于货币政策决策是否应更多考虑金融稳定，是否应该在金融风险累积时“逆风而动”（Lean against the wind），通过收紧货币政策防范风险曾出现过激烈争论。Svensson（2017，2018）等最新研究表明，货币政策“逆风而动”应对金融风险的成本远高于收益。值得强调的是，这一研究结论更多是基于使用价格型货币政策工具而得出的。

②③ International Monetary Fund，Financial Stability Board，Bank of International Settlements，Elements of Effective Macroprudential Policies：Lessons from International Experience，August 31，2016.

具（见表6－1）。其中，前四类工具为时间维度宏观审慎工具，用于增强金融体系抗冲击的韧性和遏制脆弱性的顺周期累积。结构性工具即结构性维度宏观审慎工具，用于控制可能会导致“大而不能倒问题”的金融体系内部的结构性脆弱性。

表6－1　　宏观审慎政策工具的分类

工具类型	时间维度宏观审慎工具				结构性宏观审慎工具（Structural Tools）
	总体性工具（Broad-based Tools）	部门性宏观审慎工具		流动性工具（Liquidity Tools）	
		居民部门工具（Household Sector Tools）	企业部门工具（Corporate Sector Tools）		
代表性工具	逆周期资本缓冲	部门附加资本要求或更高风险权重（主要针对个人住房贷款）	影响所有企业部门的工具（附加资本要求、贷款增速上限）	流动性缓冲要求（流动性覆盖率）、稳定资金要求（净稳定资金比例）	系统重要性金融机构附加资本要求
	杠杆率	贷款价值比（通常用于个人住房贷款）	企业外债宏观审慎工具（附加资本要求、外债限额）	存款准备金率、存贷比	降低关联性的工具（同业头寸限制、提高同业资产风险权重）
	动态拨备要求	债务收入比（DSTI）	商业地产宏观审慎工具（贷款价值比、偿债覆盖率）	未平仓外汇头寸限制、外币融资限制	流动性要求、保证金要求
	信贷增速上限			非银行金融机构流动性工具	改变市场基础设施

资料来源：根据IMF（2014）整理。

总体性工具主要由基于资本的工具（Capital-based Tools）构成，如逆周期资本缓冲、杠杆率、动态拨备要求等。逆周期缓冲资本和动态拨备要求具有逆周期调节功能，在金融景气期提取逆周期缓冲资本和逆周期贷款损失准备，以增强损失吸收能力并抑制信贷扩张速度，在金融不景气期释放此前提取的逆周期缓冲资本和贷款损失准备，避免过度信用紧缩①。除了以上基于资本的工具外，信贷增速上限也通常被认为是总体性工具。

居民部门工具用于防范居民部门可能累积的系统性风险，主要包括三类：部门附加资本要求（或风险权重）、贷款价值比和债务收入比等②。根据 IMF 的统计，这三类工具中，贷款价值比使用范围最广，部门附加资本要求使用范围次之，但也达到样本国家的 50%，债务收入比使用范围相对较窄（见表 6－2）。居民部门工具既可以适用于个人住房贷款，也可以适用于其他按揭贷款（如汽车贷款）、个人信用贷款、个人外币贷款等其他类型的居民部门贷款。

企业部门工具主要用于防范企业部门可能累积的系统性风险，主要包括影响所有企业部门的工具、企业外债宏观审慎工具和商业地产宏观审慎工具。

流动性工具主要用于防范系统性流动性风险，主要包括流动性缓冲要求、净稳定资金要求、存款准备金要求、外汇敞口限制和非银行金融机构流动性工具等。

结构性工具主要用于防范“大而不能倒”和风险传染的风险，主要包括系统重要性金融机构附加资本要求、降低关联性工具、流动性要求、同业资产风险权重、改变市场基础设施等工具。

---

①　相关研究表明，西班牙的动态拨备制度的确发挥了平滑信贷周期和支持实体经济的作用（Jiménez，Ongena，Peydró &Saurina，2012）。

②　根据 ESRB（2015，2018），居民部门特别是针对个人住房贷款的宏观审慎工具可以分为三类：（1）收入类或居民类（Income/Household Stretch），如债务收入比；（2）抵押品类（Collateral Stretch），如贷款价值比（LTV）；（3）借款人类（Lender Stretch），如风险权重或附加资本要求。

表6－2　　　　居民部门宏观审慎工具使用情况

工具类别	发达经济体	新兴市场经济体	总数	占样本比例（%）
部门附加资本要求	澳大利亚（2004）、中国香港（2013）、爱尔兰（2001）、以色列（2010）、韩国（2002）、挪威（1998）、西班牙（2008）、瑞士（2013）	阿根廷（2004）、巴西（2010）、保加利亚（2004）、克罗地亚（2006）、埃塞俄比亚（2006）、印度（2004）、马来西亚（2005）、尼日利亚（2013）、秘鲁（2012）、波兰（2007）、俄罗斯（2011）、塞尔维亚（2006）、泰国（2009）、土耳其（2008）、乌克兰（2006）	23	50
贷款价值比	加拿大（2007）、芬兰（2010）、中国香港（1991）、爱尔兰（2001）、以色列（2012）韩国、（2002）、荷兰（2011）、挪威（2010）、新加坡（2010）、瑞典（2010）、新西兰（2013）	巴西（2013）、保加利亚（2004）、智利（2009）、中国（2001）、哥伦比亚（1999）、匈牙利（2010）、印度（2010）、印度尼西亚（2012）、拉脱维亚（2007）、黎巴嫩（2008）、马来西亚（2010）、罗马尼亚（2004）、泰国（2003）、土耳其（2011）	25	54
债务收入比（含DTI）	加拿大（2008）、中国香港（1997）、韩国（2005）、荷兰（2007）、挪威（2010，LTI）、新加坡（2013）、英国（2014，LTI）	中国（2004）、哥伦比亚（1999）、匈牙利（2010）、拉脱维亚（2007）、马来西亚（2011）、波兰（2010）、罗马尼亚（2004）、泰国（2004）	15	33

资料来源：IMF（2014）。

值得强调的是，国际经验表明宏观审慎工具的实施总是伴随着监管规避行为的发生。比如，总体性工具可能会导致金融体系为了规避监管而通过非银行金融机构、表外业务甚至国外金融机构提供信贷[①]。居民部门工具中针对个人住房贷款的宏观审慎工具可能导致银行响应

① 实际上，这在中国一度体现得十分明显。2017年1季度中国人民银行将表外理财纳入宏观审慎评估（MPA）的广义信贷考核之前，表外理财规模快速膨胀，金融机构通过表外理财大量投放信贷以规避MPA的监管。

增加非个人住房贷款类贷款。

在治理架构方面，各国表现出了较大的不一致性。总体而言，可以分为三类模式：中央银行理事会/行长模式、中央银行内部委员会模式、独立委员会模式（见表6－3）。

表6－3　　宏观审慎政策制度框架的三种模式

模式	中央银行模式		独立委员会模式
	模式1：理事会/行长	模式2：内部委员会	模式3：设在央行之外的委员会
特点	由央行理事会或行长行使宏观审慎政策决策权；当央行也承担主要监管职能时，这一模式是主流选择；当存在央行之外的金融监管部门时，通常需要建立协调机制（如由央行牵头建立包括监管部门在内的委员会）	由央行内部的一个专门委员会行使宏观审慎政策决策权；与货币政策决策相分离，有利于避免潜在冲突；监管机构和外部专家可以参与委员会	由央行之外的各政府部门组成的独立委员会行使宏观审慎政策决策权；有利于协调各部门行动，促进信息共享和关于系统性风险的讨论；财政部可以发挥重要作用，从而加强宏观审慎政策和其他领域政策的协调
国家和地区	阿根廷、比利时、巴西*、塞浦路斯、捷克、埃塞俄比亚*、中国香港*、匈牙利、印度尼西亚、爱尔兰、以色列、意大利*、黎巴嫩、立陶宛、荷兰*、新西兰、葡萄牙*、俄罗斯、新加坡、斯洛维尼亚	阿尔及利亚、马来西亚*、摩洛哥、沙特阿拉伯、南非、泰国、英国	奥地利（M）、智利（M）、丹麦（C）、法国（M）、德国（M）、冰岛（M）、印度（M），韩国（M）、马耳他（C）、墨西哥（M）、波兰（C）、罗马尼亚（C）、土耳其（M）、美国（M）

注：①＊表示设有其他金融监管机构参与的委员会，金融监管机构该委员会承担配合角色。②（C）表示该委员会由中央银行任牵头单位，（M）表示该委员会由其他政府部门牵头（通常为财政部）。

资料来源：根据IMF（2016）整理。

从现有实践看，宏观审慎政策的制度框架安排具有三方面的特点。一是各国对宏观审慎政策制度框架的选择通常与各国国情相关。比如，在中央银行同时也是主要金融监管机构时，该国通常选择中央银行理事会/行长模式。二是在大多数国家中央银行均处于最重要的地位。三是财政部和金融监管部门也发挥着重要作用。比如，在法国、德国、美国等主要经济体，财政部均是独立委员会的牵头单位或主席单位。

三、我国宏观审慎的政策实践

国际金融危机以来，中国也在不断建立健全宏观审慎政策框架，确立了宏观审慎政策的金融调控政策地位，明确了宏观审慎政策框架的治理架构，创设了不少宏观审慎工具。

首先，明确了宏观审慎政策的金融调控政策地位及相关治理架构。全国金融工作会议和中共十九大均强调，要构建货币政策和宏观审慎政策的双支柱调控框架。这意味着宏观审慎政策的金融调控政策地位得以明确。同时，在宏观审慎政策制度安排方面，明确由中国人民银行承担宏观审慎管理职能，牵头建立宏观审慎管理框架。由中央银行在宏观审慎管理框架发挥主导作用被认为是一种比较理想的模式[①]，也是国际上最流行的一种制度安排。在中国人民银行内部职能设置方面，采用宏观审慎管理局为主，货币政策司为辅的分工模式。其中，宏观审慎管理局牵头建立宏观审慎政策框架和基本制度，同时承担系统重要性金融机构方面的宏观审慎管理和外汇市场宏观审慎管理。货币政策司参与健全货币政策和宏观审慎政策双支柱调控框架工作，并负责牵头宏观审慎评估（Macro Prudential Assessment，MPA）[②]。在宏观审慎政策框架治理架构中，银保监会和证监会等金融监管机构也发挥着重要的补充或协助作用。一方面，落实具有宏观审慎工具属

① 见 IMF（2013a），Nier and others（2011）；Viñals（2011）。
② 见 2019 年 2 月发布的《中国人民银行职能配置、内设机构和人员编制规定》。

性的国际监管规则，比如原银监会和银保监会分别于2015年9月和2018年5月发布《商业银行流动性风险管理办法（试行）》和《商业银行流动性风险管理办法》。另一方面，与中国人民银行联合出台与被监管机构相关的宏观审慎政策，比如2018年11月中国人民银行和银保监会、证监会联合发布了《关于完善系统重要性金融机构监管的指导意见》，对系统重要性金融机构实施宏观审慎管理；2018年5月证监会和中国人民银行联合发布《关于进一步规范货币市场基金互联网销售、赎回相关服务的指导意见》，对货币市场基金流动性实施宏观审慎管理。

其次，在各类宏观审慎工具创设方面也取得不少进展，构建了一套宏观审慎政策工具体系（见表6－4）。总体性工具方面，从2016年起实施宏观审慎评估，以引导金融机构广义信贷合理增长。宏观审慎评估总体上是一个总体性工具或基于资本的工具。它以宏观审慎资本充足率为核心指标[①]，并考虑杠杆率、拨备覆盖率等指标，在具有逆周期资本缓冲、杠杆率、动态拨备等国际通行的总体性宏观审慎工具属性的同时，还客观上具有广义信贷规模管控、正向激励金融机构等方面的作用。此外，由于宏观审慎评估考虑了资本和杠杆、资产负债、流动性、定价行为、资产质量、跨境融资风险、信贷政策执行情况等七个维度[②]，它也具有企业部门工具、流动性供给和结构性工具的属性。除中国人民银行的宏观审慎评估外，银行业监管部门负责的杠杆率、拨备要求等工具也是总体性宏观审慎工具的重要组成部分。与宏观审慎政策的国际实践相比，中国的总体性工具并不落后，在不少方面还具有一定程度的领先性。

---

① 宏观审慎资本充足率指标主要取决于广义信贷增速和名义GDP增速之间的缺口，缺口越大，要求的宏观审慎资本充足率越高。

② 张晓慧：“宏观审慎政策在中国的探索”，《中国金融》2017年第11期，第23～25页。

表 6-4　中国宏观审慎政策工具

工具类型	总体性工具	居民部门工具	企业部门工具	流动性工具	结构性工具
代表性工具	宏观审慎评估（基于资本和杠杆、资产负债、流动性等七个维度，以宏观审慎资本充足率为核心管控广义信贷增速）	首付比	宏观审慎评估（含跨境融资风险的相关指标）	宏观审慎评估（含流动性覆盖率、净稳定资金比率等指标）	宏观审慎评估（如同业存单占同业负债比重）
	杠杆率（杠杆率不低于4%）	债务收入比	全口径跨境融资宏观审慎管理	净稳定资金比例（不低于100%）、优质流动性资产充足率（不低于100%）、流动性匹配率（不低于100%）、存款准备金率、存贷比	系统重要性金融机构宏观审慎管理（附加资本和杠杆率）
	高拨备要求（拨备率原则上不低于2.5%，拨备覆盖率不低于150%，两者按孰高要求执行）			跨境资本流动宏观审慎管理（对境外金融机构在境内金融机构存放执行政策存款准备金率）	金融基础设施宏观审慎管理（场外衍生品市场及支付体系宏观审慎管理）
					外汇流动性宏观审慎政策（外汇风险准备金、购售平盘手续费率）
					非银行金融机构流动性工具（对货币市场基金T+0业务的限制）

资料来源：李波（2018），笔者整理。

居民部门工具方面，目前的主要工具是差异化首付比和债务收入比。其中首付比与国际通行的贷款价值比（LTV）是同类型工具，首付比的差异化既体现在首套房和二套房之间，也体现在不同类型的城市之间。与宏观审慎政策的国际实践相比，中国的居民部门工具创设相对落后。尽管近年来中国个人住房贷款余额快速增长且房价涨幅较快，但目前仍缺乏国际上比较普遍的附加资本要求或风险权重工具。

企业部门工具方面，除了可以约束整体信贷增速的宏观审慎评估外，主要工具是用于约束货币错配风险的全口径跨境融资宏观审慎管理。该工具建立了宏观审慎规则下基于微观主体资本或净资产的跨境融资约束机制，即企业和金融机构跨境融资风险加权余额不得超过基于资本或净资产、宏观审慎调节参数等指标计算的跨境融资风险加权余额上限，以使得融资主体的举债空间与资本实力、宏观经济热度和国际收支状况相适应。与宏观审慎政策的国际实践相比，中国的企业部门工具创设也相对落后，比如缺少商业地产宏观审慎工具。

流动性工具方面，除具有流动性工具属性的宏观审慎评估外，还包括三类工具。一是针对银行的流动性工具。中国既有净稳定资金比例、优质流动性资产充足率、流动性匹配率等国际通行的流动性工具，也有具有一定中国特色的、长期以来一直使用的流动性工具，如存款准备金率和存贷比等。二是跨境资本流动宏观审慎管理工具，如对境外金融机构在境内金融机构存放执行政策存款准备金率。三是外汇流动性宏观审慎工具，如外汇风险准备金和购售平盘手续费率。与宏观审慎政策的国际实践相比，中国的流动性工具在丰富性方面并不落后。四是针对非银行金融机构的流动性工具，如规定货币市场基金T+0赎回规模上限。

结构性工具方面，除了具有结构性工具属性的宏观审慎评估外，主要还包括两类工具。一是系统重要性金融机构附加资本要求及杠杆率要求。二是金融基础设施宏观审慎管理，如通过推进标准化和电子交易平台建设、推进集中清算机制、推动交易信息备案集中、加强与境外机构监管协调等方式推进场外衍生品市场宏观审慎管理，以及支付清算体系宏观审慎管理①。与宏观审慎政策的国际实践相比，中国结构性工具创设有所滞后，且相对缺乏降低关联性的工具。

四、加快完善我国双支柱金融调控体系

（一）进一步完善我国宏观金融调控政策

当前，中国正处于打好防范化解重大风险攻坚战的关键期，同时未来较长一段时间将继续处于转变经济发展方式、优化经济结构、转换增长动力的攻关期，防范化解系统性风险，维护金融稳定至关重要。要坚持问题导向，基于对中国系统性金融风险主要来源的识别，充分借鉴国际经验，不断完善宏观金融调控政策治理架构和政策工具，建立适应于打好防范化解重大风险攻坚战，服务于高质量发展的宏观金融调控政策。

关于完善货币政策体系，国内已基本形成共识，即根据体制转轨和经济转型进展不断简化货币政策目标②，同时循序渐进推动货币政策调控框架由数量型向价格型转型③。

---

① 李波：《构建货币政策和宏观审慎政策双支柱调控框架》，中国金融出版社 2018 年版。

② 周小川："把握好多目标货币政策：转型的中国经济的视角"，《金融时报》2016 年 6 月 25 日。

③ 见易纲（2018），李波（2018），徐忠（2018）。

完善宏观审慎政策框架，可从以下方面着手。

一是将财政部门纳入宏观审慎框架治理架构，强化宏观审慎政策与财政政策的协调性。当前，中国宏观审慎框架治理架构的一个突出缺陷在于财政部门发挥作用不够。财政问题金融化、财政和金融的边界再度模糊化，是近年来中国系统性风险累积（如地方政府隐性债务快速膨胀）的重要根源。防范化解系统性风险，需要厘清财政和金融的边界，加强财政政策与包括宏观审慎政策在内的金融政策的协调。为此，可借鉴美国、法国、德国等主要经济体将财政部门纳入宏观审慎政策治理架构并充分发挥财政部门作用的国际经验，将财政部门纳入中国宏观审慎政策框架，发挥财政部门的应有作用。可考虑由中国人民银行牵头，成立一个有财政部门、金融监管部门参加的宏观审慎政策委员会。

二是创设风险权重类居民部门宏观审慎工具，防范资产泡沫风险。国际经验表明，房价及个人住房贷款快速增长的同时出现是系统性风险累积的强有力的领先指标[①]。房价快速上涨及个人住房贷款的快速增长已成为可能导致中国系统性风险的重大隐患。应借鉴国际经验，创设针对个人住房贷款附加资本要求或更高风险权重的宏观审慎工具，即提高个人住房贷款的风险权重，抑制个人住房贷款增速。考虑到风险权重工具可能存在政策漏洞以及中国大量非个人住房贷款类居民贷款流入房市的情况，可考虑将这一宏观审慎工具的适用范围扩展至整个居民部门贷款；也可以考虑将居民贷款增速纳入宏观审慎评估考核。此外，2015 年中国股市异常波动事件表明，大量杠杆资金带来的股市大起大落蕴含重大风险。可考虑建立针对融资融券业务的宏

① 见 IMF（2011），Arregui and others（2013）。

观审慎工具，逆周期调节股票折算率。

三是创设企业部门宏观审慎工具，推动企业部门去杠杆。企业部门杠杆率过高是中国宏观杠杆率偏高的主要原因，企业部门杠杆率高则在于国有企业（含机关团体）杠杆率过高。从推动企业部门去杠杆的角度，可考虑针对国有企业（特别是地方国有企业[①]）创设风险权重类宏观审慎工具，对特定类型国有企业贷款要求相对更高的风险权重；也可以考虑将国有企业贷款增速纳入宏观审慎评估考核。此外，针对上市公司股权质押融资的传染性，可考虑针对上市公司股权质押融资创设宏观审慎政策工具，如提高上市公司股权质押融资风险权重，降低股票折算率。

四是注重宏观审慎政策与微观审慎监管之间的协调配合。一方面，要做好两类政策的“动静”搭配。宏观审慎政策具有逆周期调节功能，具有“动”的属性，强调更具金融周期和风险情况进行相机抉择，重在防范风险或减轻风险冲击力度。微观审慎监管不应被赋予逆周期调节功能，具有“静”的属性，应强调基于规则的稳定性，重在维护金融秩序、避免道德风险和劣币驱逐良币。另一方面，要做到两类政策的合理分工。宏观审慎政策和微观审慎监管不是替代性关系，而是互补性关系。实现金融稳定，既需要宏观审慎政策的系统性视角，也需要微观审慎监管奠定的微观基础；宏观审慎政策的有效实施很大程度上要以微观审慎监管有效为前提。同时，由于宏观审慎政策和微观审慎监管一定程度上存在着重叠和共享政策工具的情形（见表6－5），应避免因宏观审慎工具泛化而对微观审慎监管形成干扰。比如，在某

① 当前，地方国有企业是国有企业加杠杆的主体，2018 年国有企业负债增量中地方国企占 80% 左右。

一时段内应将风险权重类宏观审慎工具数量和范围限制在可能引发系统性风险的特定贷款类别中（如房价快速上涨时期的个人住房贷款）。此外，还应强化微观审慎监管机构与宏观审慎管理部门之间的协作，这可以通过完善宏观审慎政策框架的治理架构来实现。

表 6-5　　代表性宏观审慎工具和微观审慎工具

	微观审慎工具	宏观审慎工具
对单个金融机构的最低资本充足率要求	√	
资本风险权重	√	√
第二支柱资本充足率要求（Pillar 2 Capital Requirements）	√	√
逆周期资本缓冲		√
资本留存缓冲	√	
系统重要性金融机构附加资本		√
动态拨备	√	√
杠杆率	√	√
大额风险暴露限制	√	√
贷款价值比限制	√	√
债务收入比限制	√	√
外汇限制	√	√
流动性要求	√	√
风险管理标准	√	
牌照发放标准	√	

资料来源：Osiński，Seal，and Hoogduin1（2013）。

（二）完善宏观金融调控内部协调机制

1. 完善金融调控体系内部协调机制的基本原则

全面认识货币政策和宏观审慎政策之间的关系，是确定两大政策协调的基本原则。货币政策和宏观审慎政策有以下四方面的关系，这也决定了两大政策协调的四大原则。

首先，两者相对独立[①]。货币政策和宏观审慎政策在政策目标、工具和治理安排方面，特别是在政策目标方面存在着较大差异。货币政策以物价稳定和经济增长（或充分就业）为目标，宏观审慎政策以维护金融稳定为目标；货币政策不能主要以金融稳定为目标，宏观审慎政策也不能主要以物价稳定和经济增长为目标。因此，两者的协调要以提升两类政策各自的有效性为基本前提。

其次，两者有主次之分。虽然同属于金融调控政策，但在金融调控政策框架中，两者的重要性并不一样。经济可持续发展是维护金融稳定的根本之策。同时，货币政策是总量性政策，影响面广，比较"顿"；而宏观审慎政策更具针对性和灵活性。可见，无论是从重要性还是从可操作性上看，以促进经济增长和维护物价稳定为目标的货币政策应居于主导地位或基础性地位，宏观审慎政策应居于辅助地位或补充地位。因此，两者的协调应主要强调宏观审慎政策对货币政策的配合和补充。

再次，两者可以相互促进[②]。宏观审慎政策可以消减货币政策的副作用，为货币政策创造更大自由度。比如，稳增长需要宽松的货币政策支持，但宽松货币政策可能导致资产泡沫累积；若辅之以针对个人住房贷款的宏观审慎政策工具，则有助于使货币政策走出两难选择。宏观审慎政策还能通过维护金融稳定在一定程度上发挥维护经济稳定的作用，减轻货币政策负担。比如，宏观审慎政策的逆周期调节功能，有助于抑制信贷过度紧缩，从而降低中央银行为了稳增长或稳物价而采取非常规货币政策（如量化宽松和负利率）的概率和程度。

---

① Svensson（2018）Monetary Policy and Macroprudential Policy：Different and Separate?，Canadian Journal of Economics，Vol. 51，No. 3，pp. 802～827，（August）.

② 张晓慧："宏观审慎政策在中国的探索"，《中国金融》2017年第11期，第23～25页。

与此同时，货币政策的有效实施也可以消减宏观审慎政策的副作用，减轻宏观审慎政策的负担。因此，两者的协调应充分发挥互补性。

最后，两者可以相互制约①。货币政策可以通过债务人资产负债表渠道、金融机构风险追逐渠道、金融机构风险转移渠道、资产价格渠道、汇率渠道等对金融稳定产生影响②。宏观审慎政策也可以通过影响实体经济的借贷能力来对物价稳定和经济增长产生影响。因此，两者的协调应充分避免互斥性。

2. 相关政策建议

首先，充分发挥国务院金融稳定发展委员会的统筹协调作用。尽管货币政策和宏观审慎政策职能都在中国人民银行，但货币政策和宏观审慎政策的有效性不仅取决于两大政策的协调，还受到微观审慎监管、财政政策，乃至竞争政策和危机管理及应对政策等其他政策的影响。考虑到国务院金融稳定发展委员会的权威性和成员构成的综合性，可发挥其在完善金融调控框架内部协调机制方面的积极作用。

其次，要以处理好稳增长与防风险及抑泡沫的关系为着力点。如期实现全面建成小康社会和持续推进社会主义现代化建设需要确保经济平稳健康发展、守住不发生系统性风险的底线、防止经济泡沫化以保持经济活力。这实际上就是对金融调控体系提出了处理好稳增长、防风险和抑泡沫关系的要求。

再次，把握好金融调控政策的协调性、力度和节奏。要将金融调控政策作为一个整体去考虑，货币政策和宏观审慎政策都是其中的组

---

①　张晓慧：“宏观审慎政策在中国的探索”，《中国金融》2017 年第 11 期，第 23～25 页。

②　International Monetary Fund, The Interaction of Monetary and Macroprudential Policy, Jan. 29, 2013.

成部分。当货币政策和宏观审慎政策可以相互促进时，要利用好两者的联动性，做到“攻守兼备”。就当前而言，应在强化货币政策逆周期调节功能、边际放松货币政策的同时，加快推进针对个人住房贷款的宏观审慎工具，防范货币政策放松或放松预期可能带来的资产泡沫风险。当两者相互冲突时，应注重货币政策或宏观审慎政策的力度和节奏，以确保优先目标的实现。

最后，要充分发挥各自在金融调控领域的优势，在完善货币政策体系和宏观审慎政策体系的同时，最终形成货币政策管总量、宏观审慎政策管结构，货币政策管价格、宏观审慎政策管数量，货币政策管经济增长、宏观审慎政策管金融稳定，两者相互支撑相互配合的格局。

执笔人：朱鸿鸣

参考文献

[1] Andrew Crockett, “Marrying the micro-and macroprudential dimensions of financial stability”, BIS Speeches, September 21, 2000.

[2] Arregui, Nicolas, Jaromír Beneš, Ivo Krznar, Srobona Mitra, and Andrew Oliveira Santos, 2013, “Evaluating the Net Benefits of Macroprudential Policy: A Cookbook”, IMF Working Paper, WP/13/167 (Washington: International Monetary Fund).

[3] Borio, C., C. Furfine and P. Lowe (2001): “Procyclicality of the financial system and financial stability: issues and policy options” in marrying the macro-and microprudential dimensions of financial stability, BIS Papers, No. 1, pp. 1 ~ 57.

[4] Claudio Borio, Towards a macroprudential framework for financial supervision and regulation?, BIS Working Papers, No. 128, February 2003.

[5] DeGrauwe, Paul, “There is More to Central Banking than Inflation Targeting”, www. voxEU. com, posted November 14, 2007.

[6] Financial Stability Board, International Monetary Fund, Bank of International Settlements, Macroprudential Policy Tools and Frameworks-Progress Report to G20, October 27, 2011.

[7] Giavazzi, Francesco, and Alberto Giovannini, “The Low-Interest-Rate Trap”, www. voxEU. com, posted July 19, 2010.

[8] International Monetary Fund, 2011, "Toward Operationalizing Macroprudential Policies: When to Act?" Global Financial Stability Report, September, Chapter 3 (Washington: International Monetary Fund).

[9] International Monetary Fund, 2013a, Key Aspects of Macroprudential Policy, June 10, 2013.

[10] International Monetary Fund, 2013b, The Interaction of Monetary and Macroprudential Policy, Jan. 29, 2013.

[11] International Monetary Fund, Staff Guidance Note on Macroprudential Policy—Detailed Guidance on Instruments, December 2014.

[12] International Monetary Fund, Financial Stability Board, Bank of International Settlements, Elements of Effective Macroprudential Policies: Lessons from International Experience, August 31, 2016.

[13] Jacek Osiński, Katharine Seal, and Lex Hoogduin1, Macroprudential and Microprudential Policies: Toward Cohabitation, IMF Staff Discussion Note, June 2013.

[14] Tsatsaronis, K. (2002): "Systemic financial risk and macroprudential supervision", Paper presented at the Bocconi University Centennial conference on "Risk and stability in the financial system: what roles for regulators, management and market discipline?", BIS Papers, Basel.

[15] Knight, M. D. (2006): "Marrying the micro and macroprudential dimensions of financial stability: six years on", speech delivered at the 14th International Conference of Banking Supervisors, BIS Speeches, October.

[16] White, W., 2006, Procyclicality in the financial system: do we need a new macrofinancial stabilisation framework?, BIS Working Papers, No. 193, January.

[17] Woodford, M. (2012): "Inflation Targeting and Financial Stability", Economic Review, 1, 7 ~ 32.

[18] Leijonhufvud, Axel, "Central Banking Doctrine in Light of the Crisis", www.voxEU.org, posted May 13, 2008.

[19] Jiménez, Gabriel, Steven Ongena, José-Luis Peydró and Jesus Saurina, 2012, "Macroprudential Policy, Countercyclical Bank Capital Buffers and Credit Supply: Evidence from the Spanish Dynamic Provisioning Experiments", mimeo, Tilburg University.

[20] Nier, Erlend W., Jacek Osiński, Luis I. Jácome, and Pamela Madrid, 2011, "Institutional Models for Macroprudential Policy", IMF Staff Discussion Note 11/18 and Working Paper 11/250 (Washington: International Monetary Fund).

[21] European Systemic Risk Board, Residential real estate and financial stability in the EU, ESRB, December 2015.

[22] European Systemic Risk Board, A Review of Macroprudential Policy in the EU in 2017, April 2018.

[23] Viñals, José, "The Do's and Don'ts of Macroprudential Policy", Speech at the European Commission and ECB Conference on Financial Integration and Stability, Brussels, May 2, 2011.

[24] Svensson (2017), "Cost-Benefit Analysis of Leaning Against the Wind", Journal of Monetary Economics 90 (October).

[25] Svensson (2018), Monetary Policy and Macroprudential Policy: Different and Separate?, Canadian Journel of Economics, Vol. 51, No. 3, pp. 802 ~ 827, (August).

[26] 周小川．金融政策对金融危机的响应——宏观审慎政策框架的形成背景、内在逻辑和主要内容．金融研究，2011（1）
[27] 周小川．把握好多目标货币政策：转型的中国经济的视角．金融时报，2016－06－25
[28] 易纲．货币政策回顾与展望．中国金融，2018（3）
[29] 李波．构建货币政策和宏观审慎政策双支柱调控框架．北京：中国金融出版社，2018
[30] 徐忠．经济高质量发展阶段的中国货币调控方式转型．中国人民银行工作论文，2018年第3号
[31] 张晓慧．宏观审慎政策在中国的探索．中国金融，2017（11）

专题七

以理念调整为抓手 加快推动金融监管体系变革

金融监管体系是防范系统性金融风险的制度保障。2008 年爆发的国际金融危机宣告了传统金融监管的失败，并引起监管理念的重大反思与变革。由于宏观经济总体稳健、金融复杂程度较低，我国在国际金融危机中维系了金融体系的基本稳定。但近年情况正在发生变化，2015 年的股市异常波动和 2016 年以来以 P2P 为代表的互联网金融风险事件等表明，我国金融风险正日益复杂化、多元化，而金融监管体系尚存在不少问题。总的看重规则制定，轻监管执行；重合规监管，轻前瞻判断；重单家机构风险，轻跨机构跨部门风险；重时点监管指标，轻实时数据建设；重组织架构，轻监管流程等。

党的十九大以来，我国稳妥推进金融监管体制改革，设立国务院金融稳定发展委员会，强化中国人民银行宏观审慎管理和系统性风险防范职责，合并组建了银保监会，明确了中央和地方金融监管事权划分。在此基础上，应当遵循构建现代化金融体系的要求，坚持立足国情与借鉴国际经验相结合，以监管理念调整为抓手，推动构建适应现代金融特点和我国国情、统筹协调、有力有效的现代金融监管体系。

一、危机后国际金融监管理念的调整

国际金融危机的爆发和蔓延宣告了主要国家的金融监管失败。金融危机撼动了既往的金融监管理念，暴露了传统监管方法的缺陷，凸显出变革的迫切性。与监管方法、流程相比，监管理念调整是更高层次、更深刻的反思。

（一）金融业发展定位：从过度自我创新到回归服务实体经济

20 世纪末放松金融管制的初衷并没有错，通过放松管制，提高金融活力，使市场机制更好地发挥作用，不论在发达国家还是在新兴市场国家都是应予肯定和鼓励的方向，符合实体经济需要的金融创新应当给予鼓励。但脱离实体经济需要的金融自我循环、过度创新、自我膨胀决不可取，必须予以严格约束。危机后的金融监管改革不是全面的金融抑制，而是抑制脱离实体经济的金融自我创新、自我循环。

金融监管改革的目标是通过一套新的机制和标准，推动金融业回归服务实体经济。任何国家包括经济实力排名全球第一的美国，其实体经济都存在薄弱环节，如小微企业、绿色经济、循环经济、科技创新、产业升级，这些领域需要不断的金融创新满足其融资和跨周期风险管理需要，金融监管应当对这些创新提供必要的激励机制。同时考虑到资本的逐利性，要尽量抑制短期回报高、自我循环意味较多的金融活动，如过度的房地产投资和过于复杂的结构化金融衍生产品。这类金融活动不仅带来短期的金融泡沫，威胁金融体系的安全，还产生“劣币驱逐良币”效应，攫取大量原本可用于服务实体经济的金融资源，降低长期发展潜力。在第三版《巴塞尔协议》中，对复杂金融衍生产品提出了远高于危机前的资本要求。在各国构建的宏观审慎监管架构中，都将房地产列为重点风险监测领域。这都是通过监管改革抑制脱离实体经济需要的金融自我创新、自我循环和自我膨胀的案例。[①]

（二）金融监管模式：从轻触式转向侵入式

危机前最为流行的监管模式是英国金融服务局提倡的轻触式监管，主张监管重点是培育金融机构的自我约束和风险识别能力，尽可能少干预金融机构的运营和管理。美国监管者也主张最少的监管就是最好的监管。上述监管理念的背后是美英为争夺全球金融中心地位展开的吸引金融机构的竞争。它有利于金融创新，也巩固了伦敦金融城的繁荣，但同时极大束缚了监管当局的手脚，无法在金融风险的积累过程中及时刺破金融泡沫，化解金融风险。国际金融危机后，包括美英在内的各国监管当局开始转向更加前瞻的、提前侵入的监管模式。2010 年，国际货币基金组织提出良好金融监管的五个要素，具备侵入性（Intrusive）位居第一。所谓具备侵入性是指被监管对象要受到监管机构的有力挑战，监管者应定期实施现场检查，并对重大问题及时问询，让市场持续感受到监管的存在。如有必要则升级监管，并采取干预措施，继之以其他监管行动。

总的看，提前干预的侵入式监管有助于避免金融风险的过度累积进而酿成系统性危机。但也要充分关注金融监管当局在资源、能力和经验方面受到的限制，还需要通过改革和机制创新增加监管部门对人才的吸引力。在提前介入的触发机制和干预安排上也需要进一步积累经验和做出更审慎设计。

---

① 王兆星：《后危机时代国际金融改革探索》，中国金融出版社 2013 年版，第 8 页。

（三）审慎监管视野拓展：从单体机构稳健拓展到金融体系稳定

所谓审慎监管就是为了防范金融风险、维护金融安全所实施的必要监管。从金融监管诞生开始，着眼于宏观系统性风险的宏观审慎监管和侧重单体机构个体风险的微观审慎监管从来都是有效监管的重要组成部分。它们互为补充，相互影响，共同促进金融稳定和发展[①]。但由于危机前长期的金融繁荣和稳定的宏观经济环境，对宏观审慎监管的理论研究和政策实践被淡化和忽视，这是系统性风险不断累积直到危机爆发的重要原因。本轮危机后，宏观审慎理念受到空前重视。

围绕系统性风险的识别、监测、处置和化解，形成了宏观审慎监管框架的三个基本要素。一是宏观审慎分析框架，用以识别和监测系统性风险。时间维度上，系统性风险的主要来源是亲经济周期性，金融部门和实体经济的正反馈机制会加大经济周期的波动幅度。空间维度上，系统重要性金融机构是系统性风险的重要来源。实践层面，各国监管当局也密切关注特定行业和某个经济领域潜在的系统性风险[②]。二是宏观审慎监管工具箱建设。除了系统重要性附加资本和逆周期附加资本要求两个专门的宏观审慎工具外，还有很多广泛应用于微观审慎监管的工具同时具有防范系统性风险的功能，如杠杆率、拨备制度、贷款价值比例、存贷比、特定行业更高风险权重、压力测试工具等。三是组织架构和协调机制的探索。包括有效的信息共享、充分的政策协调和合理的治理框架。

---

① 王华庆：《监管之路——危机后的思考》，上海远东出版社 2014 年版，第 210 页。

② 如美国金融稳定监督委员会将货币市场基金作为系统性风险监测重点。瑞士将房地产市场和住房抵押贷款视为主要的系统性风险来源，欧洲系统性风险委员会成立之初主要监测主权债务风险。

（四）监管强度：从基准监管到系统重要性机构更严监管要求

金融危机期间，公众对大型金融机构的愤怒溢于言表：一方面接受纳税人承担的巨额政府救济；另一方面继续享受高薪酬和高分红，而问题的根源在于“大而不倒”，或更准确地讲“由于具有系统重要性而不倒”。产生系统重要性的渠道至少有三个：一是规模太大而不倒；二是关联程度太高而不倒；三是无可替代而不倒。后两个渠道产生的系统重要性在本轮危机中表现更为明显。

“大而不倒”的危害是明显的：一是产生严重的道德风险，鼓励投机与冒险，严重威胁金融安全；二是提高了外部监管与政府干预的难度和成本，监管容忍又会进一步助长系统性风险的累积；三是破坏了优胜劣汰的市场机制，弱化了金融市场的约束功能和运行效率；四是最终会演化为“大而不能救”，银行危机升级为主权债务危机。政府迫于系统重要性机构倒闭的巨大冲击必须实施救助，但大型金融机构规模如此之大往往超过一国国内生产总值，政府无力承担救助成本；五是激化社会矛盾。

危机后国际社会加大了对系统重要性机构的监管力度，在适用于普通金融机构的正常监管标准之外，进一步根据其系统重要性程度实施有区别的监管安排。一是科学识别系统重要性金融机构，实施差异化的监管安排。二是以系统重要性附加资本要求等方式提高系统重要性金融机构抵御风险和吸收损失的能力。三是增强对系统重要性金融机构的监管强度和有效性，包括额外的流动性附加要求，同时在公司治理、内控体系、信息披露、风险管理等方面更高的监管要求；强度更高和更为有效的非现场监测和现场检查，更为严厉和及时的监管纠正措施等。四是建立有效的恢复和处置机制，实现从“不能倒”到有序“能倒”，对市场冲击可控。五是监管当局应有提前干预的权力和能力。六是加强跨境监管的国际合作。

（五）拓展监管范围：加强对各类影子银行的监管

“影子银行”一词最早在2007年由美国投资银行家保罗·麦卡利使用，特指杠杆率较高、透明度较低的结构化融资市场。金融稳定理事会将影子银行体系定义为“传统银行体系之外的信用中介机构和信用中介活动”。影子银行体系是整个金融体系必不可少的组成部分，是对正规金融体系的必要补充。影子银行体系的风险特征包括：一是在市场压力下具有脆弱性，可能形成不同于传统银行的“金融市场挤兑”；二是具有较强的顺周期性，加速了金融体系杠杆化和系统性风险的积累；三是透明度较低，加大了风险的隐蔽性和突发性；四是与传统银行体系存在千丝万缕的联系，增加了金融体系的关联度和系统性风险；五是影子银行体系中存在的监管套利弱化了监管有效性，金融监管的难度大大增加；六是影子银行体系不受金融安全网保护，加剧了脆弱性和危机传染性。央行紧急流动性支持、存款保险等传统金融安全网机制并未覆盖新兴的影子银行体系。没有金融安全网的保护，一家规模较大的影子银行机构倒闭极易引发一系列的连锁反应，甚至逼迫央行采取救助行动。

危机后，在金融稳定理事会推动下，各国监管当局明确了影子银行监管的六项原则：一是聚焦原则，监管当局将侧重点放在影子银行体系带来的风险和负外部性上；二是匹配性原则，监管措施和强度应与影子银行体系带来的风险相匹配；三是前瞻性和适应性原则，影子银行机构和影子银行活动经常伴随市场条件和监管环境的变化而变化，监管者应同样具备相应的前瞻能力和应变能力；四是有效性原则，在对影子银行监管过程中，监管当局应平衡好国际统一监管要求和本国特定市场结构需要的关系；五是透明度原则，监管当局应督促相关金融机构加强信息披露，更好发挥市场纪律的约束作用；六是后评价原则，监管当局应定期评价对影子银行体系监管的有效性，并根据监管实践做必要调整。

（六）推动结构性改革：在金融分业与混业之间走中间路线

与混业经营模式密切相关的交叉风险传染和被掩盖的过度风险积累是本轮金融危机爆发的主要原因。危机后，主要国家也在反思混业经营模式带来的交叉传染风险，酝酿新的金融结构性变革。美国、英国、欧盟先后出台被称为沃尔克法则、威克斯报告和利卡宁报告的三大金融结构性改革方案。

分析三个结构性改革方案的共性，未来的金融格局既非完全混业，也不是严格的分业，而是介于混业和分业的中间路线：将各种风险不同、对金融稳定和实体经济影响不同的各类金融行为以“隔离线”的方式区分开，处于不同区域的金融业务将接受不同程度的监管。同时，不同区域之间的金融业务将接受不同程度的监管。各国再根据本国国情，酌情划设隔离线的隔离范围和严格程度。

三个结构性改革方案勾勒出了金融结构性改革的原则和方向：一是防止高风险业务的风险蔓延到传统银行业务，降低纳税人遭受损失的风险；二是要防止金融安全网的保护范围扩大到自营交易等高风险业务领域，防范道德风险，促进公平竞争；三是着力降低金融机构的复杂程度，提高透明度，强化市场约束；四是赋予金融监管当局或风险处置当局强制分拆权力，完善金融机构有序清偿机制。

（七）提升金融机构公司治理有效性，奠定金融稳定微观基石

危机前许多大型复杂金融机构的公司治理存在重大缺陷，这是造成系统性风险过度累积的重要原因，危机后出台的诸多金融监管改革措施也只有通过金融机构有效的公司治理才能真正落地。金融危机表明，金融机构公司治理存在一系列重大缺陷：一是董事会的构成和履职能力不适应复杂业务结构和市场的快速变化；二是董事会未能有效监督公司战略和风险政策的执行；三是业绩考核和薪酬奖励过于鼓励冒险和短期行为；四是董事会和管理层都未能对风险管理和内控制度的有效性进行充分监控；五是风险判断和计量过于依赖内部模型或外部评级；六是信息披露和透明度不够。

2009 年金融稳定理事会公布的《稳健薪酬实践原则》和巴塞尔委员会 2010 年发布的修订版《强化公司治理指导原则》明确了金融机构公司治理的改革方向：一是强调董事会的全面与首要责任及履职要求；二是强调董事的尽责履职能力；三是强调对董事会及其成员的履职评价和问责；四是强调建立与风险承担相匹配的薪酬机制；五是强调董事会对有效实施风险管控承担最终责任；六是关注复杂业务结构和组织架构带来的风险；七是强调发挥股东的外部监督作用；八是显著强化监管当局对金融机构公司治理的干预和纠正。

（八）强化金融消费者保护，恢复提升市场信心

金融消费者分广义、狭义之分。狭义的金融消费者特指接受金融服务与产品的个人和家庭。国际金融危机爆发以来，国际社会普遍重视和强化对金融消费者的保护，其背景是深刻的：一是金融消费者遭受欺诈蒙受损失，严重损害了公众对金融体系的信心；二是金融产品日益复杂和不透明让金融消费者难以判断风险和实现自我保护；三是

监管真空、监管滞后以及审慎监管与保护金融消费者存在利益冲突，使金融消费者难以得到有效保护；四是现行金融法律法规和监管制度框架不足以更好地保护金融消费者；五是金融市场的快速发展和新技术的应用，以及加快扩大金融服务范围都给金融消费者保护带来新的困难和要求。从次贷危机教训看，必须打造金融安全网的第四支柱：行为监管与金融消费者保护①。

2011 年，在二十国集团倡议下，经合组织制定并发布了金融消费者保护的 10 条高级原则，提出金融消费者保护应成为有效金融监管的重要组成部分，各国应建立金融消费者保护的法律和监管框架，指定明确的监管主体，建立有效的投诉处理和赔偿机制。2012 年，世界银行发布了有效金融消费者保护的 39 条良好实践标准。总的看，危机后金融消费者保护机制呈现六大趋势：一是进一步明确金融消费者保护的组织框架和职责；二是在加强信息披露和风险提示的基础上，强化金融消费者保护的事前干预机制；三是建立更加审慎的按揭信贷标准；四是明确金融机构为加强金融消费者保护的第一责任人，并要求纳入金融机构的发展战略与机构文化中；五是建立和完善金融消费者权益保护争议处理机制；六是大力加强金融消费者的金融知识和金融风险教育。

（九）监管标准的理念平衡

在危机后探索新的监管标准、规则和措施时，不可避免要在各项具体指标上寻找监管理念的协调和平衡。一是在设计监管规则时，要考虑操作性和简便性的平衡。监管标准应当具备可操作性，而操作性

---

① 孙天琦：《金融业行为监管与消费者保护研究》，中国金融出版社 2017 年版，摘要第 3 页。

就必然要求规则简单易懂。如第二版《巴塞尔协议》为纠正第一版《巴塞尔协议》简单设定风险权重的缺陷，提出提高资本的风险敏感性，既需要长期数据积累，又要依靠内部模型进行计量测算，这就必须在提高风险敏感性和标准复杂性之间寻找平衡。二是要处理好复杂性与可比性之间的平衡。提高资本计量的复杂性，不可避免会影响各国实施的可比性，尤其是内部评级模型过于复杂，也带来一系列监管套利问题。很大程度上降低了资本计量的可比性。为此，巴塞尔委员会开展了第三版《巴塞尔协议》实施的国别评估，旨在强化资本监管标准在全球实施的一致性和可比性。三是要实现金融体系安全和支持实体经济的平衡。实施国际新监管标准，提高资本充足性和流动性水平将给商业银行带来实施成本可能抑制其放贷能力并影响其支持实体经济的力度。特别是对中国这样高度依赖银行体系间接融资的国家，必然面临实施国际标准、增强银行体系稳健性和当期支持实体经济发展之间如何实现平衡的矛盾，必须在简单性、操作性、复杂性、敏感性、一致性和可比性之间寻求新的平衡点。

二、新时期我国金融监管理念的调整

以 20 世纪 90 年代初治理金融“三乱”为起点，以 1997 年亚洲金融危机爆发和 1997 年全国金融工作会议召开为转折，中国金融监管体制经历了两次根本性变革：一是 1998 年中共中央成立中央金融工作委员会、中国人民银行跨区域设置分行并在中国人民银行分行成立省级金融监管办事处，中国人民银行相关司局（非银行金融机构司、保险司、稽核监督局、外资金融机构司）的证券、保险机构和业务监管职能划拨中国证监会和新设中国保监会，由此形成货币政策与金融监管分设的萌芽；二是2003年中国银监会从中国人民银行分设，标志着“一行三会”分业监管格局设计思想的全面落实并沿革10余年。

由于宏观经济总体稳定，金融体系复杂程度较低，加之应对举措及时有力，总的看2008年国际金融危机对我国影响不大。但随着金融市场化改革的推进，我国金融体系的复杂程度近年来快速提升。特别是随着金融业务的扩大，我国金融机构在业务层面早已打破过去分业经营的壁垒[①]。2015年11月，习近平总书记在党的十八届五中全会上就起草“十三五”规划做说明时指出：“近来频繁显露的局部风险特别是近期资本市场的剧烈波动说明，现行监管框架存在着不适应我国金融业发展的体制性矛盾，也再次提醒我们必须通过改革保障金融安全，有效防范系统性风险。”2017年金融工作会议特别是党的十九大召开后，我国以监管理念调整为引导，对现行监管体制进行了重要调整，取得了一定成效。

（一）明确金融业定位：以服务实体经济为依归

习近平总书记指出，金融活，经济活；金融稳，经济稳。经济兴，金融兴；经济强，金融强。[②] 经济是肌体，金融是血脉，二者共生共荣。实体经济是我国经济实力的根基、财富创造的来源，各项政策特别是金融政策必须以发展实体经济为出发点和落脚点。经济发展离不开金融服务，经济平稳较快增长会形成巨大的融资需求，并拓展金融服务的发展空间。实体经济一旦步入下行周期，金融业将面临系统性风险的考验。实体经济转型升级也需要金融业的配合、支持才能完成。只有夯实实体经济的发展基础，金融业的发展方可持久稳健；缺乏实

---

① 张承惠、陈道富等：《我国金融监管架构重构研究》，中国发展出版社2016年版，第1页。

② 见习近平总书记在十九届中央政治局第十三次集体学习上的讲话，2019年2月22日。

体经济支撑的金融业将成为无源之水，通过自我循环、加杠杆等所谓的金融创新固然可能实现一段时期内的非理性扩张，但从跨周期的视角看，一旦风险最终暴露将会给银行业乃至实体经济带来巨大伤害。近年来，我国出台了一系列鼓励金融机构加大服务实体经济力度的政策文件，对金融服务“三农”、小微、民营企业出台了一系列配套措施。2019 年 2 月，中办、国办印发《关于加强金融服务民营企业的若干意见》，从增加金融服务针对性和有效性、拓展融资渠道、降低融资成本、提高民营企业信用水平、完善激励机制、实施保障机制等多个方面完善了政策框架。

（二）分离金融发展和金融监管职能

分业监管使各监管部门彼此竞争，凸显其行业发展目标与监管目标的内在冲突。一是助长资产泡沫。监管部门以行业改革发展为己任，“重发展、轻监管”倾向较明显，监管竞争中倾向于做大本行业（机构和市场）规模，做高市场（价格）指数，客观上在事前助长高风险金融活动，直接推升社会融资规模和资产价格泡沫。二是导致刚性兑付。监管部门往往充当行业保护者，监管竞争中倾向于在风险防控方面比看谁更安全，造成比较普遍的刚性兑付，对本行业既有风险严防死守不愿暴露，对其他市场漠不关心甚至以邻为壑。

我国近年来暴露的一些金融乱象和微观局部金融风险，身兼发展与监管两职的监管部门目标冲突是重要原因。正如国际货币基金组织 2017 年发布的《中国金融体系稳定评估》所指出的，中国金融乱象与监管和发展不分有很大关系。这是习近平总书记在 2017 年 7 月召开的全国金融工作会议上明确要求“分离发展和监管职能”的重要背景。此次会议决定改革金融管理体制，分离发展与监管职能，金融发展职能由中国人民银行承担，能使监管者专注于监管，提高监管的专业性有效性。中国人民银行承担的重要发展职能包括：一是统筹金融业发展规划，相关金融监管部门不再编制本部门发展规划，以实现发展与监管职能分离；二是统筹金融业立法，金融立法不再各自为政，避免不同法律之间存在冲突、部分法律立法进程滞后等问题；三是统筹金融业并购重组、对外开放的安全审查。

（三）分离监管规则制定与监管规则执行

2017 年全国金融工作会议决定，分离金融监管规则制定与执行、由中国人民银行负责金融业重大监管政策的制定，主要出于两个考虑。一是有利于确保发展与监管职能的切实分离。监管规则外生降低了监管执行部门的自由裁量权，增强监管政策的透明度，从而保证监管者专注于监管，防止目标偏离。二是有利于防范化解系统性金融风险。在金融业综合经营趋势明显的背景下，金融风险跨部门、跨领域、跨行业传染并放大的特点明显，系统性金融风险防范超出了单个领域监管部门的能力范围。以近年来快速发展的万能险为例，其资金链条可能横跨银、证、保多个行业，从单个监管部门的角度看，都监管合规、风险可控，但从全局看其风险隐患可能已威胁金融系统稳定。因此，由中央银行从维护金融系统全局稳定的角度，负责重大金融监管规则制定，包括制定跨市场交叉性金融产品的监管规则实现穿透式监管，统一同类产品监管标准和规则落实功能监管，从而有效防控系统性金融风险，有力维护金融稳定。在此基础上，明确金融监管部门职能定位，依据审慎监管基本制度，负责制定行业审慎监管和行为监管规则。换言之，金融监管部门保留了制定审慎监管“非基本制度”的权力。

（四）加强宏观审慎管理统筹协调，成立国务院金融稳定发展委员会

当前，我国系统性金融风险虽然总体可控，但房地产泡沫风险、地方政府性债务风险等一批风险点正在累积，金融监管不协调、监管缺失、执法不严等问题逐渐暴露。为此，在2017年全国金融工作会议上，习近平总书记宣布设立国务院金融稳定发展委员会，以此加强监管协调，补齐监管短板，有效防控系统性金融风险，促进金融体系健康发展，提高金融业服务实体经济的水平。2017年11月8日，国务院金融稳定发展委员会（以下简称国务院金融委）宣告成立并召开第一次会议。设立金融委不仅将2013年10月开始运行的金融监管协调部际联席会的“部际水平协调”升级为“上下级垂直协调”，还是提升我国金融领域国家治理的重大体制机制创新。它标志着原“一行三会”的分业监管体制开始按照“十三五”规划提出的“符合现代金融特点，统筹协调监管，有力有效”的要求进行方向性调整。

设立国务院金融委是加强金融宏观审慎管理、增强金融监管协调权威性有效性、促进金融业健康发展的重要制度安排。国务院金融委的职责包括：一是落实党中央、国务院关于金融工作的决策部署；二是审议金融业改革发展重大规划；三是统筹金融改革发展与监管，协调货币政策与金融监管相关事项，统筹协调金融监管重大事项，协调金融政策与相关财政政策、产业政策等；四是分析研判国际、国内金融形势，做好国际金融风险应对，研究系统性金融风险防范处置和维护金融稳定重大政策；五是指导地方金融改革发展与监管，对金融管理部门和地方政府进行业务监督和履职问责等。

（五）强化中央银行宏观审慎管理和系统性风险防范职责

从本轮国际监管改革经验看，主流做法是强化中央银行的宏观审

慎管理职能，构建完整有效的宏观审慎管理体制。2017 年全国金融工作会议明确要求“强化人民银行宏观审慎管理和系统性风险防范职责”。《中共中央关于制定国民经济和社会发展第十三个五年规划的建议》提出了“统筹监管系统重要金融机构和金融控股公司……统筹监管重要金融基础设施……统筹负责金融业综合统计”的“三个统筹”的改革要求。强化中央银行宏观审慎管理职能，明确由中国人民银行落实“三个统筹”是保证金融安全、“打好防范化解重大风险攻坚战”的重要基础。一是由中国人民银行统筹监管系统重要金融机构和金融控股公司。中国人民银行统筹负责系统重要金融机构和金融控股公司的监管规制和机构认定，并具备检查权、处罚权，对高管的人事任免具有否决权。二是由中国人民银行统筹规划、建设和监管重要金融市场基础设施（含各类金融资产登记托管机构），对金融交易所主要业务规则制定修改中国人民银行具有否决权。三是由中国人民银行统筹负责金融业综合统计。涉及宏观调控、系统性风险等重大问题时，中国人民银行可根据履职需要进行直接数据采集。

此外，本轮监管改革还明确由中国人民银行承担国务院金融委办公室职责。具体职责包括：一是推动落实党中央、国务院关于金融工作的决策部署和国务院金融委各项工作安排；二是组织起草金融业改革发展重大规划；三是推动相关政策协调配合；四是组织研究国际国内金融形势和国际金融风险应对，提出系统性金融风险防范处置和维护金融稳定重大政策建议，推动完善系统性金融风险监测、识别、评估、预警和处置体系；五是承担指导地方金融改革发展与监管的具体工作。2019 年 2 月公布的央行“三定”方案明确，中国人民银行设立国务院金融委秘书局，负责具体推进上述工作。

（六）加大监管执行力度，持之以恒治理金融乱象

危机带给金融监管的一条重要启示就是，监管必须长牙齿，不能只说不做。监管机构要能够在危机的关键时刻做出不同于市场的独立判断，而非被市场的意志所左右。要强化监管意愿，敢于质疑，能够说不，拒绝监管上的父爱主义，提高依法监管的执行力。2017 年 3 月起，根据中央统一部署，原银监会密集出台监管政策，贯穿全年持续开展以“三违反”“三套利”“四不当”“十乱象”为内容的“三三四十”专项整治活动。在此过程中，原银监会落实“监管姓监”的定位，严厉整顿市场乱象，加大问责与行政处罚，既开出了史上最多罚单，处罚总金额也刷新纪录。经过近一年的专项整治取得明显效果，银行业资金脱实向虚势头得到初步遏制，商业银行同业资产负债自 2010 年来首次收缩，截至 2017 年底同业理财比年初净减少 3.4 万亿元。银行理财少增 5 万多亿元，通过“特定目的载体”投资少增约 10 万亿元。表外业务总规模增速逐月回落，总体呈现收缩态势。在此基础上，2018 年 1 月，原银监会发布银监发 4 号文件，继续深入治理各类金融乱象。

三、推动我国金融监管理念完善的方向

总的看来，“十三五”开局以来，随着监管理念的重要调整，我国金融监管体制改革取得了重要进展。下一步，要根据现代化经济体系和金融体系的要求，坚持立足国情又放眼全球，继续深入推进金融监管理念完善，以此引领金融监管体制机制改革。必须明确，我国金融监管建设是从“计划”到“市场”的转轨过程中进行的，这决定了我们所面临的很多矛盾和问题都是独一无二的，没有直接可以参考的

样板。必须立足国情，具体分析所面临的深层次矛盾和问题，进行开创性的研究和探索。另外，“闭门造车”没有出路，我国进行的市场化改革，需要充分借鉴西方国家上百年的市场经济经验，尤其是国际金融危机爆发以来，西方社会对西方金融体系和市场经济进行的深刻反思和一系列改革，在深入了解其改革措施背后考量的基础上，结合国情，为我所用，为下一步改革提供指导和参考。

（一）厘清监管、政府和市场的关系，形成三者之间的良性互动机制

有效的金融监管是对金融行为和运行的规范，是维护有序竞争和金融稳定，不是对金融机构的直接行政指令与干预；它是一整套用于指导金融机构行为规范的审慎监管规则，要求金融机构在有效识别、监测、防范、处置和抵补风险的基础上开展金融业务。下一步，我国金融监管的总方向应该按照党的十八届三中全会的要求，将资源配置的决定权交给市场，把经营自主权真正交给微观主体，政府及相关部门应当弱化乃至取消包括贷款规模控制、利率管制和非审慎性前置审批在内的行政干预，将重心切实转移到科学的宏观调控和监管上来。金融监管应当在这一总体方向下进一步明确自身改革的目标和定位：一是通过完善金融监管，引导金融机构建立科学合理的激励约束机制，真正成为面向市场、自主决策、自担风险、自我约束的市场主体；二是通过完善金融监管，实现市场的公平、公正竞争，维护市场的健康有序运行；三是通过完善金融监管，放开不必要的行政管制，促进有利于实体经济的金融创新，增强金融服务实体经济的质效；四是通过完善金融监管，建立有效识别、监测、预警、处置单体风险和系统性风险的制度安排，切实守住防范系统性和区域性金融风险的底线。

下一步的金融监管改革应以处理好政府与市场的关系、增强微观主体和金融市场活力、增强服务实体经济能力以及维护金融安全为总目标，通过以疏为主，开正门、堵邪路，激励与惩罚相平衡的改革，我们才能真正走出“一管就死、一放就乱”的怪圈。

（二）明确金融监管定位，厘清一系列关键关系

从角色和目标看，微观审慎着眼于单家机构的稳健运行，宏观审慎管理着眼于整个金融体系的稳健运行，而货币政策着眼于稳定经济活动的价格和产出。这似乎定位清晰明确，但在现实操作中，三者关系并非泾渭分明，原因有二。一是目标和工具之间的对应关系。宏观审慎概念本身还在不断发展之中，尤其尚未发展出一套与之相关的政策工具体系，目前的操作绝大部分是附加在微观审慎监管工具上的。这使得宏观审慎还无法完全独立成为一个宏观管理领域。二是金融稳定和经济周期密切相关。金融既是经济周期的重要肇因，也是经济周期的主要表现形式。作为周期性调控工具的货币政策无法与金融体系完全分离。

观察近年宏观审慎政策框架的设计和实施情况，导致宏观审慎、微观审慎和货币政策界限不清的原因主要有如下几点。

第一，逆周期的宏观审慎政策与结构性的日常监管高度重叠。从实际过程来看，我国的微观审慎监管承担了大量宏观调控的任务，不但需要执行行业政策，还经常根据宏观形势变化调整监管政策，包括资产风险权重、各种业务如银行理财等的管理规定等。现有的宏观审慎政策管理的实施，也不完全是逆周期的宏观政策体系，而是针对单个机构的高频管理政策，在地方层面上有相当的灵活性，带有行政性和年度（甚至月度）规模管理的痕迹。这使得在实际执行过程中，宏

观审慎和微观审慎使用基本相同的政策工具，并且各自带有对方特征的混合体。

第二，政策设计和政策执行能否分开。事实上，政策设计和政策执行是两套完全不同的评价体系，政策设计关注的是系统的有效性，政策执行关注的是执行效率，两者更应该由不同部门分别执行并采取不同的评价指标进行评估。

第三，是货币政策传导效率问题还是金融稳定问题。在我国当前环境下，货币政策调控存在更多困境。其中一个重要的困境来源于微观主体特征。我国是以国有金融机构为主体的金融体系。国有金融机构的行为不完全同于一般的市场机构，特别是在人事任命并非完全市场的环境下更是如此。因此，真实的金融供给会表现出明显不同于市场经济的特征。如保留较多的缓冲，以保持本身机构的灵活性；并不完全从市场效率出发进行信贷决策，存在运动性和政策性贷款冲动；利益性指标不如数量型控制指标对微观主体的行为约束有效，等等。高管的任职资格、行业牌照、资本充足率等比例性监管指标，对银行等金融机构的激励约束远远超过价格指标。此外，我国的货币政策还承担大量结构性调控目标，政府对金融机构的支付义务还有超过正常金融承诺的社会稳定要求，这使得出现传统的西方货币政策工具在中国不足以实现货币政策目标的问题。

从金融稳定的角度，其实我国央行职责中就一直有维护金融体系稳定要求，并且央行也早就成立金融稳定局专司负责金融稳定问题。但金融稳定局面临的困境在于：一是缺乏必要的数据和模型来评估金融体系的稳定状况；二是即使发现甚至预警了金融不稳定因素，也缺乏足够的手段来防范、纠正。

有鉴于此，近期的任务重点放在理顺央行和银保监会的宏观审慎政策框架和微观审慎管理之间的职能和管理边界。建议当出现以下情况时，两者共同监管：一是对于界定为系统重要性金融集团、金融机构的监管；二是风险暴露敞口巨大，威胁金融体系稳定的金融集团、金融机构；三是需要中国人民银行提供流动性救助或者存款保险机构给予清偿能力救济的金融机构。

除上述三类机构央行直接与金融监管部门介入现场检查和风险监测和处置外，宏观审慎管理政策主要致力于经济周期预测、金融系统性风险的识别和评估，并根据宏观周期和系统性风险状况，动态提出额外的逆周期资本和缓冲资本要求。宏观审慎管理政策也可根据现有的逻辑设计出模型化的资本要求，但具体的实施交由微观审慎管理主体具体负责。

（三）统筹考虑机构监管与功能监管

功能监管是一种“横向”的监管，是在混业经营环境中，对不同类型的金融机构开展的相同或类似业务进行的标准统一或相对统一的监管。换言之，功能监管的主要着眼点是防范监管套利，进而实现提高市场效率、促进公平竞争的目标，同时也要符合默顿所主张的功能监管理念，即按照金融业务的功能而非机构实施监管。与功能监管相对的是机构监管，这是一种“纵向”的监管，即对一家金融机构从生到死的全程监管。之所以对一家金融机构实施全程的审慎监管，是因为其破产倒闭会冲击整个金融体系，因此要全程关注其风险状况、损失吸收能力及必要的风险处置预案。

未来的监管制度改革，应当按照机构监管和功能监管并重的原则，打造纵横交错、经纬交织的金融监管网。机构监管为“经”，通过对金融机构的全程纵向监管，提高稳健经营水平，进而提升整个金融体系的稳健性，并要将机构监管延伸至问题金融机构处置，防范单体金融机构破产倒闭影响整个金融业的安全。功能监管为“纬”，通过它实现对同一或类似金融业务大体相当的监管，减少监管套利空间，维护市场效率和公平竞争。机构监管和功能监管不是割裂的，应通过高效的协调配合机制形成两者之间的有机结合，使这张纵横交错、经纬交织的“金融监管网”能在最大程度上防止监管真空与套利，在维护金融稳定的同时，提高金融体系的效率。

（四）直面金融科技带来的风险，及时调整监管范式

金融科技是一柄双刃剑，它能提高金融效率、丰富金融产品，使消费者、小企业以较低的价格、更为便捷的方法和更多渠道获得适合自身需求的金融服务，也有助于增加透明度，减少信息不对称，使风险更准确地被评估和更好地被定价。但金融科技的迅猛发展也会给金融体系带来微观和宏观金融风险，使金融机构、金融基础设施或金融部门容易遭受金融震荡，也可能产生传染效应、顺周期性进而影响整个金融体系的稳定。

金融科技创新导致了金融风险泛化。一是社会上出现“泛金融化”现象，即传统上必须依赖金融机构才能获得的金融服务，现在可以由非金融机构或个人提供[①]。如P2P、众筹以及在我国已被取缔的首次代币发行都可以为客户提供融资。二是金融科技创新使相同的金融风险变得更加频发、更为严重。如在信用风险方面，由于P2P平台有更高的风险偏好、信用风险模型存在缺陷、激励不相容等原因，其风险可能远大于商业银行。三是金融科技使风险在金融系统内外之间的

① 周仲飞、李敬伟：“金融科技背景下金融监管范式的转变”，《法学研究》2018年第5期，第5页。

传递变得更为频繁，从而可能影响整个金融系统的稳定。例如作为股权众筹平台发行人的初创公司比股票市场普通发行人的破产风险大得多。

针对金融科技发展带来的风险特征变化，包括金融机构日益使用科技创新解决合规问题，监管机构运用科技创新，以数据驱动的监管科技来防范控制风险就成为必然。其主要特征是监管机构的监管方法从目前依靠历史数据、冗长的现场检查和滞后的监管行动转变为主动、实时、前瞻性的监管，而后者是建立在数据收集、复杂数据分析、更大的数据储存能力基础上的。要大力研发应用金融科技的金融监管科技平台和工具，探索基于大数据等技术的穿透式监管和智能监管方法，提升监管效能。运用监管科技，监管机构可以自行获得即时、整合的数据，实时或准实时持续监管金融机构的活动，使金融监管措施更具系统性。

四、在新监管理念下完善金融监管体系的当务之急

在适合现代化金融体系的新的监管理念指导下，当前应坚持急用先行原则，抓紧补齐我国金融监管体制存在的短板，守住不发生系统性金融风险的底线。

（一）以综合统计体系为抓手，提升完善系统性风险识别和监测机制

以 2018 年 3 月国务院办公厅发布的《关于全面推进金融业综合统计工作的意见》为指导，按照金融业“十三五”规划的要求，建立覆盖所有金融机构、金融机构设施和金融活动的金融业综合统计体系，

实现对金融机构和金融活动的全流程、全链条动态统计监测。一是统一统计标准，协调相关各部门统计制度。二是规范统计法则，明确统计权属。三是形成统一标准、同步采集、集中校验、汇总共享的工作机制。在工作层面一是编制金融业资产负债表、完善资金流量统计；二是建立健全交叉性金融产品统计、统一的金融市场统计、系统重要性机构金融活动统计，对系统重要性机构的金融活动实现有效预警。三是建立国家金融基础数据库，促进数据充分共享，实现大国金融的数据治理。

（二）完善高风险金融机构风险处置和退出机制

对比历次危机不难发现，有序、高效、通畅的金融机构处置与退出机制是危机中阻止金融恐慌蔓延最为有效的工具。回顾国际上高风险金融机构处置与退出机制的演变历程，可从中梳理出一些值得借鉴的普遍性规律。第一，处置与退出机制建设的目标是防范金融风险的传染与外溢，防止金融风险上升为金融危机，而不是也不可能完全避免金融风险的产生和单体金融机构的经营失败。第二，处置与退出机制建设要把握强化市场纪律、防范道德风险与维护金融稳定的平衡，在隔离和高效处置金融风险的同时，为优胜劣汰市场纪律发挥作用留有空间。第三，加强监管、早期发现和早期干预是高风险金融机构处置与退出机制建设的关键。第四，存款保险基金有助于增强存款人对银行机构的信心，有助于保护存款人利益，也有助于小型金融机构的平稳退出。第五，系统重要性金融机构处置机制改革的核心是强化股东和债权人自救，通过提高资本和债权的损失吸收能力，使股东和债权人真正成为剩余风险的承担者，在提高可处置性的同时防范道德风险。

目前我国对高风险金融机构的处置仍然主要依靠行政手段，政府成为金融风险处置与化解的主体，政府救助成为常规手段。这种做法的确有助于迅速控制金融风险的传染和外溢，但带来了严重的道德风险，削弱了市场纪律约束，损害了我国金融体系的长期活力与效率。首先，政府救助的道德风险是我国金融机构自我约束机制不足的根源之一。其次，政府保护和缺乏市场退出机制是银行业低水平竞争、核心竞争力不足的根源之一。最后，市场退出机制的缺失也带来金融监管的逆向选择。在金融机构退出渠道不畅的情况下，对金融机构的市场准入设置更高的门槛是一种无奈的逆向选择。虽然在一定程度上减缓了金融风险的集聚，但另一方面也遏制了金融活力。

作为一个新兴加转轨的发展中大国，如何处置和化解金融风险是处理好政府和市场关系的一个关键结点。过去30多年里，我们一直秉承的理念是各级政府是处置和化解金融风险的第一责任人，这一做法也在历史上多次成功应对了各类内外部冲击的考验。在高质量发展的新时代，要真正按照党的十九大精神，紧紧围绕使市场在资源配置中起决定性作用，依法监管与化解风险，就必须深化金融体制改革，加快建立市场化、法制化的退出机制。政府当然负有维护金融安全的职责，但具体到单家高风险金融机构的处置与退出，政府救助是最后的防线，只有在再不出手救助就会严重影响金融安全的情况下才实施，而不应直接站到处置的第一线。政府在处置金融风险中的站位后移是完善我国市场机制，强化市场纪律，防范道德风险，提高金融活力的关键一环。但这并不意味着金融安全被削弱了，政府站位后移留下的空间应由市场化、规范化、法制化的处置与退出机制填补。

未来处置和退出机制建设的重点包括七点。第一，要转变观念，澄清认识，将高风险金融机构的平稳有序退出机制作为金融体系正常运行和健康发展的重要组成部分。特别是要打消研究、论证、设计金融机构处置和退出机制就意味着危机即将来临的顾虑。其实，金融风险与金融危机从来都是变动不居的，拥有的风险处置手段越多，机制越健全，金融风险演变为金融危机的概率就越低。第二，要处理好政府与市场的关系，廓清政府与市场作用的边界，政府应有所为，有所不为。有所为包括两方面：一是政府监管机构应加强对金融机构和金融市场的有效监管，对高风险金融机构及早发现、及早干预，在威胁到金融体系安全稳定时，央行将提供必要的流动性支持。二是设计和建设金融体系自主的风险处置与隔离机制，即没有政府救助前提下的高风险金融机构处置与退出机制安排，实现金融体系正常的新陈代谢，求得金融安全与金融效率的平衡。第三，加快建立和完善相关法律法规，实现依法监管，依法处置与退出。第四，加强对高风险金融机构的早期识别和早期干预。第五，充分发挥存款保险机制的作用，加强对广大小额存款人权益的保护。第六，充分发挥股东和债权人的自我救助作用，增强资本和债权的损失吸收能力。第七，妥善运用“购买与承接”等市场化处置手段，最大程度降低处置成本，提高处置效率。

（三）切实加强金融消费者保护

金融机构行为风险管理不足，监管机构行为监管与消费者保护不足是我国金融监管体系现存的重大缺陷之一。工作中造成的被动与潜在风险不容忽视。具体而言，当前行为监管和金融消费者保护面临的问题包括：立法之后、行为监管能力储备不充分（专业经验、工作平台和数据库等）、工作手段缺乏、人力资源不足、金融机构行为风险管理滞后、金融消费者素养不高等。特别是审慎监管与行为监管职能未分开，导致行为监管牵扯了审慎监管部门过多精力，疲于应付，但由于审慎监管人员并非万能，许多人特长不在行为监管，本身不擅长，身兼二职效果更不好。

未来应择机将一行两会分设的金融消费者保护机构独立出来，设立统一的中小投资者和金融消费者保护局。专门从事相关工作，提高金融消费者保护专业性。与此同时，多措并举强化金融消费者保护。一是进一步重视行为监管和消费者保护。推动我国金融消费者保护的统一立法，为行为监管提供有力保障。加大对行为监管和金融消费者保护的资源投入。二是坚持预防性的事前保护和事件驱动的事后保护相结合。抓大放小，突出重点，建立行为监管的分级监管模式。三是适当提高政府相关部门的风险容忍度，促进金融生态改善。四是监管部门要重视研究金融需求方，即金融消费者的行为特点、系统性行为偏差和对监管政策的反馈。五是高度重视金融消费者教育。不断提高金融知识的有效性，增强消费者风险识别和自我保护能力，帮助消费者树立“收益自享，风险自担”的意识。

（四）加强基层监管力量，优化监管资源配置

金融监管既是高度复杂的专业性工作，也是某种劳动密集型工作，资源是否充足直接决定监管质量。需要特别指出的是，与所承担的监管任务相比，我国监管机构的资源严重匮乏，尤其是基层监管力量非常薄弱。面对规模快速扩张、复杂程度显著提升的金融行业，监管机构有限的薪酬、基本稳定的机构、人员编制资源匮乏等矛盾更显突出[①]。为保证监管目标的实现，需要配备足够的监管手段和监管资源。一是赋予监管机构必要的预算独立性，使其能够设置合理的薪酬

① 以银监会为例，2003～2013 年其所监管的银行业金融机构资产规模翻了两番不止（分别为 27.64 万亿元和 151.35 万亿元），但人员编制总量在成立之初 2 万多人的基础上仅增加 10 个人。

水平，以此吸引和留住专业人才，监管人才的薪酬应参考市场薪酬，并保持合理的增长。二是赋予监管机构必要的机构、人员编制灵活性，使其能够通过内部组织架构设置和人员配备适应金融监管需求的不断变化。可考虑整合中国人民银行县级支行与银监会监管办事处，低成本充实基层监管力量。三是支持监管机构利用信息科技创新升级完善监管体系，提升监管能力。监管部门采用先进的互联网信息科技，可以完善和改进金融监管框架，丰富监管工具和方法，提高监管的自动化程度，进而提高识别、计量、监测、控制金融风险的及时性和有效性。四是规范监管机构工作人员到金融机构任职的旋转门机制，减少利益冲突，避免监管目标受到不当影响。

执笔人：王　刚　陈道富

参考文献

[1] 张承惠，陈道富等．我国金融监管架构重构研究．北京：中国发展出版社，2016

[2] 王兆星．后危机时代国际金融改革探索．北京：中国金融出版社，2013

[3] 王兆星．后危机时代中国金融监管改革探索．北京：中国金融出版社，2015

[4] 王华庆．监管之路——危机后的思考．上海：上海远东出版社，2014

[5] 乔安妮·凯勒曼，雅各布·德汗，费姆克·德弗里斯编著．张晓朴译．21 世纪金融监管．北京：中信出版社，2016

[6] 孙天琦．金融业行为监管与消费者保护研究．北京：中国金融出版社，2017

[7] 周仲飞，李敬伟．金融科技背景下金融监管范式的转变．法学研究，2018（5）

专题八

完善我国地方金融监管体系

地方金融监管体系是中央金融监管体系的必要补充，是金融监管资源纵向配置的体现。金融机构总要注册于一个地理实体并向外展业，各类金融活动均需要以地域为载体，地方政府往往承担属地风险处置的最终责任。这些客观现实和要求是地方金融监管存在的基础。地方金融监管体系不成熟、不完备，是当前我国金融监管体系的短板，也是建设现代化金融体系的重点内容。

一、我国地方金融风险和监管体系的现状

（一）我国区域性金融的主要风险点

1. 非法集资和互联网金融风险凸显

非法集资案件由于跨地域性、涉众性、复杂性、多样性等特征，存案化解压力较大，且与互联网金融、传销等相互交织，造成识别难、发现晚、处置难等问题。具体而言，一是新发案件蔓延快，大案多；二是案件处置时间长，矛盾叠加积累形成新的风险；三是集资手段花样翻新，认定打击难度加大。不少省份出现了完全借助互联网平台和微信群开展的非法集资，从前期宣传到后期资金归集等只通过网络进

行，无注册地、无犯罪行为发生地，资金通过第三方支付平台，难以查明资金流向，给地方政府的监管打击工作带来巨大的挑战。

伴随去杠杆、严监管政策逐步推进，尤其是集中打击一批 P2P 网贷平台后，行业风险由区域逐步传导到全国。网贷机构主动清盘或跑路成风，客观上进一步加剧了行业恐慌情绪蔓延，形成一定的踩踏效应。在京沪穗深和杭州等主要注册城市，地方金融监管部门 P2P 网贷平台风险防控压力明显增大。

2. 金融资产交易场所成为区域性金融风险隐患

一是部分金融资产交易场所实质上已成为游离于有效监管之外的全牌照金融机构，几乎将除保险、信贷、黄金之外可以产生现金流收益的资产全部纳入交易范围，成为影子银行新的重要形态。但大多数金融资产交易场所的资本实力有限，一旦出现兑付风险，风险可能向交易场所的股东或金融机构传导。二是部分金融资产交易场所将收益权等拆分转让，变相突破私募发行的 200 人限制，使不具备风险识别和承受能力的普通投资者承担了高风险。三是部分金融资产交易场所因缺乏有效监管，沦为控股股东的“提款机”。

3. 部分机构和平台销售大量资管产品，涉众风险突出

部分地方监管的机构和平台与金融机构合作，介入资产管理业务，销售大量资管产品。这类机构和平台往往通过承诺“保本保收益”来诱导投资者，造成投资者刚性兑付预期，但相关发行人往往存在高杠杆融资、违规发行甚至资不抵债等问题，风险隐患极大[①]。

上述地方监管的机构和平台借助互联网开展交易，进一步隐蔽其违规行为，大幅提高风险扩散速度和涉众规模。究其实质，去实体化

---

① 中国人民银行金融稳定分析小组：《中国金融稳定报告》，中国金融出版社 2018 年版，第 80 页。

经营和依托于互联网的销售渠道使得机构摆脱了对物理网点的依赖，虽然设立于某一地区，但经营范围遍及全国甚至跨境，具有明显的收益本地化、风险外部化的特点。但与此对应的地方金融监管相对宽松，跨区域风险防范和监管责任不够明确，导致针对此类风险的监管应对极为滞后，风险防控存在明显不足，地方风险处置责任难以落实。

（二）地方金融体制改革最新进展

2017 年 7 月召开的全国金融工作会议明确了地方金融监管的定位，提出“地方政府要在坚持金融管理主要是中央事权的前提下，按照中央统一的规则，强化属地风险处置责任”。会后下发的中发 23 号文件进一步明确了地方政府对七类机构和四类场所的监管事权。这是我国金融监管体制的一次重大改革，首次赋予地方政府金融监管事权，并初步明确了监管范围和工作边界。2018 年底完成的省级党政机构改革中，许多省级地方金融监管局由挂靠其他委办局升格为省政府直属机构，加挂金融工作办公室牌子，并在本省区内初步实现了“7 +4”的统一归口管理。2019 年 9 月召开的全国金融形势通报和工作经验交流电视电话会议上，国务院金融稳定发展委员会主要负责人对夯实属地风险处置责任，完善地方金融监管体制提出进一步要求：地方政府要强化属地风险处置责任和维稳第一责任，提高政治站位，牢固树立守土有责、守土尽责的意识，守住不发生区域性金融风险的底线；有效打击各类非法金融活动，防止发生群体性事件；完善地方金融监管体制，建立风险管控长效机制。

总的看，为应对区域性金融风险的新变化，守住不发生系统性、区域性风险的底线，地方金融监管体制改革取得了重要进展。但在当前区域性金融风险点多面广、易发多发背景下，与所承担的监管任务相比，地方金融监管还面临诸多挑战，亟须重点突破，尽快完善。

（三）地方金融监管体制现存问题

1. 发展与监管职能之间的矛盾有待处理

客观上讲，地方金融管理职能既包括地方金融发展，也包括地方金融监管，而发展与监管职能之间存在一定矛盾。金融发展对地方而言易见效、易考核，而防范金融风险对地方政府而言更具长期性、隐蔽性且难见成效。实践中往往更注重推动金融产业集聚和发展，而忽视可能产生的金融风险①。前一时期部分地区降低准入标准，滥发牌照，积累了不小金融风险，教训值得深刻汲取。

本轮金融监管体制改革落实2017年全国金融工作会议要求，在原省级金融办的基础上更名成立各省级地方金融监管局，加挂金融办牌子，并在机构编制紧张的情况下将地方金融监管局列为省级政府直属机构，强化和压实了地方政府的监管责任。但客观地讲，金融监管与发展本地金融业之间的矛盾依然存在，地方在金融产业发展和金融支持实体经济发展的冲动，往往超过维护金融体系稳定健康的冲动。为此需要统筹规划，进一步加强制度建设，在强化双层（中央－省和省－地市）监管问责的同时尽可能限制和隔离两种职能冲突。

2. 地方金融监管法治仍不健全

一是沿袭以往中央通过授权、委托方式将监管职责和风险处置责任交由地方管理的做法，中发23号文确立的中央和地方金融事权划分仍沿袭行政主导模式，容易重蹈改革开放以来央地金融分权“治乱循

---

① 殷勇：“进一步完善我国地方金融监管的几点思考”，中国财富管理50人论坛，2018年。

环”的覆辙，缺乏内在稳定性。根据《立法法》第八条的规定，中央和地方金融事权划分作为金融基本制度应当制定法律，或至少由全国人大及其常委会授权国务院先行制定行政法规。

二是地方金融监管上位法依据不足。对明确由地方负责监管的“7 +4”类机构、场所，除融资担保公司2015年国务院发布行政法规之外，其余的执法依据只是规章和规范性文件，立法层次和法律效力偏低（见表8 –1）。例如《关于小额贷款公司试点的指导意见》授予省级政府对小额贷款公司的市场准入监管权，这与《行政许可法》规定的行政许可设定依据相冲突。

表8 –1　　纳入地方监管的场所、机构、业务及其监管依据

类　别	监管依据	发布时间	效力层级
小额贷款公司	《关于小额贷款公司试点的指导意见》	2008年	规范性文件 银监发〔2008〕23号
融资担保公司	《融资担保公司监督管理条例》	2015年	行政法规
区域性股权市场	《国务院关于清理整顿各类交易场所切实防范金融风险的决定》	2011年	规范性文件 国发〔2011〕38号
典当行	《典当行管理办法》	2005年	部门规章 商务部发〔2005〕8号
融资租赁公司	《融资租赁企业监督管理办法》	2013年	部门规章 商流通发〔2013〕337号
商业保理公司	中发〔2017〕23号	2017年	规范性文件
地方资产管理公司	《中国银监会关于地方资产管理公司开展金融企业不良资产批量收购处置业务资质认可条件等有关问题的通知》	2013年	规范性文件 银监发〔2013〕45号
投资公司	中发〔2017〕23号	2017年	规范性文件
农民专业合作社	中发〔2017〕23号	2017年	规范性文件

续表

类　别	监管依据	发布时间	效力层级
社会众筹机构	中发〔2017〕23号	2017年	规范性文件
地方各类交易所	《国务院关于清理整顿各类交易场所切实防范金融风险的决定》	2011年	规范性文件 国发〔2011〕38号
非法集资	《处置非法集资工作操作流程》（试行）	2008年	规范性文件
互联网金融风险整治	《互联网金融风险专项整治工作实施方案》	2016年	规范性文件

资料来源：作者整理。

三是地方性法规缺位。除山东、河北、浙江、天津等少数省份外，多数省份尚未制定发布地方金融管理条例，对地方性金融活动缺乏统一有效的规范，导致地方执法法律依据不足、合法性屡遭执法对象质疑。

四是监管手段严重不足。由于上位法依据不足，地方金融监管局行使行政审批权依据不足，也不具备相应的行政执法权、行政检查权，行政处罚限于警告和10万元以下罚款，时常处于“责任在肩、手段缺乏”的尴尬境地，被迫充当“没有灭火设备”的“消防队员”。这一矛盾在非法集资行政执法方面尤为突出，由于地方各级处非办无法定职权和措施进行执法，严重影响了风险处置的效果。

3. 监管资源分散问题逐步解决但监管对象庞杂且有进一步泛化之风险

本轮地方金融监管体制改革之前，地方金融监管权往往散落在多个部门[①]。除省级金融办负责监管小额贷款公司之外，商务委负责监

① 张承惠、陈道富等：《我国金融监管架构重构研究》，中国发展出版社2016年版，第114页。

管典当行、融资租赁公司和商业保理公司，经信委负责监管融资性担保机构。还有诸多机构和市场尚未明确监管专责部门。实行地方金融监管局“归口管理”是本轮地方金融监管体制改革的重大调整。目前各地根据银保监会《关于商请做好三类机构职责转隶后相关工作的函》等文件要求，正在推进业务交接和职能转隶等工作，推进归口管理。总的看，监管资源分散的问题正在逐步解决。但与此同时，地方监管对象日渐繁杂且有泛化之势。

——除区域股权市场和地方资产管理公司中央有明确的数量限制外，各省区市小贷公司、融资担保公司、典当行、融资租赁公司和商业保理公司普遍数量较多，经营水平参差不齐，划归地方金融监管局监管后，整顿、清理、规范任务量繁重。

——监管力量薄弱，专业能力不足，监管科技技术运用仍显薄弱。尽管本轮机构改革各省区市普遍不同程度充实加强了地方监管局编制，但与所承担的监管职责相比力量仍显不足。表现为人员总量少、结构不合理、配置成倒金字塔型，越到基层人越少。同时现有人员普遍缺乏从事金融监管工作的经验和知识储备，不熟悉监管工作手段，难以满足专业金融监管的要求。

4. 中央和地方金融权责不对等，风险处置责任不明晰

一是地方金融监管权责不对等。鉴于区域性金融风险与地方经济金融复杂密切关联，地方政府承担一定的处置责任是合理的，但地方政府对城商行、农村金融机构、村镇银行等地方中小法人机构并无监管权，也无法及时获取有效的监管信息。权责分离和监管信息缺失导致地方政府在风险处置过程中非常被动，既缺乏预见性难以事前防范风险，也难以确保事后处置的有效性和效率，导致风险成本加大。

二是缺乏市场化、制度化的风险处置手段和机制，央地责任分担机制不明确。目前地方在处置风险中可动用的资源并不明确，存款保险制度出台后对中央监管的金融机构属地风险责任的分担比例和如何分担缺乏明晰的规定。对于中发 23 号文明确由地方监管的机构，目前尚未建立明确的投资者保护制度和风险救助体系，各地普遍缺少稳定基金或风险准备金等风险缓冲制度。地方金融管理部门只能充当没有“灭火器”的“消防队员”，难以有效处置风险。

5. 中央和地方金融监管协调机制需要进一步完善

从顶层设计角度需要进一步明确央地金融监管协调机制的组织架构和运行机制，以解决当前存在的诸多问题。首先，中发 23 号文确定由省政府分管领导牵头的金融工作议事协调机制与国务院金融稳定发展委员会省级派出机构之间的职责与相互关系在实践中亟待厘清。其次，从理顺管理体制角度出发，需要解决省级地方金融监管部门在中央金融管理部门“有人管”的问题，使其能够及时汇报情况，反映诉求并获得指导。最后，由于缺乏有效明晰的信息共享机制，“一行两会”省级派出机构与地方金融监管局之间形成的“信息孤岛”和“数据烟囱”导致监管合力不足，严重制约监管合力形成与效能提升。

此外，中央金融管理部门派出机构在地方金融监管中处于“悬空”状态。根据现行制度安排，“一行两会”是地方金融监管局的上级业务指导单位，中发 23 号文件也明确“一行两会”派驻机构对地方金融监管局有进行业务指导和监督的职责。而从地方金融监管局的角度看，大量的地方金融发展事务仍需要中央监管部门派驻机构的支持和配合。这导致实践中地方金融监管局对中央监管派出机构协调空间有限，监管派出机构难以承担更多实际责任。与此同时也造成监管派出机构难以深度参与地方金融监管活动，难以深入掌握地方金融活动信息，对地方金融监管活动难以帮上忙，也就难以实际开展有效的指导与监督。

最后，当前跨省金融监管合作缺失，给地方金融监管带来的明显真空不容忽视。近年来互联网金融迅猛发展，极大突破地域限制，监管空白导致跨省市大案要案频发。

6. 监管资源呈倒金字塔型配置，市县级机构监管资源薄弱

对多地地方金融监管局的调研情况表明，目前绝大多数地方金融监管人员总量少，结构不合理，且人员配置呈倒金字塔型，越到基层人越少。而金融风险往往发生在基层和一线，现有监管资源配置与所需承担的繁重监管任务相比难以匹配。

以某省为例，全省地方金融监管单位 129 个，到 2018 年底未明确“三定”方案的有 23 个，未明确领导职数的 21 个，未明确编制人数的 27 个，有的设区市仅有 2 ~ 3 名专职人员，大部分县级金融办人员都是兼职。市县金融办级别、人员配备不均衡。

二、央地分权视角下中央和地方金融监管权力变迁回顾

从我国金融监管体制纵向变迁角度看，新中国成立以来伴随市场经济和金融监管体制的不断完善，由于金融风险的变化和出于防控金融风险的需要，在中央行政主导下，中央和地方金融监管权力经历了“分久必合、合久必分”的治乱循环过程，呈现如下几个阶段。

（一）变迁历史

1. 计划金融阶段：1949 ~ 1978 年

1949 年新中国成立后，与高度集中的计划经济体制相适应，我国金融体系也呈现中央高度集中的特征。1950 年发布的《中央人民政府

中国人民银行试行条例》规定，由设在中国人民银行总行的检查处履行金融监督管理职能。改革开放前夕，中国人民银行一度划归财政部管辖，其机构、人员和业务等全部并入后者，完全成为政府的“出纳”。中国人民银行从财政部独立出来后，我国实行由中国人民银行统揽一切金融业务的“大一统”金融体制。中国人民银行既行使中央银行职能，又办理所有具体银行业务；既是金融行政管理机关，又是经营金融业务的经济实体。与此相对应，金融监管权完全集中于中央。

2. 金融监管权尝试下放阶段：1978～1997 年

改革开放初期，为激发地方发展经济的积极性，中央政府在向地方分权方面做了诸多尝试。一是信贷管理分权。1983 年国务院颁布《关于中国人民银行行使中央银行职能的决定》，中国人民银行总行和各省级分行承担金融管理职责。各商业银行也纷纷将信贷审批权和人事权下放给各省级分行，银行系统内部基本实现央地分权。二是信托投资公司准入和监管权力下放。为帮助地方经济发展融通资金，各地政府根据中国人民银行下达的《关于积极开办信托业务的通知》自行组建信托公司。这一时期的信托公司多由地方政府批准并出资设立，作为政府直属机构实施行政管理，俨然成为地方政府“金库”。三是证券业监管处于分散阶段。中央层面中国人民银行、国务院证券委、中国证监会和财政部均对证券业有一定的监管权。1996 年证监会颁布《关于授权地方证券、期货监管部门行使部分监管职责的决定》，明确了地方证券监管部门的职责范围和权限。这个时期，无论全国性券商还是地方券商都受地方政府的全面管理，从干部任用、资金来源到日常事务管理都受地方政府控制，而券商在行情好时也给地方政府带来巨额现金流。

总的看，改革开放初期地方政府并未建立起完善的金融监管体制，常依靠政治影响力和地缘优势，利用金融机构独立性和商业性的不足，履行为地方融资服务的职能，争夺更多金融资源。上述行为不但造成金融混乱、通货膨胀等负面效应，而且削弱了中央的宏观调控能力。种种乱象以及海南、广东等区域性金融风险凸显，直接导致中央在20世纪90年代后期收回金融监管权，重建中央集中统一的金融监管体制。

3. 金融监管权回收阶段：1997～2003年

20世纪90年代中后期，面对地方金融机构经营不善导致区域性金融风险频发①和东南亚金融危机爆发，中央在大力整顿金融秩序，及时清理金融领域"乱集资、乱拆借、乱设金融机构"等"金融三乱"的基础上，积极推进金融监管体制改革，加强金融机构内部控制，弱化地方政府对金融机构经营业务的干预，并收回地方政府的金融监管权力。1997年11月召开的第一次全国金融工作会议确立了中央集中、分业监管的金融监管体制。在证券领域，1998年底，各地政府下设的证券、期货监管部门整体转制为证监会派出机构，由证监会垂直领导。原由地方政府归口管理的证券交易所、商品期货交易所明确划转证监会监管。在保险领域，1998年11月贯彻分业监管理念，中国保监会成立。在银行领域，为加强金融监管独立性，减少地方政府不当干预，1998年中国人民银行改革管理体制，撤销31个省级分行，设置跨省区的9家分行。2003年4月，中国银监会成立，银行业监管职能从中国人民银行划出。至此"一行三会"的中央集中监管模

---

① 1995年爆发的"327"国债期货交易事件，70%以上的证券公司亏损额超过注册资本10倍以上，各地政府纷纷运动式纾困本地证券公司。1999年被称为非银领域"航空母舰"的广东国投向法院申请破产，由于体量和资不抵债数额巨大，其破产给区域金融稳定带来较大风险。

式确立，中央完成金融监管权整体上收①。

4. 地方金融监管机构设立与中央下放部分金融监管权阶段：2003～2018 年

垂直管理模式重新确立了中央在金融领域的主导性话语权，规范了地方金融秩序。但由于目标不同，中央监管部门对地方经济发展的金融需求普遍关注不足，且 GDP 锦标主义、财政分税制等地方金融乱象的根源并未得到彻底解决。既有的以“一行三会”为主导的中央“垂直管理模式确立了中央在金融领域的主导话语权，但对地方经济发展的金融需求关注不足”，实质上并没有考虑到地方经济发展对金融服务的差异化需求②。地方政府仍试图通过金融组织创新，突破地方财政和金融发展的困境。2002 年上海市率先成立金融办，随后北京、广东等金融发达省市陆续跟进设立。初期的金融办职能定位为协调、服务、规划，并不享有金融监管权。但随着管制放松，地方金融机构和业务活动蓬勃发展，中央监管机关分支机构力量愈加不足。中央监管部门于是通过部门规章、规范性文件或者通知等形式，授予地方政府部门（不限于金融办）一定的金融监管权限，并不断强化地方政府对金融风险的属地处置责任。上述变化反映了我国金融发展和管理正呈现从中央集权逐步向地方分权化的显著趋势③。

至此，我国中央为主、地方为辅的双层金融监管体制得以确立④，地方金融管理体制随之初步形成。其组织架构以省级政府为主导，省

---

① 段志国：“分权背景下的地方金融监管权研究”，中央财经大学博士学位论文，2016 年，第 60 页。

② 刘志伟：“地方金融监管分权：协同缺失与补正路径”，《上海金融》2017 年第 1 期，第 2 页。

③ 洪正、胡勇峰：“中国式金融分权”，《经济学季刊》2017 年第 2 期，第 547 页。

④ 宁子昂：“中央和地方双层金融监管体制的形成”，《经济纵横》2018 年第 5 期，第 125 页。

级地方金融监管局（金融办）为主，省级商务部门、经信部门、发改委、国资委等为辅，包括省级以下各级地方金融监管局（金融办）、商务、经信、发改、国资等部门。在上述架构下，地方政府通过协调中央金融管理部门及各级金融机构，间接影响其决策；通过落实“党管干部”原则，对地方性金融机构高管的任命，间接体现地方政府意志；通过财政存款等各类行政资源倾斜，间接影响金融机构经营；通过地方政府融资平台公司等方式，间接参与金融市场交易。

（二）变迁过程的启示

改革开放40年来我国中央和地方金融监管职责的演变过程，呈现如下几个特点。

1. 发展地方经济是地方政府关注地方金融发展并获取金融监管权的动力

1978年改革开放以来，计划经济体制发生巨大变化，地方政府在发展地方经济方面获得了更多自主权，相应也要承担更多责任。在经济分权过程中，伴随财政包干、分税制等，改革赋予地方政府较多的财政支配权，与此同时多数国有企业控制权也由中央下放给地方政府，就业、养老、社会保障等责任也随之落到地方政府身上。与此同时，对地方官员的考核机制从政治表现为主逐步转向以GDP为代表的地方经济绩效为主。金融是现代经济的核心，在地方经济发展过程中，争夺更多的金融资源逐渐成为竞争重点。无论20世纪80年代的“金融三乱”现象，还是近年来地方金融的多元化迅猛发展，都是地方经济发展驱动使然，也必然要求地方政府对地方金融的发展和管理予以高度关注。因此，即使在中央集中金融监管体制下，为本地区经济发展和金融稳定，地方政府一直尝试以各种形式参与地方金融监管。

2. 我国的金融监管体制和财政体制改革有相当的相关性

金融监管体制变迁与财政体制改革有很强的同步性和相关性，其逻辑关联在于：1994 年分税制财政体制改革之前，地方财政处于有利地位，地方政府不仅通过财政包干掌握较多财政收入，还可通过金融机构高管的组织人事管理，实际掌握较多的金融资源。中央财政则面临日益增大的财政压力，中央财政收入占全国财政收入比重从 1979 年的 46.8% 一路降至 1993 年的 31.6%。财政压力迫使中央政府做出改革决定，先是 1994 年推行分税制，强化中央财政的调控能力，继而在 1998 年改革金融管理体制，对中国人民银行系统和证券监管、保险监管实施垂直管理，将金融监管权全部上收中央。因此，金融改革在一定程度上与财政压力有关。

从另一个角度看，中央推行分税制和收回金融监管权大大削弱了地方财政实力，地方政府不仅在财政分配中失去了主动性，而且失去了通过金融资源弥补财政缺口的实力，财政压力大增。在压力推动下，地方陆续组建金融办，试图在一定程度上挽回地方对金融资源的控制权，其实质是将属地金融机构作为支持当地经济建设工具的“金融财政化”手段，而将金融监管权视为一种隐性的财政权力，力求通过运用金融监管权为当地中小企业或地方国有企业融资服务，间接提高地方财政收入并推动本地区经济发展。

3. 金融监管权力配置的变迁由中央主导

我国是典型的单一制国家，党中央和中央政府在政治体制中具有高度权威，具体体现为中央政府在资源配置权力和政治力量上的高度集中。由于中央政府在资源配置和制度供给权力上的主导地位，地方金融监管的深度、广度、责任归属等关键要素都由中央政府决定，而地方政府的一些监管需求或探索，也都需要得到中央政府的认可才能取得合法地位并落实到相关政策上。这种中央主导型的制度，其优点是能够通过中央顶层设计自上而下规划、控制金融监管体制改革的方向和节奏。

4. 地方金融监管关系始终没有清晰界定

地方金融监管关系既包括中央政府和地方政府在金融监管层面的权力划分关系，也包括地方金融监管机构和地方金融机构之间的关系。

首先，央地金融监管边界和关系不清晰，地方金融监管权的实现往往由政策驱动，而非法治驱动。回顾地方金融监管体系变迁过程的四个阶段，不论是中央向地方分权还是集中统一监管，都没有任何法律或行政法规明确界定中央与地方的金融监管边界和关系。常见的是在经济发展的某一阶段，根据金融风险的危害性和紧迫程度，根据领导人重要讲话或重要的会议精神来决定和贯彻落实监管权力的“收与放”。

其次，地方金融监管机构与地方金融机构的关系游离于行政管理和金融监管之间。金融监管不同于行政管理，后者是行政体制内部的上下级管理，而金融监管更多是划定政府与市场边界基础上的合理干预。在中央向地方下放金融监管权时，地方政府更多沿袭行政管理的思路，将其管理下的金融机构视为地方税收之外的又一重要财源。这种不准确的定位是以往地方金融监管工作出现混乱以及地方金融机构经营受到不当干预的根本原因，也导致地方金融生态环境难以改善乃至出现地方区域性金融风险集聚的问题。

三、国际地方金融监管的经验与启示

从各国实践看，世界各国对正规金融业普遍实施严格监管。对从事金融活动的其他机构或活动，管理相对宽松，力度一般也不及正规金融机构。但还是着眼于防控金融风险的需要，在考虑交易成本和监管成本的前提下，采取法律规范、分类监管、准入登记等手段进行管理。他山之石，可以攻玉，本部分梳理了相关国家的普遍做法和典型经验。

（一）联邦制政体的分层金融监管

1. 美国

美国属于典型的联邦制政体。在金融监管方面，联邦与州政府实行分权，纵向上设有联邦和州政府两级监管机构，横向上又实行分业多头管理，即双层多头监管体制。在州层面，全美50个州都设有金融管理机构，各自制定并执行本州的金融管理法规，管理对象为在本州注册的银行和其他金融机构。其基本职责包括：制定本州金融管理政策和规章制度并监督金融机构执行；负责州注册机构的注册登记和审批；有权取消管理不善的州金融机构的注册；对州注册金融机构的经营活动进行检查，并要求其按期提供有关经营情况的统计资料；负责执行各种警告、处罚等金融行政管理纪律。实践中，联邦金融监管部门和州金融监管部门注重沟通与合作，为弥补监管重叠、监管真空、监管标准不一致等问题，建立了联邦－州金融监管工作组，共同制定监管标准和监管实务规范，并从节约监管成本角度，对州注册银行实施联合检查。[①] 双层多头的混合监管体制既提供了专业化和全覆盖的广泛监管，使得总体金融风险处于中央政府控制之下，同时地方差异

① 以佐治亚州为例，2011年州银行和金融厅对银行实施的150个检查项目中，单独进行的30个，与联储和联邦存款保险公司联合检查的120个；对信用社实施的49个检查项目中，单独进行的47个，与国家信用社管理局NCUA共同开展的2个。

化的监管手段又适合各种不同类型的机构特别是类金融机构。

2. 加拿大

同为联邦制国家，加拿大金融监管体系以分权、分业为特征，构建了联邦和省分权、协作又高度统一的体系。两级监管协调合作，但无垂直领导和被领导关系。总体看来，联邦层面关注风险体系，地方层面关注金融服务。加拿大银行业和保险业监管权属于联邦，证券监管由各省政府主导。各省设立自己的证券监管部门，负责对证券公司和业务实施监管。除此之外，加拿大地方政府对小微金融也承担监管职责。

（二）单一制政体的微型金融监管

近年来，亚洲一些国家小微金融蓬勃发展，其监管实践和经验对构建和完善我国地方金融监管体制具有重要借鉴价值。

以印度尼西亚为例，其微型金融机构分为三类监管：正规金融机构如商业银行、村镇银行由央行印度尼西亚银行监管；半正规金融机构如合作社、信贷联盟等由中小企业和合作社部负责监管；非正规金融机构如储蓄和贷款服务点、经济商务储蓄和贷款中心等由当地政府监管。此外，监管对象还根据开展业务区域范围的不同接受不同层次的监管，在全国及省域范围内开展业务的由中央政府监管，在市县及乡村开展业务由地方政府相关部门监管，且适用法律规范也不尽相同。

（三）国际上对类金融活动的监管做法

一是普遍按照机构或活动特点、发展阶段、趋势和规律，根据管理成本实施分类管理。对交易规模小、参与者较少、交易方式传统的从事金融活动的其他机构或类金融活动，政府为其提供合法运作平台，纳入法制管理体系。在此类机构的监管中，地方政府往往承担重要责任，如美国、日本对典当行业的管理。

二是将类金融活动合法化，使隐蔽性交易活动公开化、合理化。如为规范民间借贷行为，我国香港出台《放债人条例》，我国台湾依靠《民法》，日本根据《利息限制法》进行调整。出台法律后，监管当局依法实施监管，督导非正规金融在法律许可范围内依据金融市场规则参与活动，同时对违法金融组织或活动进行打击、取缔。

三是建立类金融活动登记制度。设立类金融活动登记机关，并以正式规则予以确立，既有利于保护交易双方合法权益，也有利于监管部门对金融市场监测，降低对非正规金融的交易成本和监管成本。各国一般按照金额、地域范围或参与人数设立起点规模，低于起点的实行自由登记，超过起点的强制登记，并由相关部门承担管理职责。

（四）启示

1. 金融监管纵向配置层级结构与一国政体存在一定关联

在联邦制国家，地方政府往往具有更完整的自主权，而单一制国家，由于中央政府在政治中的权威性和统一性，地方政府往往履行中央决策执行者的角色，自身在公共管理中并没有太多自主权。金融监管体制作为政府提供的公共产品，与所处的政治体制背景息息相关。美国、加拿大等联邦制国家的金融监管体制均实行双层模式，即地方政府具有重要的专门的金融监管职权；而单一制国家中重要的金融机构或金融行业一般都由中央金融监管机构实施监管，地方政府并无专门的监管机构，仅承担有限的沟通、协调职能。

但金融监管层级仅是与一国政体结构关联，并非由后者决定。如德国同为联邦制国家，但地区经济发展差异较小，主要金融机构都由中央监管机构监管。印度尼西亚虽属于单一制国家，但由于小微金融发展迅猛，使得中央政府授权地方开展差异化监管。因此，不能因我国单一制的整体结构而否认地方政府实施金融监管的可行性。

2. 地方政府对类金融活动实施监管具有独特优势，是中央金融监管的必要和有益补充

首先，地方对小微金融活动和类金融活动实施监管具有天然优势。相较于中央政府，地方政府更加了解本地居民和当地习俗，更容易准确掌握当地居民的需求。由地方掌握金融监管权就更容易实现资源的有效、公平配置。地方政府与地方小微金融机构和类金融机构更为接近，更容易做出有利于被监管机构长远利益的监管措施。由地方机构实施属地监管，可以减少地方向中央的请示、报告程序，能够提高效率、降低行政成本，符合成本效率原则。

其次，村镇银行、信用社等小微金融机构与类金融机构分布广、数量多，由地方政府实施属地监管可以极大分担中央的监管压力，从而使中央监管机构专注立法，确保小微和类金融机构监管的方向，防范可能产生的区域性、系统性金融风险。

3. 地方金融发展差异化越大，越需要发挥地方金融监管作用

在地域广阔、地区经济金融发展差异较大的国家，如前述美国和加拿大，之所以采用中央地方分层金融监管体制，不仅受其联邦制政体影响，更重要的是中央政府“一刀切”的统一监管政策可能并不适合各地金融发展现状，而地方政府对地方金融的发展可能更具信息优势。印度尼西亚、日本等单一制国家由于自身经济产业发展的需要，导致地方出现了差异性较大的地方金融业态，这也使得地方金融监管成为现实需求。

在金融业分层监管、纵向分权的国家，总的看中央侧重规则制定，关注审慎监管和防范化解系统性风险，地方侧重金融消费者保护和行为监管，关注金融服务可得性和成本。这一规律为我国进一步完善地方金融监管体制有重要借鉴意义。对我国这样一个经济体量庞大、地域辽阔、地方差异巨大的国家，适当加强地方金融监管可以弥补中央集中监管的不足。在机制设计上，要加强协调，确保监管信息沟通的及时性和顺畅性。

四、适应现代化建设要求的地方金融监管体制的基本框架

地方金融监管体系是现代化金融体系的重要组成部分，是我国金融监管体系纵向配置的结果与表现，是对中央金融监管体系必要和有益的补充，也是当下我国金融体系的重要短板之一。要在本轮金融监管体制改革的基础上，直面当前金融风险表现形式和特征，立足于充分调动中央和地方两个积极性，坚持问题导向，急用先行，统筹规划，努力构建和完善与现代化金融体系相适应的，支持地方实体经济可持续发展的地方金融监管体系。

（一）地方金融监管对象和特征

2017 年全国金融工作会议明确指出：“地方政府要在坚持金融管理主要是中央事权的前提下，按照中央统一规则，强化属地风险处置责任。”中发 23 号文进一步明确地方金融监管的对象为“7 + 4”，即 7 类机构包括小额贷款公司、融资担保公司、区域性股权市场、典当行、融资租赁公司、商业保理公司、地方资产管理公司，4 类机构是指辖区内投资公司、农民专业合作社、社会众筹机构、地方各类交易所。除此之外，省级政府还承担了防范和处置非法集资第一责任人职责，

并负责防范和打击金融欺诈、非法证券期货活动和非法互联网中介等违法违规行为。但相关文件并未明确上述机构和活动划分为地方金融监管的依据和标准。

根据以上的分工，地方金融监管具有以下一些特点。

一是金融监管对象广泛，具有不明确和不确定性的开放特征。明确划归地方监管的“7+4”机构和市场，大部分属于“类金融机构”，部分甚至都不是金融机构，如各类投资公司，部分市场的金融特性并不明显，如各类交易场所。其中涉及的部分机构和市场，并不存在严格的法律界定和市场准入，对于地方金融监管部门而言，监管对象广泛、不明确且不确定是显著特征。此外，地方金融监管部门还承担中央直接管理的金融机构属地风险处置，以及当地除“7+4”机构和市场以外的非法集资、非法经营等职责。这些机构和活动，更不具有明确和确定性，甚至有相当的隐蔽性，开放性特征明显。这意味着地方金融监管当局的监管对象、监管责任的现实边界并不容易界定。

二是地方金融监管的链条并不完整，协调工作复杂繁重。监管既涉及监管活动，还涉及监管法规的制定和修改，更涉及风险处置需要动用的各种金融、行政和司法资源。从目前的分工看，明确归地方金融监管的“7+4”机构和市场，其监管规则的制定权限在中央。这实现了规则制定与实施之间的分立制衡，但也带来规则与监管实施之间的动态调整难度。对于地方的“属地风险处置”，尤其是涉及中央负责监管机构的属地风险处置，风险发现、风险防范化解和风险处置环节有一定分割，带来不同环节之间的协调配合问题。打击非法集资也存在这方面的问题，存在非法集资的法律界定、银保监会新设“打非局”与地方具体的“打非”活动之间的分工协调等问题。

三是与社会稳定高度相关，且大量处于“灰色”地带。地方金融监管对象较为复杂，既有基于传统的业务，也有大量不曾被高度关注和充分研究的业务、模式和创新，原有的信息收集渠道不畅、分析工具缺乏，涉及大量非专业的非合格投资者，且又直接面对金融失败、非法等的人员、资金处置，与社会稳定高度相关。

考虑到我国目前中央和地方监管对象和权限划分并不同于国际上较为通行的业务影响区域标准，是充分考虑我国中央和地方行政特点。为此，我国的地方金融监管理念、框架和逻辑的设计上，也不能仅仅基于水平分工和垂直授权，还应充分考虑所监管对象风险特征，采取与其相一致的监管思路。

（二）地方金融监管的目标设定

1. 维护地方金融秩序

秩序是指自然进程和社会进程中都存在着某种一致性、连续性和确定性。金融秩序意味着在金融市场和金融机构中存在的某种一致性、连续性和确定性。由于经济发展对资金供给的强烈需求，一些地方的高利贷、非法集资、地下钱庄借助互联网和金融科技手段迅猛扩张，对地方金融秩序构成较大威胁。地方金融监管的首要目标是规范地方金融市场和金融机构的经营行为，构建有序的地方金融秩序。

2. 防范区域性金融风险

当前和今后较长时期，防范和化解区域性金融风险是地方金融监管工作的重中之重。在中央和地方金融监管职责分工框架下，既要给地方政府以必要的授权，充分发挥地方积极性；又应坚持对吸收公共资金、风险外溢性较大的金融机构、金融市场以及全局性、重大事权由中央金融管理部门负责。对明确由地方政府负责监管的机构、场所依法严格限定业务范围。例如区域性股权市场应坚持限于为本省区市的企业服务这一原则，防止风险扩散和外溢。

3. 保障地方金融安全

较之于接受中央监管的资金实力雄厚的正规金融机构，地方性金融机构由于自身资本金较少、管理水平较低、抗风险能力偏弱，对金融安全性的要求更高，需要地方金融监管部门营造一个安全的金融环境。金融是现代经济的核心，由于金融在经济生活中的特殊地位和强大渗透力，其一旦失控势必造成整个经济体系的坍塌，甚至引发剧烈的社会动荡。地方金融安全是国家整体金融安全的基础和重要组成部分，对地方社会稳定、经济发展至关重要。

4. 促进地方金融改革与发展

相较于中央金融监管部门，地方金融监管部门在促进地方金融改革和发展方面具有天然优势。一是地缘优势。地方政府置身于地方金融生态之中，能根据地方实际情况做出科学有效的改革决策。二是信息优势。地方金融监管部门对本地区金融市场、金融机构和民间金融体系更为了解，相对于中央金融监管部门具有信息优势。在推进地方金融改革措施时，更能够把握地方金融生态实际，制定出具有针对性、可行性的改革方案。三是利益共同体优势。地方政府及其金融监管部门与地方金融体系是一个紧密联系的利益共同体，具有推动地方金融改革与发展的原动力。

（三）地方金融监管需遵循的基本原则

1. 平衡地方金融监管与发展

以监管促发展、寓发展于监管之中。首先必须加强监管，为发展奠定坚实制度基础。如果监管缺失或者跟不上变化，发展将不可持续。例如近年来对 P2P 平台疏于监管，导致近期因违规操作、资金链断裂而频频倒闭。反之，如果没有发展，出现“死水无微澜”的局面，则监管也会失去本来意义。

对地方而言，要把握好发展与监管的辩证关系，就必须进一步深刻理解服务实体经济与防范金融风险的关系。在金融与实业的发展顺序上，应当优先发展实业，然后根据实业的需求为基础发展金融，源于实业需求基础上的金融能够促进实业进一步发展，而缺乏实体经济基础单独发展的金融往往会导致风险。换言之，真正依托实体经济需求的金融，其风险必定可控。

2. 坚持责权利统一，明确分工加强协调

责权利相统一是金融权力配置法治化的理论逻辑。它首先为划分中央和地方金融监管权的界限提供了基本依据。既往的行政主导式导致收权放权的治乱循环，中央和地方金融监管权限划分一直没有一个明确的标准。将监管主体的权力与其责任、利益挂钩，按照事－权－责－利的标准合理划分监管权力，可以使金融监管权在中央和地方实现法治化有序分配。

其次，责权利相统一为实现金融监管权在中央和地方公平配置提供了必要支持。就权责关系而言，权大于责或权小于责都不公平，唯有使监管主体承担的责任和权力相统一，才可以兼顾中央和地方的监管需求，守住不发生系统性、区域性风险的底线，维护金融体系稳定。就利权关系而言，实现中央与利益结构均衡化，使金融利益沿着金融监管权配置的方向实现公平分配，对央地双方均大有裨益。

最后，责权利统一为防止地方金融监管权异化提供了解决途径。本轮地方金融监管体制改革在为地方金融监管机构正名扩权的同时，建立健全了对监管者的问责制度，有助于确保地方金融监管权在法治框架内良好运行，防止监管主体偏离监管目标和原则，甚至寻求权力寻租的可能。

3. 为地方金融监管提供充分的法律保障和合理监管资源配置

高位阶立法缺失，法律条文的模糊化、原则化是阻碍我国金融监管权配置法治化进程的根本原因。应当秉持依法治国理念。一是在基本法律中合理界定中央和地方金融监管权的边界，使金融监管权的配置有法可依。通过将国家金融政策升格为法律，实现央地金融监管权的法治化划分，使权力在法律框架内有序运行。二是通过立法明确中央和地方在金融监管活动中承担的责任。如规定中央对全国性重大风险事件承担监管责任，并对各地方政府的金融监管履职行为定期实施评估并开展后续问责；地方政府承担区域性金融监管和风险处置责任，并建立省级政府对地方金融监管部门以及地方金融监管部门代表省级政府对下级政府的监管问责制度。

4. 从功能监管入手，以行为监管为主

地方金融监管应坚持功能监管视角，将辖区内发挥金融功能的机构、场所或业务活动一律纳入监管范围，避免出现机构监管视角下的监管真空。

同时要注意地方新兴金融机构与传统金融机构在资金流向、风险配比、经营对象等方面存在的巨大差异。地方金融机构规模小、资金流动迅速、业态多变，资金流向多从富人流向穷人，不吸收公众存款因而风险集中于资产端，风险外溢性较小，传统的以资本充足率监管为核心的审慎监管指标体系并不十分适合。

现实中，近年来地方金融风险及乱象更多体现为违法违规行为，地方性金融机构违规参与民间金融活动、无照或超范围经营、非法集资、金融诈骗等风险事件屡有发生，反映出地方金融经营行为和市场秩序的缺失。因此，对地方金融监管的重点应明确转向经营行为，通过实施强有力的行为监管确保地方金融机构和场所经营行为守法合规，营造公平、透明及有序的金融市场环境并切实保护金融消费者合法权益。

5. 充分利用监管科技手段，及时发现和处置风险隐患

面对地方金融领域的创新浪潮，地方金融监管必须跟上。要力争实现“魔高一尺，道高一丈”，不断研究新情况、新问题，改进现行监管方式。既要充分利用信息技术方式，例如云计算、大数据、微信等，动态监控相关情况，注重分析趋势和特点，实现全流程预警和监控。同时积极运用信息技术为监管对象提供便利、降低成本，例如在行政许可、年检等方面可允许远程报送数据，代替纸质文件和现场实地报送。

五、完善我国地方金融发展与监管体制的政策建议

（一）进一步明确中央和地方金融监管职责分工

建议根据金融业态的运行状况和风险特征，结合中央和地方的专业能力与信息优势，可考虑将地方金融监管部门的职责明确界定为以下三个方面。

一是负责中央监管部门法定监管范围之外的，吸收少量客户资金、杠杆倍数严格受限、限定业务范围、风险外溢性较小的所有新型金融组织和金融活动；

二是按照属地管理原则，有效防范和打击金融欺诈、非法集资等各类违法违规活动；

三是强化金融投资者和消费者保护。

此外，地方金融监管部门应专注于金融监管，有必要隔离监管职

能与发展职能。地方金融监管局宜将制定金融产业发展规划和政策、营造一流金融生态环境作为推动地方金融发展的主要职责，不得干预金融资源市场化配置和金融机构自主经营。

（二）尽快研究确定地方金融监管对象的法律含义、风险特征和监管要求

中央已明确地方金融监管对象为“7+4”，但由于中央监管部门尚未出台这些机构的规则，有必要尽快明确。

一是尽快明确地方监管对象的法律含义。特别是涉及“区内投资公司”和“地方各类交易所”，具体的法律含义并不清晰，且这些机构成分复杂，相当部分与金融没有关系，有必要明确这些对象的法律定义。

二是需研究并确定针对“7+4”对象的监管逻辑。一般来说，传统金融机构是基于“俱乐部”制的监管逻辑，采取持牌经营模式。我国也重申了金融机构的持牌经营要求，任何机构非经有权核准的机构通过合理程序批准获得牌照不得经营金融业务。但地方金融监管的相当部分机构，如投资公司、融资租赁公司等，在法律上并不要求获得有关部门的牌照，在“先证后照”的“放管服”框架下，可以只获得工商注册后就可从事相关业务。这不同于传统金融机构的监管逻辑。

三是地方监管部门的监管对象有不同风险特征，需采取不同于传统金融机构的监管要求和方法。认真考察地方金融监管的“7+4”对象，既存在间接融资机构的基于资本金的风险吸收方式，也存在直接融资的基于行为的信息披露风险自担方式。但都对其杠杆率有严格要求，且不允许吸收公众存款，也基本无法获得央行的流动性支持。因此，这些机构如果严格按照规定运营，其风险特别是系统性风险较小，

并不需要过于严格的监管。这些机构的监管更多应关注其行为，特别是要保证这些机构严格按照经营范围经营。为提高地方金融监管效率，在监管方法上可引入负面清单和备案管理制度。

（三）明晰风险处置责任，完善配套保障制度

1. 明确中央和地方的协调机制

中央制定的规则和地方的监管实践需相互促进，风险事件发生后宜建立后评估机制，及时修订规则，改善和提高监管能力。由中央负责监管的机构，最终地方参与风险处置后，建议在金融机构出现风险预警时，及时引入地方监管力量，信息合理共享，形成合力。为获得必要的信息，有必要合理设计不同层级不同种类监管机构介入监管和风险处置的条件、程序。

2. 按照权责对等原则，明晰地方政府属地风险处置责任

对中央金融管理部门实施监管的金融机构，地方政府只承担存款保险制度、证券投资者保护基金、保险保障基金赔付后的剩余资金救助责任，主要是配合中央金融管理部门做好风险处置过程中维护社会稳定工作。对地方实施监管的机构场所的风险处置，地方政府既要承担机构股东、高管人员自救之外的资金救助责任，也要承担维持社会稳定的责任。

3. 在省级层面统筹设立地方金融风险救助基金，形成风险救助基金与存款保险基金、证券投资者保护基金以及保险保障基金互为补充的制度安排

救助基金由地方政府引导设立，地方监管的各类机构承担出资责任，实施基于经营状况和风险状况评级结果的差异化费率。地方财政亦按一定比例出资，强化对地方政府的约束机制：如果地方政府不当

行使金融监管权力，干预地方金融发展，造成金融风险，地方金融风险救助基金的救助责任就越大，地方政府财政支出压力相应提升，以此构建起地方政府与中央政府之间的风险隔离安排，进而落实各自风险处置责任。

4. 在地方设立统一的投资者和消费者保护机构

地方金融监管和非法金融活动（集资）不同于传统金融机构的监管，投资者和消费者的教育、分散的弱势群体权利保护、对金融活动营销活动的管理是关键。因此，投资者和消费保护机构在这些方面都可以发挥重要作用，为此建议在地方设立统一的投资者和消费者保护机构，为地方金融监管和风险处置提供一个有力的防范和处理工具。

（四）提升地方金融监管能力和效率

1. 加快地方金融领域的法治建设，给予地方金融监管明确的法律地位，央地尽快出台相应的监管规章

一是以法律形式明确中央地方金融事权划分。落实金融业“十三五”规划有关“完善地方金融监管法律制度，明确法律依据和授权”的相关要求，尽快启动制定《地方金融监管条例》，在行政法规层面正式授权省级政府对“7 +4”类机构和市场实施监管，从根本上解决地方监管机构行政执法权限等问题，落实国务院金融委要求地方政府业务监督和履职问责的相关要求。该条例实施3 ~5 年之后，可以总结经验，对目前的事权划分做必要调整，补充目前尚未涵盖的新型金融业态，相应启动人大《地方金融监管法》立法工作。

二是中央金融管理部门加快推进“7 +4”类机构和市场各自监管规则的“立改废”工作，总结实践经验，提升监管规则的效力层级。

三是推动各省区市制定或修订《地方金融管理条例》。大幅提高违法成本，加强执法力量和保障，有效解决执法偏松软的问题。落实省级政府对金融监管局以及金融监管局代表省级政府对下级政府问责的机制[①]。

四是在中央统一监管规则和地方金融条例基础上，各省级政府制定“7 + 4”类机构和市场的监管规章，明确市场准入、日常监管、行政处罚、市场退出等各环节的操作规程。

2. 明确市县金融监管职能，并配备必要的监管人员，探索地方金融监管局的独立性制度安排

地方金融机构和义务大量集中于市县一级，有必要在省统筹监管的基础上强化市县监管力量。强化金融监管职责，合理界定监管局内部处室的责任边界，实现局内发展业务、监管业务和协调业务职能适度分离。研究探索确保下级地方金融监管局独立性的制度安排。加强省级地方金融监管局对下级政府地方金融监管局的指导和监督，明确县级以上人民政府对金融风险的属地管辖责任，明确市县区地方金融监管部门主要负责人任免必须事先征求上级地方金融监管部门意见。在条件具备的省区市（如山东）推行省级以下地方金融监管部门垂直管理。在垂直管理模式下，地方各级人民政府承担地方金融发展和协助风险处置的责任不变，日常监管任务则统一由省级政府金融监管部门及其派出机构承担，以此确保地方金融监管的独立性和权威。

3. 可考虑构建中央与地方金融监管统筹协调机制

建立地方金融监管局与金融委办公室对接并报告的常态化工作机制，促进央地监管部门的信息沟通、经验分享和协同合作。地方政府

---

① 需要注意的是，如果没有明确中央统一制定的基本原则或最低监管标准，而放任各省区市以地方立法形式规范“7 + 4”类机构和市场的监管，在监管竞次之下可能重现全国监管标准不一致的问题。

可根据职责分工和各自优势建立地方金融监管和金融风险处置协调机制。

4. 可建立综合性金融监管信息平台，运用监管科技提升监管效能

建立中央与地方金融监管部门指标参数、信息集合、交换与共享的机制。条件成熟时可运用大数据、云计算等技术搭建全国统一的金融监管平台，地方统一使用此监管平台，并通过平台报送相关金融监管动态数据信息，实现对各类金融机构和金融行为全方位、全时段的筛查、甄别、预警，及时有效防控金融风险，全面提高金融监管的质量和水平。借鉴广东、北京等地推出的海豚指数、冒烟指数等经验，大力推动监管科技的实践应用，鼓励各地有效整合信息资源，利用大数据智能分析，提高风险监测预警的信息含量，真正实现金融风险的“早识别、早预警、早发现、早处置”。

执笔人：王　刚　陈道富①

参考文献

[1] 张承惠，陈道富等．我国金融监管架构重构研究．北京：中国发展出版社，2016
[2] 中国人民银行金融稳定分析小组．中国金融稳定报告．北京：中国金融出版社，2018
[3] 殷勇．进一步完善我国地方金融监管的几点思考．中国财富管理 50 人论坛，2018
[4] 刘志伟．地方金融监管分权：协同缺失与补正路径．上海金融，2017（1）
[5] 段志国．分权背景下的地方金融监管权研究．中央财经大学博士学位论文，2016
[6] 洪正，胡勇峰．中国式金融分权．经济学季刊，2017（2）
[7] 宁子昂．中央与地方双层金融监管体制的形成与完善．经济纵横，2018（5）

① 清华大学公共管理学院曹胜熙博士承担了素材搜集整理等重要的基础性工作。

专题九

发展金融科技　提升我国金融监管能力

2015年以来，我国金融科技进入快速发展期。从金融监管角度来看，金融科技发展一方面对金融产品创新、金融机构运营模式、金融业态等产生深刻影响，进而对金融监管提出新挑战，另一方面又赋予了金融监管新的技术手段，从而提升了金融监管能力。监管部门需要在发展金融科技尤其是监管科技基础上，从维护国家金融安全的高度，持续提升监管效率和监管能力，推进构建现代化金融体系。

一、我国金融科技发展现状与趋势

（一）我国金融科技发展阶段

从广义上看，金融科技很早就已经在我国出现，结合我国科技和政策等多方面实际情况，可以将我国金融科技发展划分为以下三个阶段。

第一个阶段是金融科技的诞生阶段。2015年之前，金融科技仅仅表现为技术进步引致的传统金融业经营效率的一般性提高，以及网上银行、手机银行服务模式的普及等，尚未引起业界、学术界和政府部门的高度重视。此时的金融科技，其概念界定、内涵与外延相对简单，主要推动者是传统金融机构，发展路径是以增加用户使用数量为主要目标的用户规模推动。值得关注的是，这一阶段，以支付宝和微信支付[①]为代表的第三方支付已经出现，且与传统金融业技术进步有了明显差别，为我国金融科技的爆发式发展奠定了基础。

第二个阶段是金融科技的初步发展阶段。2015～2018 年，金融科技成为我国金融业高度关注的核心话题，多次在各级政府关于经济、科技、产业、新区/试验区的政策文件中被提及。这一阶段主要表现为两个方面：一是互联网金融呈现爆发式发展态势。2015 年 7 月《国务院关于积极推进“互联网＋”行动的指导意见》正式发布，以期“发挥‘互联网＋’对稳增长、促改革、调结构、惠民生、防风险的重要作用”。但与此同时，“校园贷”“现金贷”、集资诈骗、借贷平台“暴雷”等问题层出不穷，互联网金融引发的金融犯罪问题已经不仅是一个金融问题，而更是一个严重的社会问题。为此，相关政府部门自 2017 年开始严厉规范整顿互联网金融，总体上采取了偏紧的监管政策。二是新兴科技在金融业加速落地。以大数据、云计算、人工智能、区块链为代表的新兴科技在金融业应用速度加快，在支付结算、存贷款与资本筹集、投资管理、基础设施等领域对金融业发展产生较大影响，技术进步成为推动金融科技持续发展的主要动力。相关机构研究发现，近年来金融科技的发展，不仅对金融业态、金融产品、融资模式、金融服务、金融监管、金融消费者保护等产生重大影响，甚至在一定程度上影响到我国金融业改革发展走向。

第三个阶段是金融科技的可持续创新发展阶段。2019 年以来，在监管政策趋严、科技应用加速等背景下，我国金融科技迈入新发展阶

---

① 支付宝于 2003 年 10 月正式创立，2004 年从淘宝网拆分，2011 年获得央行颁发的国内第一张《支付业务许可证》。2013 年 8 月，微信与财付通合作推出微信支付。

段。一方面，在互联网金融被严格管控的情况下，以技术创新、模式创新带来的金融科技创新将发挥更大作用。另一方面，人工智能、智能界面、5G 网络等[①]将给金融科技带来新的发展动力，信息、技术、机构的结合度将更加深入。在此情况下，金融科技将给金融业带来更大的发展机遇，同时也有可能带来更大的风险。同时，我国对金融科技做出了更为明晰的发展规划。2019 年 8 月，央行发布了《金融科技（FinTech）发展规划（2019—2021 年）》，提出建立健全我国金融科技发展的“四梁八柱”，进一步增强金融业科技应用能力，实现金融与科技深度融合、协调发展，推动我国金融科技发展居于国际领先水平，实现金融科技应用先进可控、金融服务能力稳步增强、金融风控水平明显提高、金融监管效能持续提升、金融科技支撑不断完善、金融科技产业繁荣发展。

（二）我国金融科技发展现状

2015 年以来，我国金融科技行业相关指标数据均呈现持续增长态势。从投融资规模来看，2018 年我国金融科技投融资事件为 615 笔，占全球总数的 56.1%，大幅领先于排名第二位和第三位的美国（153 笔）和印度（114 笔）[②]。

总体而言，我国金融科技的发展特征主要包括以下几点。

首先，金融科技发展具有典型的“自下而上”特征。由于金融机构市场准入的严格限制，成立以金融科技为主业的实体被经营主体视

---

① 德勤（Deloitte）：《2019 年技术趋势报告——超越数字前沿》（*Tech Trends 2019 Beyond the Digital Frontier*）。

② 资料来源：零壹数据。需要说明的是，鉴于数据口径不同，不同研究机构给出的数据存在一定差异。

为进入金融业的通道，这成为我国金融科技快速发展的重要动力之一。在金融科技发展到一定阶段后，政府才开始从发展和监管角度针对新形势、新问题出台了以鼓励、引导、调整、控制为原则的政策措施。

其次，金融科技发展的主体多元化特征明显。与很多国家依赖传统金融机构发展金融科技的经验不同，我国金融科技发展呈现出多主体化特征。部分以第三方支付起家的互联网公司、以金融基础设施建设为主要业务的偏技术类金融科技公司与传统金融机构既存在一定程度的竞争，同时又呈现出互利共生的关系。

最后，从世界范围来看，我国金融科技发展居于前列。受益于国内市场规模大、传统金融市场准入管制严格、电商发展快等因素，目前我国金融科技在多个领域处于国际领先地位。这有可能成为我国金融发展“弯道超车”、金融业国际竞争力显著增强的重要抓手。

（三）我国金融科技未来发展趋势

未来一段时间内，我国金融科技仍将处于快速发展期。我国金融科技仍有望保持国际领先地位；金融科技发展将回归技术本源，技术创新与技术突破将成为其可持续发展的主要保证，金融科技企业将不再过度依靠金融服务和流量获客，而是更加注重科技研发，这有可能成为大型金融科技企业维持市场优势的重要助力和创新创业型科技企业快速发展的突破口；大型金融科技企业将加速市场布局，可能会通过持续并购加速行业整合；传统金融机构将更加重视金融科技对金融业发展的深远影响，加强与金融科技公司合作力度，金融科技产业规模有望持续上升；监管科技作为金融科技重要内容将获得更大发展空间，并推动金融监管能力的提升。

二、金融科技对我国金融监管的影响

对我国金融监管而言，金融科技的飞速发展是一把“双刃剑”。一方面，随着金融科技的发展，传统监管手段表现出落后或失灵现象，大量金融创新业务绕过传统监管野蛮发展，金融风险的复杂性、隐蔽性和多样性增加，金融监管有效性受到挑战；另一方面，金融科技又从宏观和微观层面为金融监管水平提升提供了新机遇。

（一）金融科技对传统金融监管的挑战

金融科技对金融监管的挑战主要表现为两方面：一是金融科技在一定程度上加剧了金融市场波动，引发潜在系统性风险，为违反经济金融法规的新型犯罪提供了技术条件，使得传统监管方式难以及时防范和应对；二是金融科技发展为金融业发展提供了新动力，也为金融监管水平提升准备了必要的技术基础，金融监管如何与金融机构、金融市场、金融产品和服务等相适应、相配合、相协调，是需要政府监管部门重点考虑的问题。具体来看如下。

1. 金融科技对金融监管有效性提出了更高要求

首先，金融科技的发展模糊了传统金融业务界限，银行、保险、证券业务结合度明显提高，混业经营的金融机构通过金融科技可以更加有效地创新金融产品和金融服务。随着金融体系复杂性的增大，现有监管框架可能难以从宏观层面适应金融科技发展带来的新变化。

其次，金融科技模糊了行业边界，金融科技市场主体既包括传统金融领域的银行、保险公司、证券公司、资产管理公司、小额信贷和担保公司等，也包括以改善金融基础设施为主要业务的技术公司和互联网企业，以个人消费、第三方支付起家的互联网企业，植根于互联网的新型金融机构[①]以及各类没有获得正规牌照的不合规甚至违法企业，这些机构之间的互动性和关联性有所增加。在此情况下，机构监管的范围、重点、措施、方式等都需要加以改变。

最后，跨行业、多类型的金融机构和金融产品使得金融监管外延有所扩大，监管机构难以准确识别更趋复杂多变的风险表象和实质。金融风险的来源可能不仅是金融机构，还可能是与金融科技相关的其他生产和服务型企业，这使得金融风险的扩散效应大大增加，监管机构难以有效判断各类新型金融产品的风险特征。例如，一些金融科技公司以高科技为掩护开发的产品具有较强迷惑性，但其与传统的金融产品并没有发生本质变化。监管机构有可能无法关注到这一类产品，或对这类产品缺乏监管对策。

2. 金融科技对金融监管范围提出了更高要求

首先，需要对金融脱媒风险进行监管。金融科技增加了金融“脱媒风险”[②]（“金融非中介化风险”），在信贷、保险、担保、财务信托管理等方面，供求双方可以凭借更加快捷便利的科技手段直接对接。金融脱媒使得金融交易特别是与信贷相关的金融交易，能够在现有受监管的金融渠道之外完成，这些交易脱离了传统金融监管，或者难以被传统监管技术手段关注或“捕捉”到，这在很大程度上降低了金融监管的有效性。

其次，需要对技术风险进行监管。未来一段时间内，随着金融发展越来越依靠以强大技术支撑为基础的交易平台，技术风险有可能引发金融风险。一旦技术运行和维护发生故障、黑客入侵、技术人员操

---

① 如众安保险、百信银行等。

② 孙国峰：“发展监管科技构筑金融新生态”，《清华金融评论》2018 年第 3 期。

作不当时，金融监管如何介入，采取何种监管和处罚措施，能否对技术风险有效认知，尚没有明确答案。

最后，需要对金融数据和信息安全进行监管。金融科技使得金融交易主体大幅增加，大量金融交易数据和复杂的金融技术应用带来了未知的金融风险，监管机构难以凭借足够的人力、时间投入和专业技术水平对海量数据进行监管，难以充分保护金融消费者的隐私权、知情权、选择权。例如，在数据监管方面，许多以第三方支付为主的金融科技参与者并没有完全受到金融监管，但其掌握了大量用户基本数据和金融交易数据，这些数据一旦泄露或被用来不当得利，将使得金融风险更隐蔽、更快速地传播。

3. 金融科技对金融监管的应对机制提出了更高要求

金融科技推动了全球金融一体化的进一步发展，同时使金融风险扩散越来越不会受到受地理空间、技术障碍等因素的制约。全球各地金融市场动荡都有可能带来“蝴蝶效应”[①]，国外金融风险对我国金融市场的影响将显著增大。同时，金融科技使得重大突发金融事件带来的负面影响扩大化，市场主体“羊群效应”以及“市场共振”现象更加明显。在此情况下，监管机构在短时间内应对风险扩散效应，合理引导市场预期，避免监管失灵的难度加大。

（二）金融科技推动金融监管升级发展

1. 从宏观层面看，有利于建立新型监管框架

目前，虽然金融科技没有从根本上改变金融业运行模式，也基本

---

① 广义而言，指某一事物、某一节点、某一步骤、某一随机事件微小的变化，能够带动整个系统、整个世界的长期的、宏观的、巨大的连锁反应。简单而言，即事物微小的变化能影响事物的整体发展。

没有影响到金融体系整体稳定，但伴随着技术进步带来的生产力提升，其有可能从根本上改变金融运行体系框架和金融监管框架。首先，金融科技为金融监管基础设施的更新换代提供了物质基础。金融科技进步带来的监管科技进步不是某一方面技术的小修小补，而是为建立基于技术进步的新型监管框架提供了技术保障。其次，金融科技带来了金融监管理念的重大改变。如上所述，金融监管所面临的挑战使得监管机构不得不跳出原有监管框架，重新审视金融监管问题，需要根据金融科技进步引致的新情况、新问题，建立符合市场经济发展规律和金融市场发展规律的，具有包容性、灵活性、科学性和前瞻性的新型监管框架。最后，金融科技有助于监管机构对我国金融机构和金融科技企业的国内外统一监管。这避免了对同一市场主体的监管割裂问题和国外监管不足的问题，强化了监管的统一性和连贯性。

2. 从微观层面看，有利于提升监管效率和监管水平

金融科技在金融监管上的应用，有利于扩大监管覆盖面，提升监管效率，降低监管成本，有利于金融监管机构发挥防范重大金融风险的作用。总体而言，现有金融科技对金融监管的推动作用主要如下。一是区块链技术。区块链去中心化、去中介化和分布式账本的三大特征，有利于金融监管机构建立更加安全、成本更低的监管系统。同时，区块链技术可以提高监管透明度和信息公开度，有效减少操作风险和道德风险。二是大数据和云计算技术。大数据和云计算可以大大降低监管部门的数据获取和数据分析成本，通过建立数据库，使监管部门在短时间内识别异常数据和违规交易，处理海量数据和信息并做出分析判断。三是人工智能技术。依靠规则推理和自我学习，人工智能可以在数据归集和计算的基础上，通过构建模型更好地识别系统性风险，及时发出预警信号，预测金融犯罪的可能性。总体而言，金融科技在监管端的运用可以归纳为数据收集和数据分析两大方面，金融科技的运用有利于数据收集过程中形成报告（自动化报告、实时检测报告），进行数据管理（数据整合、数据确认、数据可视化、大数据处理），通过虚拟助手采集消费者、被监管机构相关信息并进行交流；有利于市场监管、不端行为检测分析、微观审慎监管和宏观审慎监管四个方面的数据分析[①]。

三、我国监管科技发展现状与趋势

随着金融科技的发展，金融监管需要面对上述诸多挑战，同时抓住技术进步带来的监管水平提升的机遇。在此背景下，监管科技（Reg Tech）[②] 作为金融科技的重要组成部分，就成为实现上述目标的最直接抓手。目前，我国监管科技尚处于初步发展阶段，但未来有可能对金融监管发展产生重要影响。

（一）国外监管科技发展现状

根据 FinTech Global 的统计数据，全球合规科技投资规模持续扩大，2017 年投资总额约为 10.6 亿美元，2018 年第一季度投资总额超过 5 亿美元；交易笔数从 2014 年 102 笔增长至 2016 年 114 笔，同期投资额增长了 40%；尽管 2017 交易笔数减至 100 个，但投资增加了近 1

---

① 部分内容参考了京东金融研究院发布的研究报告《Suptech：监管科技在监管端的运用》（2018 年 8 月）的观点。

② 狭义的监管科技是指服务政府部门监管需求和被监管机构合规需求的最新科技，广义的监管科技还包括与之相关的监管理念和政策框架。对监管部门而言，是“监管科技”；对金融机构和金融科技企业而言，是“合规科技”。本文中，在标题中出现的“监管科技”包括“监管科技”和“合规科技”；在正文中出现的“监管科技”一般指与“合规科技”并列的“监管科技”。

亿美元（见图9－1）。

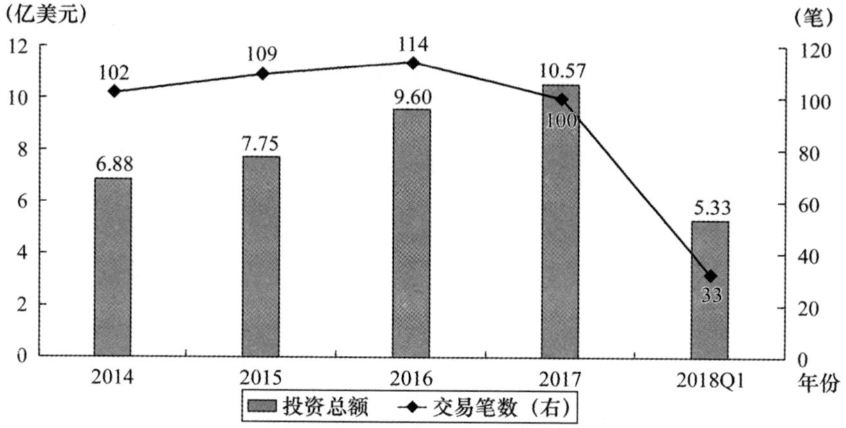

图9－1　2014年至2018年第一季度全球合规科技投资额

资料来源：FinTech Global。

1. 美国

2013年至2017年第三季度，美国的合规科技企业达成的投资频次占全球合规科技投资频次总数的73.3%①。美国金融监管主要是基于混业经营的功能性监管，监管科技的发展也服从于这一需要。2008年金融危机之后，美国开始运用云计算、人工智能提升监管水平，探索在证券市场上通过对描述性信息的积累和交易活动的跟踪，运用大数据对市场主体的行为进行归类和预测。例如，美国证券交易委员会（SEC）通过机器学习的方法预测投资者的行为，建立高级交易调查系统（ARTEMIS）和数据库，以此为基础监控欺诈犯罪和监管渎职问题；开发可扩展商业报告语言（XBRL）和市场信息数据分析系统（MIDAS），提高数据质量，及时跟踪各类市场事件，增强市场透明性。目前，美国已经建立较为完善的金融科技政策法规体系，这为监管科技的发展提供了坚实的制度保障。

① 数据来自CB Insights：《全球监管科技发展趋势报告》，2017年。

2. 英国

英国将金融科技作为金融发展的重要目标，监管科技的发展方向是服务于适度谨慎的监管框架，成立了创新中心，创新中心进一步细分为监管科技和大数据分析、支持创新的部门、内部数据服务部门。其中，支持创新的部门可以为企业提供“咨询”（Advice Unit）、“监管沙盒”（Regulatory Sand Box）等服务。创新部门同时为监管和被监管双方提供支持。是否对被监管对象提供支持主要考虑两个因素：一为是否创新；二为是否惠及消费者。需要进行业务测试的企业可以通过申请进入监管沙盒，通过在沙盒内与监管部门进行沟通，降低牌照申请的合规成本。

3. 欧盟

欧盟国家将增强监管科技能力和意识作为重点，正在基于人工智能和机器学习以及复杂的网络技术构建，及时发现信用卡欺诈、洗钱等金融犯罪行为。这些监管科技将监测到的数据整合到金融机构的实时决策中，在不需要人工干预的情况下实现客户的自动交互和身份验证。同时，欧盟对区块链和分布式账本技术愈加重视，强调客户身份综合信息识别以及全面的尽职调查，以此加强对虚拟货币及其交易渠道以及由此衍生出的不合规交易行为的监管。例如，波兰的金融科技公司（Coinfirm）已经可以对金融消费者的加密数字货币地址进行分析，以此判断其是否参与金融犯罪，并自动生成风险评估报告；比利时的金融科技公司（Block Pass）通过区域链技术可以几乎零成本地获取客户信息并加以真实性验证，大大降低了用户调查（Know Your Customer，KYC）的时间和成本[①]。

① 上述两个案例引自：杨宇焰：“金融监管科技的实践探索、未来展望与政策建议”，《金融监管》2007 年第 11 期。

总体而言，国外监管科技的应用和主要作用主要体现在：一是在监管框架层面高度重视监管科技的发展，机关机构成立相关部门专门研究并实践监管科技，鼓励金融科技企业与监管部门更好地沟通与交流。二是人工智能和机器学习，主要通过机器分析市场主体的行为性做出预测，提高对潜在风险的洞察力和金融犯罪的预判力。三是区块链和客户识别，将其用于信息真实性甄别和客户信息分析。除此之外，建立在数据挖掘基础上的数据库以及对各种数据的计算处理（即大数据和云计算），已经成为当前以及未来一段时间内各国监管科技发展的基础，被许多国家将其与其他监管科技相结合，运用于监管流程再造、减低监管成本之中。

（二）我国监管科技发展现状与趋势

虽然金融科技处于国际领先水平，但我国监管科技发展尚处于初级阶段，与美国等发达国家仍存在一定差距。从政府和金融机构、监管和合规两个层面来看，我国监管科技发展现状及未来发展趋势如下。

1. 我国监管科技发展现状

（1）政府层面

我国政府已经认识到监管科技的重要性，并从组织层面、制度层面、技术层面逐步推进。从组织层面上看，2017 年 5 月，为加强金融科技相关工作的研究规划和统筹协调，中国人民银行正式设立金融科技委员会，其三大工作职责之一，就是“强化监管科技应用实践，积极利用大数据、人工智能、云计算等技术丰富金融监管手段，提升跨行业、跨市场交叉性金融风险的甄别、防范和化解能力”。此外，地方监管机构也进行了一些实践，如上海证监局做好人才队伍建设，招聘大数据专业人才，专门从事模拟分析不同账户关联性的工作，以期发挥大数据挖掘在合规监管中的作用。

从制度层面来看，政府部门已着手制定政策措施鼓励监管科技的发展。2017 年 6 月底，中国人民银行印发了《中国金融业信息技术“十三五”发展规划》（2016—2020 年），提出“探索基于大数据、人工智能等技术的穿透式监管方法，加强跨行业、跨市场交叉性金融产品的监管，提升金融风险甄别、防范与化解能力，健全与监管科技发展相匹配的金融监管体系”，并对金融机构合规科技发展提出了新的要求。2018 年 8 月底，证监会印发了《中国证监会监管科技总体建设方案》，提出了监管科技建设的意义、原则和目标，明确了监管科技 1.0、2.0、3.0 版各类信息化建设的工作需求和工作内容。这也是我国第一次发布关于监管科技的专门性规划方案，对我国监管科技发展具有重要的引导和推动作用。

从技术层面来看，金融监管部门升级和上线了反洗钱监测分析系统、反洗钱监管档案系统、资本市场中央监管信息平台、统计信息系统等重要系统，着力推动监管数据的统一收集、整理和应用，初步构建了涵盖反洗钱、银行业务、资本市场、保险业务的监管体系，有效提高了金融监管效能①。例如，北京地方金融监管局（原北京金融工作局）已在探索构建以区块链为底层技术的互联网金融风险监控系统，及时分析交易数据并对异常交易及时反应。

（2）金融机构和金融科技公司层面

金融机构和金融科技公司是发展合规科技的主力军。首先，部分金融机构已经启动了合规监管技术的应用工作，偏重于通过大数据、

① 摘自《中国金融业信息技术“十三五”发展规划》。

数据挖掘、区块链和生物识别技术建立风险监测预警系统、客户识别分析系统、客户信用评级系统、业务实时监控系统等，以提高应对合规监管的能力和效率。其次，金融科技公司重视合规科技的运用，除做好自身风险管理、应对金融监管要求外，主要目的是更好地开拓获客渠道，为未来合规科技盈利铺平道路。例如，京东金融运用生物识别、设备指纹等初级人工智能技术，建立反洗钱模型，提升客户识别的准确程度。再如，蚂蚁金服与阿里巴巴旗下所有平台的数据完全共享，对平台企业的上百条指标数据进行综合分析，建立平台所有交易主体的信用评级模型。

2. 我国监管科技发展未来趋势

在合规科技方面，合规科技市场前景广阔，与之相关的投融资规模将持续增加，合规科技的运用场景将更加丰富；人工智能将得到更多的研发和应用，合规科技在降低合规成本、提升合规效率方面的作用将更加明显，金融机构和金融科技公司将更有针对性地接受金融监管。在监管科技方面，与之相关的正式制度安排将更加健全，监管科技制度化建设进程加快，监管科技将在金融监管全链条上使用，监管部门与金融机构和金融科技公司之间的合作水平将持续加强，监管部门的数据治理能力将进一步提升。

四、利用金融科技提高我国金融监管能力的对策建议

从建设我国面向现代化的金融体系，维护国家金融安全的角度出发，建议我国把握金融科技发展大势，加强利用科技提升金融监管能力的顶层设计，大力发展监管科技，加强国际交流合作，持续提升金融监管质量。

（一）加强利用科技提升金融监管能力的顶层设计

以目前我国金融科技的发展状况来看，一方面，金融科技的巨大进步为监管水平的提升提供了较好的基础，监管部门应该顺应我国经济金融发展的时代潮流，利用金融科技、监管科技的进步尽快提升监管质量；另一方面，监管部门也需要重新审视金融科技带来的金融业发展新变化，同时将金融科技带来的金融创新纳入监管范围。相关建议如下。

首先，深刻认识金融科技“双刃剑”作用。如前所述，当前金融科技的发展是其发展到一定阶段后“质”的提升，其将在中长期内起到改变金融业态、优化金融业发展模式、扩大金融对实体经济和虚拟经济影响力、助力现代化金融体系构建的巨大作用。与此同时，金融科技也会带来金融风险实质和表象的双重演变，尤其是在金融科技高速发展、发展方向尚未明确的阶段，其有可能增大金融市场运行的不确定性。社会各界需要尽可能从思想理念上就此达成共识，进而做出有利于社会主义现代化金融体系构建的制度安排。

其次，从维护金融稳定、防范金融风险的高度，从国家经济社会宏观发展的高度提出监管科技发展战略规划，尽快建立金融科技可持续发展基础上的金融监管长效机制。在此战略规划中，可以将利用金融科技提升监管水平和效率、加强对金融科技、金融创新引致的新风险的监管作为重要内容，明确政府部门对金融科技、监管科技的态度、政策导向和保障机制，从监管层面给予金融科技企业和金融机构正面预期；从国内、国外两个方面看待金融监管问题，结合我国“一带一路”建设和开放型经济新格局法人的构建，将金融科技基础上的金融监管与防范国际金融风险、提高我国国际金融竞争力、保护我国海外金融权益相结合。

最后，构建监管科技中央、地方协同发展机制。一方面，在中央层面，监管部门可以根据银行、证券、保险、信托等在发展金融科技方面的行业特点，发布以发展金融科技、提升金融监管水平为主题的政策性指导意见，试点对金融机构和金融科技企业的分层次监管，明确具体的监管原则、监管目标、监管范围、监管手段、监管方式，明确金融创新底线和边界，引导各类金融机构、相关金融科技公司发展金融科技尤其是合规科技，以适应监管新要求新理念。另一方面，在地方层面，地方金融监管机构可以根据本地金融发展、产业发展实际及其未来规划制定金融科技提升金融监管的政策措施，同时分类制定关于全国性金融机构的分支机构、本地金融机构和本地金融科技公司的合规科技发展政策：对全国性金融机构的分支机构，鼓励其在执行总部相关要求的同时，根据本地监管实际发展合规科技，并将总部好的经验在本地推广；对本地金融机构和本地金融科技公司，要在严控合规底线的同时，鼓励部分创新潜力大、研发能力强的机构发展合规科技，增强地方金融监管的本土化、特色化和实用性。

（二）大力推动监管科技持续发展

发展监管科技，是顺应全球金融科技进步和金融监管趋紧的趋势，通过技术进步实现我国金融监管水平快速提升的主要实现途径和技术手段。同时，监管科技可以在很大程度上使金融监管由被动式监管转变为主动式监管，由传统的条块式监管转变为全产业链监管，特别是在我国金融科技发展速度较快、金融监管难度显著增加、金融创新诉求强烈、新形式金融犯罪层出不穷的情况下，我国应该将监管科技作为金融监管水平提升的突破口。

首先，完善监管科技配套法律法规。这主要体现在对数据安全、信息安全、金融犯罪等方面的立法上，需要明确金融数据的所有权和使用权，规范金融机构发展合规科技的权利和边界，保护金融交易主体的隐私，给予监管部门对异常数据的监控权和新型金融犯罪的执法权。

其次，建立监管科技技术标准，建立统一的数据共享体系。尽快建立监管科技和合规科技的基本行业标准和技术规范；打破不同行业、不同行业监管部门、不同金融机构的数据壁垒，不同行业的监管部门应共同拥有数据的获取权，在此基础上，对市场主体分不同权限建立数据共享平台。

再次，加大监管科技研发投入力度，推广新技术的市场化运用。进一步推动大数据、云计算技术在数据分析和预测、反欺诈、反洗钱、信用评级、金融网络安全监控等场景的运用；推动区域链技术在供应链金融、跨境支付、智能监管报告、资产证券化监管等场景的运用；推动人工智能技术在监管流程管理、异常交易智能识别、智能学习与推理、压力测试、法律信息跟踪分析等场景的运用。此外，金融机构和金融科技公司应成为新技术开发和技术成果转化的主力军，加速新技术的市场化运用。

最后，充分发挥合规科技对提升金融监管能力的积极作用。金融机构和金融科技公司需要按照监管部门的具体监管要求，加大技术投入，再造风险管理和内部控制体系，提高客户识别水平，做好数据和信息管理，加强资金流动监控，对接监管部门的风险预警系统，将异常交易和可能存在的金融犯罪行为上报监管部门。监管部门可将一部分技术研发工作交给金融机构和金融科技公司，部分实现监管成本的内部化，同时避免监管套利和信息不对称问题；主要工作是制定监管科技政策、监管科技发展规划、发布统一透明的监管标准和监管方法，依托监管科技建立信息化系统，通过牌照管理设定监管科技的市场准入门槛，营造与金融机构和金融科技公司紧密联系、和谐共生的监管环境（见表9-1）。

表9-1　　监管科技不同主体的协调发展

主　体	发展模式	主要内容	目　标
金融监管机构	监管科技	提高监管水平，制定监管科技政策、发展规划、发布统一透明的监管标准和监管方法，通过牌照管理设定监管科技的市场准入门槛，营造和谐共生的监管环境	实现监管科技和合规科技的协调发展
金融机构	合规科技	再造风险管理和内部控制体系，提高客户识别水平，做好数据和信息管理，加强资金流动监控，将可能存在的金融犯罪上报监管部门	
金融科技公司	合规科技	加大技术投入，根据金融机构和监管部门需求，做好技术开发和服务，承担部分数据和信息监控工作，将可能存在的金融犯罪上报监管部门	

（三）加强监管科技的国际合作与协调

首先，加强我国监管部门与国外监管部门的合作。这主要包括两大方面：一是加强与国外监管机构的交流与合作，制定统一的基本监管准则，探讨建立统一的监管标准或实现监管标准的国家化对接；二是加强监管科技合作，利用技术手段增进各国监管的及时性、协调性和一致性。

其次，加强我国监管部门与国际多边金融组织交流研讨。我国应该积极参与金融稳定理事会（Financial Stability Board，FSB）、巴塞尔银行监管委员会（Basel Committee on Banking Supervision，BCBS）、国际证监会组织（International Organization of Securities Commissions，

IOSCO）等多边金融组织关于金融科技、金融监管、金融稳定等问题的研讨，共同探索监管科技提升监管有效性等焦点问题，为今后制定国际金融监管标准时我国能够拥有一定的话语权奠定基础。

最后，我国金融机构和金融科技公司加强与国外同业的交流与合作。在不涉及国家安全问题的非核心领域，我国金融机构和金融科技公司可以开展与国外同业的交流与合作，尝试相互借鉴、试用相对成熟的监管产品、监管技术等，共同提高合规管理水平。此外，可以尝试开展与国际同业的人员交流，适时引进合规科技高端人才。

执笔人：张丽平　孙　飞

参考文献

[1] CB Insights. 全球监管科技发展趋势报告，2017

[2] 德勤（Deloitte）. 2019 年技术趋势报告——超越数字前沿（*Tech Trends 2019 Beyond the Digital Frontier*），2019

[3] 京东金融研究院 . Suptech：监管科技在监管端的运用，2018

[4] 孙国峰 . 发展监管科技构筑金融新生态 . 清华金融评论，2018（3）

[5] 杨宇焰 . 金融监管科技的实践探索、未来展望与政策建议 . 金融监管，2007（11）

专题十

推动我国新型金融科技公司健康发展

利用新技术创新金融业务、改造金融流程、提高金融效率的历史由来已久。从纸币诞生到数字货币出现，从 POS 机发明到移动支付普及，无一不是金融与科技相结合的产物。虽然“金融科技（Fintech）”作为一个专属名词被提出并使用的时间并不长，但其引发了金融行业深刻变革，科技服务（改造）金融呈现出前所未有的力度。金融科技产生源于新一代信息技术革命中移动互联以及第四次工业革命中区块链、人工智能等新兴技术的应用。在此次变革中，专注于利用科技手段提高金融效率的新型金融科技公司[①]不断发展壮大，成为现代化金融体系中不可或缺的重要力量。

受益于国内市场规模大、传统金融市场准入管制严格、电商发展快等因素，我国金融科技公司发展迅速，无论在体量规模上还是实力上都已走在国际前列。但同时也要看到，金融科技公司发展也蕴藏着新增风险，对我国金融安全、金融监管等带来冲击和挑战。在这些背景下，有必要对金融科技公司进行深入研究，剖析其在我国现代化金融体系中的定位和作用。从目前已有文献资料来看，金融科技公司相

① 新型金融科技公司是相对于此次技术革命之前的金融科技公司而言，本文论述的金融科技公司都是指新型金融科技公司。

关研究较为分散，缺乏系统性。因此，本专题基于对金融科技公司的内涵界定，在分析其现状、趋势及对构建现代化金融体系挑战的基础上，提出金融科技公司是我国现代化金融体系建设中不可或缺的重要组成部分，其业务渗透于金融机构、金融市场、金融服务等各个环节，是现代化金融体系中的服务者，也是提升金融服务实体经济能力的润滑油和加速器。在此过程中，金融科技公司应致力于发展现代高端科技，并积极将科技最新成果应用于金融业，以促进科技和金融完美融合。具体而言，应重点在三方面发挥作用：一是与传统金融机构合作共赢，推动金融业态健康发展；二是加速金融科技研发和应用，改善普惠金融服务质量；三是不断完善金融基础设施，提高金融体系运行效率。

一、金融科技公司的内涵界定

（一）金融科技公司的内涵

本文将金融科技公司定义为同时具备科技属性和金融属性，但科技属性[①]占主导地位，专注于研发新兴科技并促进其在金融行业应用，以推动金融业高质量发展为目标从而最终提高金融服务实体经济能力和水平的公司。作为金融科技参与主体之一，金融科技公司是不同于金融机构和科技公司的第三类存在，它与新兴金融公司、互联网金融公司等概念也有所不同。

1. 金融科技公司是金融科技参与主体之一

金融科技被定义为“利用现代科技进行金融创新，创造出新的金融业务模式、应用、流程或产品，从而对金融市场运行和演化造成重

① 科技属性可以从收入组成、业务模式、客户组成、盈利模式、员工结构、融资模式等多个维度进行考量。

大影响”（G20 金融稳定理事会，2016）。这一概念强调科技对金融的影响，但并未明确实施这种影响的主体。金融科技主体可以是传统金融机构，也可以是金融科技公司，甚至可以是多主体联合。因此，金融科技与金融科技公司是不同维度的概念，金融科技公司必然与金融科技有关，但运用金融科技的公司却并不一定是金融科技公司，在研究中需将这两者加以区分。

2. 金融科技公司与金融机构的区别在于主要属性不同

金融科技公司存在的基础是以技术为驱动，落脚点在科技，而不在金融。具体表现为其业务收入、盈利模式、员工构成、产品与服务等都是以科技属性为主，投资者对其评估也更多是从技术创新、用户服务、组织构架、运行流程等定性角度出发，而不是以收入、成本、风控等财务数据为基础进行定量分析。如果一家具备科技属性的公司复制了传统金融机构运行模式，取得金融牌照并独立开展业务，那么它就是一家金融机构。尽管这种金融机构与以往不同，更多地依靠科技，但依然不能改变金融属性。反之，如果一家传统金融机构将发展金融科技作为主要战略，若干年后科技板块成为其主要业务构成和主要收入来源，那也可以说它转变成为一家金融科技公司。

3. 金融科技公司与一般科技公司的区别在于发展科技的目的不同

金融科技公司发展科技的目的在金融，致力于服务金融，提高金融系统效率。金融科技公司通过开发新技术、新程序，或改善传统金融机构业务水平，或在传统金融机构失灵领域进行业务创新填补领域空白。例如，利用新兴技术帮助传统金融机构提高风险管理水平，为小微企业或个人提供金融定制化服务方案，拓展传统金融服务边界等。需要注意的是，金融科技公司不能直接开展金融业务，必须选择与金融机构合作或通过申请获得金融相关牌照许可。而一般科技公司发展科技的目的是广泛的，其应用一般涵盖多个领域，可能包含金融但并不主要在金融。

4. 金融科技公司与新兴金融公司、互联网金融公司是不同概念

首先，新兴金融公司是一个动态概念，是相对于以往长期存在的传统金融机构而言的，目前一般是指不同于银行、证券、保险等传统金融机构的新型服务主体，包括互联网金融公司、股权投资、融资租赁等。其次，互联网金融公司有相对明确界定，中国人民银行等九部委《关于促进互联网金融健康发展的指导意见》（银发〔2015〕221号）中将互联网金融划分为互联网支付、网络借贷（P2P网络借贷和网络小额贷款）、股权众筹融资、互联网基金销售、互联网保险、互联网信托和互联网消费金融七大业务形态。因此，可以界定互联网金融公司是从事这7种业务的金融机构。此处需要指出，P2P公司与P2P业务不同，P2P业务属于网络借贷从而属于互联网金融业务，但P2P公司是从事这一业务的主体之一，按照其“信息中介”定位[①]不属于金融机构，属于金融科技公司。尽管现实中，P2P公司很难做到纯粹是“信息中介”，有些已经异化成“信用中介”，但就现阶段而言，严格意义上符合要求的P2P公司还是属于金融科技公司[②]。由此可见，新兴金融公司、互联网金融公司都是特定条件下的金融机构，与金融科技公司有本质区别。

综上所述，金融科技、金融科技公司、金融机构（新兴金融公

① 《关于促进互联网金融健康发展的指导意见》规定，网络借贷包括个体网络借贷（即P2P网络借贷）和网络小额贷款。个体网络借贷是指个体和个体之间通过互联网平台实现的直接借贷。个体网络借贷机构要明确信息中介性质，主要为借贷双方的直接借贷提供信息服务，不得提供增信服务，不得非法集资。网络小额贷款是指互联网企业通过其控制的小额贷款公司，利用互联网向客户提供的小额贷款。

② 在未来，随着监管政策进一步明确，部分P2P公司可能转型成小贷公司，那么就变化成为金融机构。

司、互联网金融公司)、科技公司这几个概念之间既有交叉也有区别，一家企业性质需要根据具体情况做具体分析。随着科技进步，不同性质公司之间界限越来越模糊，同一公司在不同时期性质也可能有所不同，因此要对一个公司进行严格分类难度也越来越大，很难从全国层面设定统一指标。本文只是给出一种可供选择的标准，不同地域、不同机构在设定政策时可以根据自身需要做出不同判断。

（二）金融科技公司的分类

按照不同标准，金融科技公司主要可以划分为不同类型。

1. 按业务属性可以分为居间平台类与直接服务类

居间平台类是指通过搭建平台，促进双发或多方主体达成金融交易，即进行撮合交易的公司，例如 P2P、股权众筹以及为中小企业和金融机构搭建融资平台的金融科技公司等。

直接服务类是指直接以金融机构、监管部门、个人或企业作为客户，为其提供个性化、场景化产品和服务的金融科技公司。直接服务类按不同服务主体可以进一步细分，例如以金融机构为主要客户的金融科技公司，依据其与金融机构合作深度可细分为三个层次。初级层次为金融科技公司与传统金融机构合作、输出技术并定价的模式。此种模式中，双方为单纯的初步合作关系，传统金融机构主导，提出产品需求，金融科技公司完成产品开发和定制服务，按照项目收费。中级层次为金融科技公司在合作中导入自己的数据和场景，为银行等传统金融企业完成获客、风险管理等，传统金融机构不参与过程，只获取并使用结果，例如能够提供流量服务的一些大数据公司等。高级层次为金融科技公司打包输出“金融科技 + 金融服务”产品，例如平安为中小金融机构提供的互联网金融服务云平台等。

2. 按行业背景可以分为金融机构设立的金融科技公司、互联网公司设立的金融科技公司、监管部门设立的金融科技公司以及新兴金融科技公司

金融机构设立的金融科技公司，源于传统金融机构将其内部科技部门独立出来，专注于发展金融科技，例如建行的建信金融科技有限责任公司，平安集团的上海壹账通金融科技有限公司等。

互联网公司设立的金融科技公司，源于互联网头部企业将其金融业务拆分出来，成立金融科技公司独立运营，例如阿里巴巴的“蚂蚁金服”、百度的“度小满”等。这类公司依托母公司互联网企业在科技方面的优势和实力，发展速度较快。

随着金融科技对监管框架的深刻影响，监管部门也在尝试设立金融科技公司，为金融监管服务。例如，2018 年中国人民银行数字货币研究所在深圳成立的“深圳金融科技有限公司”。

新兴金融科技公司，主要是行业细分领域新成立的科技驱动型创业企业。

二、国内外金融科技公司发展现状与趋势

受益于国内市场规模大、传统金融市场准入管制严格、电商发展快等因素，近年来我国金融科技公司发展迅速，无论从体量规模上还是实力上来说都处于国际领先地位。

（一）国外金融科技公司发展概况

大概是从 2008 年金融危机之后，伴随着对传统金融机构和服务改革诉求的增加，全球金融科技行业最先在英美等发达国家逐步发展起

来。近年来，随着大数据、云计算、人工智能、区块链等新兴技术在金融领域的加速应用，全球金融科技行业呈现高速增长态势。波士顿咨询公司研究数据显示，2016 年全球金融科技企业数量增长了 167%，达到 8000 家，是 2015 年的约 2.7 倍。麦肯锡全景（McKinsey Panorama）统计数据显示，2018 年全球风险投资（VC）中金融科技投资达到 308 亿美元，是 2011 年 18 亿美元投资额的 17 倍。

就金融科技公司地域分布来看，以美国、英国为代表的传统金融科技强国实力依然较强，而以亚太地区为主要代表的新兴市场国家金融科技公司发展迅速。在金融科技投资公司 H2 Ventures 与毕马威金融科技联合发布的第五届金融科技公司评价报告《2018 Fintech100》中，登榜企业最多的国家是美国（18 家），紧随其后的是英国（12 家）和中国（11 家）。其中，名单中近一半公司（41 家）诞生于并专注于新兴市场。

就金融科技公司业务类型来看，业务多元化趋势更为明显，但支付与借贷企业依然是主导板块。就融资规模来看，北美等发达国家不同领域金融科技公司融资规模较为均衡，支付领域占比相对较高；亚太地区不同领域金融科技公司融资规模差异较大，信贷企业融资规模占比较高。波士顿咨询公司研究数据显示，2016 年北美地区支付领域金融科技企业融资规模占比最高，达到 30%；数据分析次之，占比为 18%；占比最少的信贷/众筹领域也达到了 14%。亚太地区金融科技企业中信贷/众筹领域企业融资规模占比最高，达到 42%；支付次之，占比为 32%；数据分析最少，仅为 4%。

（二）我国金融科技公司发展现状

我国金融科技公司诞生于互联网热潮中，主要以阿里、腾讯、百度、京东等互联网企业为引领，逐步扩展到传统金融机构与创业型金融科技公司。其业务最早多是以互联网金融模式出现，例如2007年成立的拍拍贷公司。这是因为，随着传统金融服务越来越难以满足实体经济与人民群众日益提升的金融需求，在我国金融机构市场准入受到严格限制的背景下，互联网金融现实中被作为经营主体进入金融业通道，成为我国金融科技快速发展的重要动力之一，金融科技行业经历了一个飞速发展期。近几年来，随着监管趋严，金融科技公司发展战略也随之做出调整，呈现出新的发展态势。

——我国金融科技公司处于国际领先地位。2015年以来，我国金融科技行业相关指标数据均呈现持续增长态势。从营收规模来看，2017年，我国金融科技企业营收总规模达到6541.4亿元，预计2020年将达到19704.9亿元[①]。从投融资规模来看，2018年我国金融科技投融资事件为615笔，占全球总数的56.1%，大幅领先于排名第二位和第三位的美国（153笔）和印度（114笔）[②]。从单个金融科技公司实力来看，在毕马威《2018 Fintech100》中，我国有3家金融科技公司跻身前五，分别是蚂蚁金服（第一）、京东金融（第二）、百度（度小满金融）（第四）。

——我国金融科技公司主体多元化特征明显。与美国等依赖于传统金融机构发展金融科技公司模式不同，我国金融科技公司发展呈现出多主体化特征。既包括部分以第三方支付起家的互联网公司，也包括传统金融机构成立的金融科技公司，以及新兴的偏技术类金融科技公司。这三种类型的金融科技公司各有优势，互联网系金融科技公司

---

① 艾瑞咨询："2018年中国金融科技发展现状研究——以爱财集团为例"。

② 资料来源于零壹数据。需要说明的是，鉴于数据口径不同，不同研究机构给出的数据存在一定差异。

起步较早，依托母公司的实力，在科技、数据等方面具有相对优势；金融机构系金融科技公司拥有扎实的金融业发展基础，对相关业务领域诉求和痛点掌握更加精准，在金融科技应用、产品开发等方面具有相对优势；优秀的新兴创业型金融科技公司大多致力于某一行业细分领域，一般具备成熟的团队和业务模式，受到资本方认可，通过较高估值不断获得融资扩大业务规模，短时期内有可能成长为细分领域的独角兽公司。

——金融科技龙头公司致力于发展生态圈式综合业务。近年来，互联网系和金融机构系金融科技龙头公司凭借先发优势，在金融科技的不同环节、不同场景等全面布局，致力于打造开放的生态圈，并通过不断丰富和完善生态圈内容，提升用户黏性。例如蚂蚁金服生态圈、腾讯生态圈、平安生态圈等，在支付、财富管理、P2P、银行、保险等各个领域提供综合金融服务。在此过程中，互联网系金融科技公司更加注重强调技术的重要地位，弱化金融业务部分，强调其与传统金融机构的合作关系，在金融科技行业掀起一股去金融化的浪潮。

——大数据技术开发及应用是我国金融科技公司主要业务板块。2016 年 10 月，毕马威中国首次发布的《2016 中国领先金融科技企业 50 强》中，几乎所有企业都在一定程度上运用了大数据和数据分析技术。其中，超过半数上榜企业表示大数据及其应用是其核心技术之一，14 家企业直接归类于大数据类公司，在上榜企业中占比最高。而最近发布的《2018 中国领先金融科技企业 50 强》名单中，大数据与数据分析类公司占比依旧较高，有 22 家入围①。这一方面说明我国大数据

① 本次入围 57 家企业，包括 7 家上市企业和 50 家非上市企业。

及其分析类公司表现较为突出，可能是未来一段时间金融科技发展的主要方向。另一方面，其优异表现在一定程度上依赖于我国规模庞大的沉睡数据。未来，这一领域是否会成为金融科技公司发展的红海，值得关注。

——金融科技公司与持牌金融机构展开深度合作。从我国金融科技公司发展历程来看，其与金融机构之间的竞合关系在不同时期是不同的。在最早期，两者是初级别合作关系，例如银行和阿里巴巴之间在电子支付、营销等方面合作等。在互联网金融发展阶段，两者之间更偏向于竞争关系，金融科技公司凭借在互联网领域优势进军金融业，与传统金融机构形成正面竞争；传统金融机构也开始在金融科技领域布局，开设独立部门进行技术研发。后来，随着监管趋严以及金融科技龙头公司发展战略的调整，两者之间的合作又开始占据主导地位，越来越多的金融科技公司强调自身科技定位，主动与持牌金融机构建立长期战略合作伙伴关系。这一合作与早期合作关系有所不同，是建立在双方对自身优劣势有比较清晰的认知并有战略目标的基础上，可以看成一种更深层次的高级别合作。

（三）国内外主要发展趋势

从国际上来看，随着区块链、人工智能等技术的新一轮发展，预计在未来一段时间内，金融科技行业投资额仍将继续保持在较高水平。具体来看，金融科技行业将呈现出以下发展趋势。

一是随着金融科技公司在某一区域的大量集聚，越来越多国家将建设金融科技中心作为重要目标。从地域分布来看，除纽约、旧金山、伦敦等欧美传统金融科技中心继续保持优势地位外，亚洲、美洲等国家的金融科技中心发展较快，各国金融科技中心呈现出多样化发展趋势。例如，新加坡致力于发展金融科技创业社群，印度致力于发展金融技术服务中心等。与此同时，随着金融科技中心作用的日益显现，如何实施有效监管成为重要挑战，特别是对于发展中国家来说，如何在促进金融科技公司发展与完善现阶段监管不足之间找到平衡，是亟须解决的问题。

二是并购、收购步伐将会继续加快，大企业和大机构推动成为金融科技行业发展的主要特征。在金融科技公司经过一段时间高速发展后，将会迎来一个并购、收购高峰。一方面，金融科技行业头部公司通过收购细分领域的中小型创新科技公司，拓宽自身业务范围。另一方面，传统金融机构也通过与大型金融科技公司合作或收购中小型金融科技公司，弥补在金融科技发展上的不足，加速战略调整。如美国银行与 PayPal 合作，推出跨境 B2C 数字支付服务。法国巴黎银行收购了 FPE 公司，获得了 Compte-Nickel（法国开放式实体支付体系）支付账户服务 89.1% 的所有权[①]。在这一背景下，大企业和大机构将成为金融科技行业发展的主要推动力，特别是在金融科技欠发达地区，例如非洲、美洲中南部等，其作用将更为突出。

三是监管科技实践步伐将进一步加快。主要体现在以下两个方面。一方面，在监管框架层面高度重视监管科技的发展，机关机构成立相关部门专门研究并实践监管科技，鼓励金融科技企业与监管部门更好地沟通与交流。另一方面，建立在数据挖掘基础上的数据库以及对各种数据的计算处理（即大数据和云计算），将成为各国监管科技发展的基础，通过将其与其他监管科技相结合，运用于监管流程再造、降低监管成本之中。

---

① 资料来源：http：//www.sinotf.com/GB/consumerfinance/2019 - 01 - 17/zOMDAwMDMyOTMzOA.html。

就国内而言，在监管政策趋严、科技应用加速等背景下，我国金融科技公司将进入新的发展阶段。一方面，在互联网金融被严格管理的情况下，技术创新、模式创新带来的金融科技创新将发挥更大作用。另一方面，在技术层面，人工智能、智能界面、5G 网络等[①]将给金融科技公司发展带来新动力，信息、技术、产业、机构的结合度将更加深入。预计未来一段时间内，我国金融科技公司仍将处于快速发展期。金融科技规模将可能继续扩张，科技创新水平仍有望保持国际领先水平；金融科技发展将回归技术本源，技术创新与技术突破将成为其可持续发展的主要保证，金融科技公司将不再过度依靠金融服务和流量获客，而是更加注重科技研发，这不仅成为大型金融科技公司维持市场优势的重要抓手，也成为创新创业型科技公司快速发展的突破口；大型金融科技公司加速市场布局，可能会通过持续并购加速行业整合，而传统金融机构将更加重视金融科技对金融业发展的深远影响，加强与金融科技公司的合作力度，金融科技规模有望持续上升；监管科技作为金融科技的重要内容将获得更大发展空间，致力于推动金融监管能力提升的金融科技公司将快速成长。

三、金融科技公司对我国金融体系建设的挑战

科技与不同行业相结合一直存在，科技对某一行业体系产生巨大冲击和挑战也并不罕见，例如航天科技、生物科技等，但却从未像金融科技这样引发如此多的争论。究其原因，一方面是因为金融业是高风险行业，其业务是有确定边界的；而科技发展是超前的、不可预测

① 德勤（Deloitte）：《2019 年技术趋势报告——超越数字前沿》（*Tech Trends 2019 Beyond the Digital Frontier*）。

的，业务边界也是模糊的。这两者结合本身就存在着不确定性。另一方面源于金融体系在我国经济体系中的重要地位。习近平总书记在2017年全国金融工作会议中指出“金融是国家重要的核心竞争力，金融安全是国家安全的重要组成部分，金融制度是经济社会发展中重要的基础性制度”“金融是实体经济的血脉”。因此，金融科技公司对金融体系带来的冲击和变化，将直接作用到实体经济，对我国现代化经济体系建设产生重大影响。

（一）加大了对传统金融行业的竞争压力

虽然金融科技公司“技术属性”大于“金融属性”，但金融科技公司同样可以在一定条件下为个人和企业提供金融产品和金融服务，推动金融创新，与传统金融机构在某些领域形成竞争。作为新的金融体系参与主体，金融科技公司对传统金融机构的挑战体现在技术、产品、服务等各个环节。如果金融机构不重视这一挑战，仍只是按照原有路径试图走自我复制、自我强化的老路，则有可能降低自身核心竞争力，难以跟上现代化金融体系构建与发展的现实需要。例如，根据中国银行业协会城商行工作委员会发布的《城市商业银行发展报告(2018)》，截至2017年底，我国城商行仅有2家（北京银行和江苏银行）运用了包括大数据、云计算、人工智能、生物识别、区块链在内的5项金融科技，金融科技运用能力相对较弱，这可能使其在市场竞争中处于相对落后地位。

（二）对金融安全带来新风险

金融科技公司的产生与发展，在降低信息不对称、降低交易成本、提高服务效率等方面给金融业带来新发展机遇。但技术创新是有风险的，随着金融科技公司与传统金融机构之间联系越来越紧密，这一风险对金融体系的影响也越来越大。特别是当技术创新风险与金融风险相互叠加时，可能会产生更为严重的风险，成为影响我国金融安全的较大隐患。

首先，传统金融风险诸如信用风险、操作风险、市场风险、流动性风险等，并未因为金融科技的出现而消失。相反，这些风险可能因为金融科技公司的出现，变得更具隐蔽性。一些金融科技公司在涉足金融业务时，容易过分强调科技力量而忽视这些风险，不仅会危害到其自身发展，还会成为整个金融体系的不稳定因子。

其次，一些金融科技公司披着金融科技外衣却从事非法金融活动，增加了金融风险涉众性与复杂性。在有效监管框架尚未完全建立的情况下，金融风险扩散为社会风险的可能性较大。例如，近年来爆发的非法集资案件、P2P 爆雷事件等，都与金融科技公司不无关系，造成较大负面影响。

最后，金融科技公司加大了金融市场共振风险。随着金融科技行业飞速发展，金融科技公司与传统金融机构之间的合作更趋多元化、复杂化，不仅会放大传统金融风险，还增大了金融科技行业自身风险对金融体系的影响。由于新兴技术在快速发展阶段具有更新迭代快等特点，部分金融科技公司可能会因为技术和应用上落后迅速走向衰落。此类事件集中爆发将会对与其合作金融机构产生重大影响，从而给金融市场运行带来不确定性。此外，未经测试的技术如果直接应用到金融体系，也隐藏着较大风险。传统金融风险与金融科技行业风险在合作中相互叠加，极易引发金融市场风险共振，给金融体系运行造成不可估量的损失。

（三）加大了对金融监管体系的挑战[①]

从目前监管框架来看，金融科技公司对金融监管的挑战主要体现在两个方面。

一是对防风险能力的挑战。由于监管真空，金融科技公司经历了一段时间无序发展，2016 年以来金融监管转向从严监管、全面监管，将金融科技公司的各类创新产品和业务模式纳入传统金融监管框架是大势所趋。但如何实施有效监管却仍待探索。

二是对监管边界的挑战。如何在防风险的同时避免优秀金融科技公司被误伤需要重点考虑。2017 年，德勤在其关于全球金融科技中心的研究中提到，12 个欧洲新的金融科技中心中大部分都认为监管是其所在地区主要的不利因素，监管壁垒普遍被认为是一个共性挑战。很多美国金融科技中心也多次提到美国复杂且分散的监管环境是其发展的主要挑战[②]。这一情况在我国客观存在，例如对违规 P2P 平台的整治也导致部分合规 P2P 公司无法继续经营。因此，如何细化和实时跟进业态变化，使监管框架既能够防范风险，又能够促进真正有实力的金融科技公司良性发展是重点问题。

四、金融科技公司在我国金融体系中的定位与作用

金融科技公司在降低金融交易成本、改善金融功能、提高金融运行效率等方面发挥了重要作用，但同时也会给金融安全、金融监管带来诸多挑战。未来，随着新兴技术加速落地，金融科技公司对

① 金融科技对监管的影响已在专题九进行重点论述，此处不做详细展开。

② 德勤：《连接全球金融科技：2017 年全球金融科技中心报告》（*Connecting Global FinTech: Interim Hub Review 2017*），2017 年 4 月。

金融体系影响将越来越大。我们要放大其正面效应，降低其带来的风险，首先要正确认识金融科技公司在我国现代化金融体系中的定位与作用。

（一）定位

作为我国现代化金融体系建设中不可或缺的重要组成部分，金融科技公司及其业务渗透于金融机构、金融市场、金融服务等各个环节，是现代化金融体系中的服务者，也是提高金融服务实体经济能力与水平的润滑油和加速器。这一定位包含以下三层含义。

第一，金融科技公司是现代化金融体系的重要组成部分，它有助于完善现代化金融体系，为金融体系转型升级提供契机。

第二，金融科技公司是服务者，无法脱离金融行业而单独存在，不能为了科技而发展科技，忽视其在金融领域的应用。

第三，金融科技公司的产品和服务应以惠及消费者、市场和实体经济为目标，而不仅仅是为了发展金融。

（二）作用

基于以上定位，金融科技公司应致力于发展现代高端科技，并积极将科技最新成果应用于金融业，以促进科技和金融完美融合，最终提高金融服务实体经济的能力和水平。具体而言，重点在三方面发挥作用。一是与传统金融机构合作共赢，推动金融业态健康发展，表现为对现代化金融体系中参与主体的完善。二是加速金融科技研发和应用，改善普惠金融服务质量，表现为对现代化金融体系中金融功能的完善。三是不断完善金融基础设施，提高金融体系运行效率，表现为对现代化金融体系中金融市场运行效率、金融监管的完善。

1. 与传统金融机构合作共赢，推动金融业态健康发展

对于金融科技公司和传统金融机构的关系，学界观点基本可以分为两类。一类学者认为，金融科技公司的发展将颠覆传统金融机构在金融领域的地位和作用，是传统金融机构的竞争对手。另一类学者认为，金融科技公司和传统金融机构可以进行密切合作，推动传统金融机构的转型升级。这两种观点都承认金融科技公司对传统金融机构的重大影响，不同之处在于对这一影响大小的衡量。其实，金融科技公司与传统金融机构分别具备不同优势，金融科技公司在技术创新等方面具有天然优势，而金融机构在传统金融领域多年的累积使得其对金融发展前景有更高的敏锐度，对风险把控更清晰，对金融监管要求也更熟悉。两者之间只有展开合作才能实现“1 +1 >2”的共赢。

一方面，传统金融机构可以通过合作提高自身金融科技水平，通过购买金融科技公司专业服务将主要精力放在传统优势上（高净值客户、资金托管），提高自身竞争力。另一方面，从金融科技公司视角来看，与金融机构合作不仅能够加快其技术应用，有效剔除不能带来金融系统效率提高的伪创新，还可以获得更多的金融资源支持，从而进一步加快技术研发和应用速度，更好地融入金融生态体系。

当前，金融科技公司与金融机构已经在业务、资本、技术等多方面展开合作，特别是头部企业展开了多项“强强联合”的战略合作。从未来发展趋势来看，这种合作潜力还有很大发展空间。最终金融科技公司和传统金融机构会通过合作形成一个更好的生态系统，并且应建立不同层次的合作伙伴关系，更好地满足实体经济和人民群众的金融需求。

2. 加速金融科技研发和应用，改善普惠金融服务质量

美国联邦存款保险公司（FDIC）2015 年的一项调查显示，美国

约有7%的家庭没有银行账户，另有19.9%的家庭虽有银行账户，但仍依赖于非正规金融服务。而这些非正规金融服务价格非常昂贵甚至是掠夺性的，远远超出了中低收入个人和家庭的承受范围。[①] 在发展中国家，缺乏金融服务的情况更为严重。在这一背景下，金融科技公司的出现，可以通过科技手段降低信息不对称和交易成本，增加金融服务的可获得性，是普惠金融的重要推动力量。

在我国，普惠金融的主要对象是农民、收入较低或难以获得金融服务的社会弱势群体、小微企业等，金融科技公司应在促进普惠金融政策措施具体落地、搭建金融机构与普惠金融对象的联系桥梁、提升普惠金融对象获得金融服务便利性和有效性等方面发挥更大作用。

首先，致力于提升农村金融服务水平。金融科技公司是金融科技的主要提供者，其可以帮助金融机构解决农村地区金融服务成本过高、金融服务机具和服务网点回报率较低、客户管理难度较大、市场拓展空间有限等难题，通过较低的成本覆盖更大范围的农村金融市场。例如，金融科技公司可以在农村构建数字支付系统，发展基于分布式账本技术的移动钱包，大大增强农民一般性现金业务和借贷业务的便利性。未来，在金融科技发展到一定阶段后，虽然金融机构仍将在整个金融体系中处于主导地位，但金融科技公司有可能和金融机构共同成为农村金融的两大供给主体，并有可能通过大数据技术和人工智能技术更加精准地了解农民的信贷需求、保险需求和投资需求，帮助金融机构破解当前农村信贷、农业保险中存在的问题。此外，金融科技公司可以在金融培训和金融知识宣传上发挥更大的作用，其技术上的先进性能够极大地提升金融知识普及活动的效率，增强农民的接

① A Framework for FinTech, National Economic Council, January 2017.

受程度。

其次，致力于帮助社会弱势群体更好地获得金融服务。由于收益较低且需要投入较大人力物力，当前金融机构对社会弱势群体[①]的金融服务水平难有实质性提升。金融科技的发展使得金融机构为弱势群体提供广覆盖、低成本、便利化、高质量的金融服务成为可能，而金融科技公司就是具体实施者，即使在收益较低的情况下，其仍然能够更好地将先进技术以弱势群体能够并且愿意接受的方式加以运用，并凭借技术优势和获客能力获取一定的收益。例如，蚂蚁金服不再主要关注一、二线城市和地区的用户，不再按照“工具”属性划分产品类别，而是关注所有用户，按照“生活场景”提供全方位、全链条、融入性的金融服务，将各类场景与金融服务有机对接，将居民日常生活需求与金融科技发展方向紧密结合，使弱势群体在不需要花费很长时间学习金融知识的情况下，能够更好地享受到快捷化的金融服务。

最后，致力于促进小微企业发展。小微企业是我国经济的重要组成部分，但现阶段其获得资本的途径仍然非常有限，融资难、融资贵仍然是其发展壮大的主要阻碍。金融科技公司的快速发展，大大扩展了金融服务边界，为这一问题的解决提供了可供选择的途径。一是金融科技公司使得资金借贷更加便捷，小微企业通过互联网有可能获得更多的持牌金融机构的金融支持，能够在一定程度上解决融资难、融资贵的问题。二是金融科技公司能够从技术层面提供全链条的专门针对小微企业的管理系统，帮助小微企业更好地获取客户资源，并抵御外部风险的冲击。三是金融科技公司增加了金融机构提供智能化、集约型服务的可能性，可以帮助金融机构更有效率地为小微企业服务；

① 此处社会弱势群体是指收入较低、缺乏基本金融知识、老弱病残的居民。

同时，可以在信用风险评估、经营模拟分析的基础上，加大对信用良好、具有较大发展前景的小微企业的支持力度，提高金融支持小微企业和实体经济的针对性、有效性。

3. 不断完善金融基础设施，提高金融体系运行效率

金融科技公司主要从市场服务和风险管理两个方面完善金融基础设施，提高金融体系运行效率。

在市场服务方面，金融科技公司可以通过构建更为专业化、更具可靠性的技术网络，为我国通过技术进步化解金融体系改革难题提供了新方案，弥补传统金融运行中的技术短板和服务短板。一方面，金融科技公司可以促进金融市场交易系统优化升级，为金融体系的正常运行提供配套保障。例如，中央银行主导的银行间交易系统、证券市场交易系统等交易与结算平台，以及我国金融交易主要系统与全球主要交易系统的对接，都需要金融科技公司在及时性、安全性、可操作性等方面给予支持。另一方面，金融科技公司可以基于市场需求，为金融机构提供全面的客户管理体系、产品创新体系和市场开拓体系，加速金融创新，或者直接满足金融消费者的个性化需求，将金融科技与具体金融服务更好地连接在一起。

在风险管理方面，首先，金融科技的发展使得金融机构可以更多地通过定量分析进行风险监测，更好地通过生物识别技术和人工智能对异常交易、异常数据迅速反应，并进一步通过基础金融技术的进步建立全面风险管理体系，实现整体风险管理和内部控制能力的提升。在这一过程中，金融科技公司是技术的主要供给者，可以根据不同需求帮助金融机构解决具体业务风险、系统性风险的监测、分析与预警的问题。其次，金融科技公司可以促进监管水平的提高。在全球金融监管趋紧的情况下，金融机构需要按照监管部门的要求做好风险管理、合规管理，为此不得不投入大量的人力物力。而金融科技公司可以大力发展合规科技，通过技术手段加强金融机构与监管部门的联系，促进金融机构风险管理技术和合规科技的发展，实现宏观监管与微观风控的有效结合。最后，金融科技公司的发展有利于风险管理基础设施建设。金融科技公司作为监管机构和金融机构之外的第三方，能够相对中立地根据金融监管部门和金融机构的需求，搭建可更新、可优化的风险管理技术系统，建设强大的征信和信用评级系统，更好地防范金融机构的市场风险、操作风险、声誉风险、合规风险等各类风险。例如，已经有金融机构在金融科技公司的支持下，运用生物识别技术交叉验证用户信息是否真实可靠，防止盗用身份信息等金融犯罪行为；运用机器智能案例学习技术，识别复杂数据环境和交易环境下的异常交易。

此外，金融科技公司还应该在培养金融科技人才方面发挥更大作用。2017 年德勤在其关于全球金融科技中心的研究中发现，欧洲新的金融科技中心（特别是在欧盟内）普遍认为有充足的人才是其发展的主要优势[①]。因此，金融科技公司可以与金融机构一起，为培养具有金融科技基础、同时具有深厚金融功底的复合型高端人才创造更好条件，加快我国高素质金融人才队伍建设，为现代化金融体系的构建提供有力的人力资源支持。

五、完善金融科技公司监管框架的政策建议

我国金融科技公司的产生和发展与监管密切相关，因此，应立足

---

① 德勤：《连接全球金融科技：2017 年全球金融科技中心报告》（*Connecting Global FinTech: Interim Hub Review 2017*），2017 年 4 月。

于我国金融科技公司在现代化金融体系中的定位和作用，完善金融科技公司的监管框架，在支持行业发展与有效监管间把握平衡，以促进金融科技行业、金融行业的健康发展。

（一）在金融监管框架下与金融机构区别监管

金融科技公司健康发展，离不开有效的监管体系。尽管金融科技公司很早就出现了，但真正作为一个业态却是最近十几年甚至最近几年的事情。对科技行业监管与其他行业并无太大差别，大致上只要符合工商规定即可。但金融科技行业不同，由于金融行业的特殊性、重要性以及高风险特征，与其密切相关的金融科技公司理应接受更为严格的监管。我国互联网金融乱象在一定程度上就是因为监管没有跟上导致的。

因此，对金融科技公司进行监管不可或缺，但又不能完全等同于金融机构监管，否则不仅会导致金融科技公司丧失创新活力，失去原本优势，也不利于金融体系发展。应充分考虑到其科技属性，考虑设计有别于持牌金融机构的监管框架。

建议不将金融科技公司作为与“金融业”并列的单独分类进行管理，而是在“金融业”大类下，设“金融科技服务”类，将其作为与“货币金融服务”“资本市场服务”“保险业”“其他金融业”并列的金融业次级门类进行管理。这是因为，一方面，作为现代化金融体系中的服务者，金融科技公司无法脱离金融行业而单独存在，将其与“金融业”并列不符合现实也不利于监管。另一方面，金融科技公司又不同于持牌金融机构，其业务也与传统金融业务有所不同，随着其在现代化金融体系中重要性的不断提升，有必要对其进行特殊管理，包括给予更多试错空间、符合一定条件时优先转型为金融机构等。因此，未来可以将“非金融机构支付服务”“金融信息服务”等金融科技公司业务从目前的“其他金融业”次级分类中独立出来，并根据其具体业务实施差异化管理。

（二）对不同类型金融科技公司实施差异化监管

当前，我国金融监管体系对金融科技行业的监管应区分不同类别的金融科技公司进行差异化监管。

1. 对于大数据分析类金融科技公司，要加强信息安全方面的监管

如前文所述，大数据技术开发及应用是我国金融科技公司主要业务板块，具体又可以分为大数据技术开发（数据处理、数据挖掘等）、大数据采集、大数据征信等不同业务类型。该行业板块在提升金融体系运行效率的同时，也给企业和个人信息安全带来隐患。总体而言，我国征信业管理还处于起步阶段，建议在充分考虑风险隐患情况下完善征信业尤其是大数据征信的监管框架，重启牌照审批，并着重加强信息安全方面的监管。

2. 对于网贷平台类金融科技公司，应尽快调整网贷平台登记备案制度和监管机制

2016 年颁布的有关网络行业管理办法[①]确立了网贷行业备案制度，提出由银监会及其派出机构负责制定网络借贷信息中介机构业务活动监督管理制度，并实施行为监管；各省级人民政府负责本辖区网络借贷信息中介机构的机构监管。调研中发现，这一监管分工制度设计存在缺陷。一是对行为监管和机构监管的职责没有进一步明晰，导致具体操作层面难以执行。二是由于“备案”具有“背书”效果，以致没有一家省级监管部门愿意当“出头鸟”。三是网络金融活动通常具有

① 分别为《网络借贷信息中介机构业务活动管理暂行办法》和《网络借贷信息中介机构备案管理登记指引》。

跨区域特点，地方金融管理部门很难监管本省注册网贷机构在外省的业务活动。四是无论是银保监会派驻机构还是地方政府，都面临缺兵少将的局面，难以履职。①

为此建议：以中国互联网金融协会（以下简称互金协会）为主开展登记备案工作。由互金协会会同银保监会、地方金融监督管理局、公检法等相关部门，建立联席会议制度，共同制定网络借贷行业准入规范、违规处罚措施等法律法规。对网贷机构通过设置硬门槛（注册资本金、风险准备金等）和软门槛（公司治理、技术基础设施、信息处置能力等），以严格准入，逐步净化行业环境。此外，拟跨区经营机构，除了在互金协会和注册地备案外，还需向拟开展业务地区地方金融管理部门备案。

3. 对于综合化金融业务平台类金融科技公司，要加强穿透式监管

近年来，我国互联网巨头在获取多种金融业务牌照基础上，致力于建立综合化金融平台，例如阿里巴巴的“蚂蚁金服”、百度的“度小满”、京东的“京东金融”等。按照本文定义，若这类互联网公司独立出来的金融业务平台收入主要来源、业务构成、员工组成等都是以科技属性为主导，则属于金融科技公司。但从另一角度来看，此类金融科技公司因内含多张金融牌照，属于金融控股公司范畴。② 例如蚂蚁金服，其收入主要来源为支付和科技服务③，资本市场对其估值

---

① 例如某省银监局，分管网贷机构监管的只有两名干部。而地方政府区县一级基本没有独立的金融部门，且承担了金融发展、招商、打非、处置金融风险等多项职能，对网络借贷行业监管既无经验可依，也无专业力量支撑。

② 2018 年 11 月 2 日，央行在发布《中国金融稳定报告 2018》的同时，正式披露了 5 家金控试点公司，蚂蚁金服、苏宁集团位列其中。

③ 2017 年，蚂蚁金服技术服务收入占比为 34%，支付连接收入占比为 54%，金融服务收入占比为 11%。而根据预测，2021 年蚂蚁金服技术服务收入将上升至总收入的 65%，超过支付收入成为第一大收入项。资料来源：https：//tech. sina. com. cn/i/2018 – 05 – 11/doc-ihamfahw5827412. shtml。

也是按金融科技公司标准[①]，但其控股的蚂蚁小贷、蚂蚁微贷，相对控股的网商银行都属于金融机构。对于这类金融科技公司，应按照即将出台的金融控股公司监管框架，以并表监管为基础，进行全面、穿透式监管，防范化解金融风险。

（三）强化金融消费者保护机制，改进风险教育方式

金融科技公司的发展，使之前传统金融领域未覆盖人群开始接触并使用数字金融服务[②]。但这部分群体金融知识、金融能力相对缺乏，在消费者保护体系尚不完善的情况下，容易引发金融风险甚至社会风险。例如，从 2018 年 P2P 爆雷潮后投资人维权诉求看，很多投资人根本不清楚 P2P 平台性质，误以为投资款会得到刚性兑付。

因此，建议首先应在中央层面将金融消费者保护职能从一行二会分离出来，增设独立的金融消费者保护局，并将金融科技公司参与的金融活动纳入保护范畴。其次，各地投资风险教育和反诈骗宣传方式相对落后，难以达到预期宣传效果[③]。建议结合公检法、金融监管部门执法经验和真实案例，创新宣传模式，提高消费者对金融科技公司产品的认知度，防范风险。

执笔人：孙　飞

① 媒体报道称蚂蚁金服 Pre-IPO 融资已经于近期敲定，投后估值约 1500 亿美元。

② 国务院发展研究中心金融研究所在贫困地区展开的一项问卷调查显示，89% 农户用过互联网金融服务，79% 农户购买过互联网理财产品（主要为腾讯、阿里、京东等互联网公司提供的金融服务和产品）。

③ 根据问卷调查，被调查农户了解金融知识的主要渠道还是通过观看电视节目和阅读传单，或者是通过微信帖子随机性获取，金融教育的针对性、系统性有限。

参考文献

[1] A Framework for FinTech, National Economic Council, January, 2017.4

[2] 德勤. 连接全球金融科技：2017 年全球金融科技中心报告（*Connecting Global FinTech: Interim Hub Review 2017*），2017

[3] 德勤.2019 年技术趋势报告——超越数字前沿（*Tech Trends 2019 Beyond the Digital Frontier*），2019

专题十一

统筹推进金融基础设施建设

金融基础设施是金融活动得以开展的基础，不仅对金融结构的塑造产生很大影响，也在相当程度上决定了金融体系的公平、效率与安全。从普惠金融顺畅发展到资本市场高效运转，都离不开金融基础设施的有力支撑。然而，金融基础设施是当前我国金融体系中的突出短板。在向现代化金融体系迈进过程中，如何补足短板，建设高质量金融基础设施体系，是一项无法绕开的重大议题。

一、金融基础设施在金融体系建设中具有系统重要性

（一）金融基础设施是金融活动发生的平台，没有金融基础设施就没有金融活动

到底什么算作金融基础设施？国际上并没有完全统一的说法，在不同的目标和场合下，其内涵和范围可能差异很大。本文认为，简单来说，金融基础设施就是使得金融交易能够达成的支持设施的统称，包括相关机构、软硬件系统、运作规则等。根据直接融资和间接融资所对应的不同要求，可以将金融基础设施划分为以下三个层次。

第一层次：在最狭义的范畴内，指金融市场基础设施，即资本市场参与者之间用于登记、托管、清算、结算、交易的系统。金融市场基础设施有时常常被直接简化为金融基础设施，可能是因为直接融资下金融交易参与的主体十分多样，又不像在间接融资下银行在很大程度上自身就扮演着金融基础设施的角色，因而更加依赖外部软硬件设施和规则来沟通联结多方参与人，所以金融基础设施对资本市场发展特别重要。

第二层次：将金融市场基础设施向外扩展，把间接融资体系纳入进来，金融基础设施还包括使得银行相关服务顺畅展开的支持系统，如支付以及征信、质押物登记等便利化投融资行为的设施。

第三层次：在最广泛意义上，金融基础设施指为金融活动提供公共服务的一切设施和相关制度安排，此时将法律体系、监管体系等也同时纳入进来（见图 11 –1）。

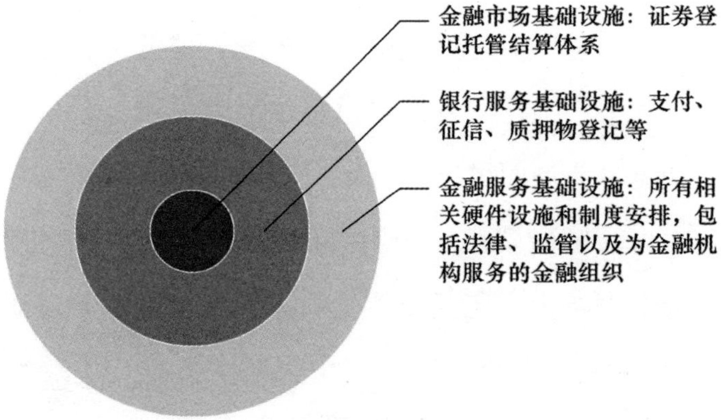

图 11 –1　金融基础设施的不同层次

本文的讨论主要涉及第一、第二个层次的内容，但也会涉及对法律和监管的讨论。

一切金融活动都必须依赖金融基础设施才能展开，正因为如此，金融基础设施常常被比喻为金融交易行为发生的高速公路。就像好的高速公路能降低旅行的时间和成本，使旅行更加顺畅一样，高质量金融体系也离不开高质量金融基础设施的支撑。不少实证研究显示，金融基础设施能直接带动经济和金融发展[①]。建立现代化金融体系，首先必须推动金融基础设施现代化。

（二）金融基础设施的质量决定着金融体系的质量

金融基础设施的存在不仅使得金融活动得以开展，而且影响着金融服务的人群范围、成本高低、创新程度、风险大小，从而影响着金融中介活动的质量。金融基础设施的有效管理与运营直接决定金融体系运行的公平、效率与安全。

以征信为例。在缺乏征信体系的条件下，银行依赖自身资源获取信息来评估客户风险，放贷门槛高，受惠群体有限，而且成本高昂。专门进行相关信用信息收集的征信体系，为银行的放贷决策提供参考，有助于减少信息不对称造成的各种困难，拉低贷款门槛，扩大受惠群体范围，为中小银行的发展提供更加平等的机会，从而增加信贷市场的供给和竞争，进而可以降低大银行由于拥有垄断信息而收取的超额利息，大大缓解融资难、融资贵问题，提高银行信贷的普惠性。类似地，在资本市场上，包括重要支付系统（PS）、中央证券托管机构（CSD）、证券结算系统（SSS）、中央对手方（CCP）和交易数据库（TR）在内的资本市场基础设施，使得资金在远距离的机构和个人之间进行安全转移，是支撑市场运行、提升交易效率和维护金融稳定

① 例如，Miller（2003）基于世界银行的一个研究项目对全世界 77 个国家进行了考察，发现越来越多的国家采用并重视征信系统，且征信系统与经济发展存在一定的正向关系。我国也有类似的研究结果。如李稻葵、刘淳、庞家任：“金融基础设施对经济发展的推动作用研究——以我国征信系统为例”，《金融研究》2016 年第 2 期。

的重要保障。

金融基础设施对防范化解金融风险同样具有重要意义。例如，多头授信是我国金融体系的一个重大隐患，企业或个人同时向多家机构借款而出现过度负债，很可能危及整个金融体系的安全[①]。征信体系的完善将有助于解决这一问题。另外，随着资本市场的发展和创新的活跃，基础设施与系统性风险的相关性显著提升。2008 年国际金融危机中，场外衍生品市场在危机中暴露出一系列致命缺陷与基础设施的不完善密切相关，如封闭运行、交易复杂且信息极不透明、监管者难以确认风险的性质和敞口等，由此引发了危机后对资本市场基础设施的大改造。

二、我国金融基础设施的历史、现状和问题

（一）历史演进

金融基础设施是随着金融体系发展所带来的需求变化而应运而生的。自新中国成立到改革开放前，在计划经济体制下我国只有中国人民银行一家金融机构，业务简单，手工记账，“金融基础设施”这个概念无从谈起。改革开放后到 21 世纪初，随着金融机构数量的增加，金融服务产品的日益丰富，开始有了对更先进技术系统的需求，由手工处理逐渐向计算机处理转变。我国金融基础设施的真正起步始于 21

① 例如，在现金贷市场一度存在非常严重的多头授信问题。百服金融发布的报告显示，56.5% 的客户申请现金贷次数大于 2 次，其中申请 2 ~ 5 次的客户比例最高，达到 36.7%。申请多次借款的客户中，在多家机构申请借款的人数占比达 49.4%。招银前海金融的报告指出，多头借贷用户的信贷逾期风险是普通客户的 3 ~ 4 倍，贷款申请者每多申请一家机构，违约的概率就上升 20%。一旦经济下行压力加大，当行业出现大面积的多头借贷和过度授信时，也有可能成为爆发债务危机的导火索。

世纪以后。随着金融体系的进一步发展，对可及性、便利性、普惠性、安全性有了更多要求，各类专门的金融基础设施先后落地。2002 年 10 月 8 日，大额实时支付系统在北京、武汉成功投产试运行；2006 年中国人民银行征信系统启动。这些重大事件都标志着中国金融基础设施建设的重大进步。

2013 年党的十八届三中全会召开，《中共中央关于全面深化改革若干重大问题的决定》提出“加强金融基础设施建设，保障金融市场安全高效运行和整体稳定”。由此，金融基础设施成为中国金融改革的一项重要议题。近年来，决策层对金融市场基础设施建设愈加重视。2019 年 2 月习近平总书记提出深化金融供给侧结构性改革时，对金融基础设施建设有专门的具体部署，要求“要加快金融市场基础设施建设，稳步推进金融业关键信息基础设施国产化。要做好金融业综合统计，健全及时反映风险波动的信息系统，完善信息发布管理规则，健全信用惩戒机制”。

（二）现状特点

1. 我国金融基础设施类别丰富，已基本覆盖相关领域

经过各方努力，我国金融基础设施建设取得了很大成就，涉及各个层面，基本上该有的都有了。我国金融基础设施可分为支付系统、中央证券存管与结算系统、征信系统、质押登记系统、金融信息统计五个类别，每个系统之下又分为多个子系统（见图 11 -2）。

特别值得一提的是金融信息统计系统。由于我国统计制度存在割裂，数据标准不统一，统计技术手段单一，数据组织分散，信息归集和使用难，共享机制不完善；交叉性金融活动、系统重要性金融机构、金融控股公司等关键领域统计监测不足，风险预警数据不敏感；宏观

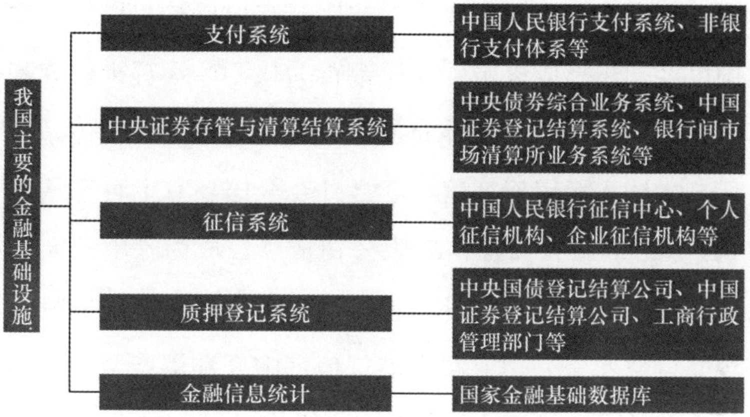

图 11－2　我国主要的金融基础设施

资料来源：笔者整理。

风险统计基础较为薄弱，政策效果评估数据不充分；部分金融活动游离于金融统计体系之外，基础数据不健全等原因，在小范围试点金融业综合统计近两年后，《国务院办公厅关于全面推进金融业综合统计工作的意见》于2018年4月正式印发。《意见》提出，要分阶段逐步推进，建立科学统一的金融业综合统计管理和运行机制，制定完善标准和制度体系，建设运行国家金融基础数据库，建成覆盖所有金融机构、金融基础设施和金融活动的金融业综合统计，有效支持我国货币政策决策、宏观审慎管理和金融监管协调，守住不发生系统性金融风险的底线，不断增强金融服务实体经济的能力和水平。这是我国金融基础设施领域的新进展。

2. 提供基础设施服务的机构日益多元化

随着金融机构体系的日益多元化，金融基础设施机构同样日益多样化。例如，以往中国人民银行独家从事支付结算服务和管理。自2002年起，相继成立了中国银联、城市商业银行资金清算中心、农信银资金清算中心、跨境银行间支付清算（上海）有限责任公司、网联清算有限公司等特许清算机构。为适应互联网经济和电子商务的兴起，2011 年 5 月起批准符合规定的非银行支付机构提供支付服务。目前，我国已经初步形成以中国人民银行为核心、银行机构为基础、特许清算机构和支付机构等为补充的多元化支付服务组织体系。在征信体系方面，中国人民银行征信中心之外，全国还有上百家从事企业征信的机构①。2018 年百行征信有限公司成立，成为除中国人民银行征信中心建立的个人征信系统外，首家从事个人征信业务的机构，主要服务对象是网络小贷公司、网络借贷信息中介和消费金融公司等互联网金融从业机构，与中国人民银行征信中心个人征信系统形成有效补充。此外，还有一些互联网金融信用信息平台，由政府或者行业协会或者私人机构建立，也在从事信用信息的采集②。

3. 我国金融基础设施在推动金融服务创新与经济发展方面发挥着十分重要的作用

金融基础设施的建成以及不断完善，为金融服务的创新发展筑牢了坚实根基。中国人民银行征信中心为各类银行业金融机构和部分非银行金融机构、部分小额贷款公司、住房公积金管理中心、融资担保公司等提供基础征信服务。截至 2018 年 7 月 31 日，该征信系统已经收录了 9.7 亿自然人信息（其中 4 亿多自然人有信贷记录）、企业和其他组织 2538 万户信息，成为世界上收录自然人和企业数最多的征信系统。截至当年 8 月末，该系统已接入各类法人放贷机构 3900 多家，日均查询企业信用报告 29 万余次、个人信用报告 477 万余次。质押登记系统的到位，有助于缓解质押物不足的问题，并有助于开展各类金融

---

① 《中国社会信用体系发展报告 2017》显示，已完成备案的企业征信机构约 140 家。还有一些互联网金融信用信息平台。

② 如上海资信公司建立的网络金融征信系统（NCFS），该系统采集了 P2P 平台借贷两端客户的个人基本信息、贷款申请信息、贷款开立信息、贷款还款信息和特殊交易信息等，并向加入该系统的 P2P 机构提供查询服务。

创新。比如，为缓解中小微企业贷款难的问题，中国人民银行征信中心研发了基于互联网运行的、全国集中统一的应收账款质押登记公示系统，建立了应收账款质押登记业务服务平台，推动了应收账款质押贷款业务的发展。其他诸如股权质押贷款、商标专用权质押贷款等新型业务，也需要建立在质押登记系统基础上。同样，各类基础设施在促进我国资本市场发展方面也扮演了不可或缺的角色。根据 2012 年 CPMI – IOSCO 对我国金融基础设施的评估结果，我国金融基础设施总体稳健，某些领域的技术水平和制度安排已经达到国际通行标准，并在本行业信息收集和支持监管方面发挥了一定作用。

金融基础设施发展同时也在一定程度上直接带动了我国经济增长。以征信体系为例。李稻葵、刘淳、庞家任（2016）评估了征信系统对中国宏观经济的影响，认为征信系统对总消费和总投资都有显著的促进作用，在 2012 年拉动了 0.33 个百分点的 GDP 增长。

（三）存在问题

近年来，国家对金融基础设施越来越重视，也更加重视建设中的统筹性要求。目前正在推进中的金融业综合统计工作就是集中体现。然而，整体看来，统筹性还是存在明显不足，碎片化现象较为严重，这是当前我国金融基础设施建设中的突出矛盾。具体来说，主要体现在以下方面。

1. 缺乏对金融基础设施发展的顶层设计文件

目前，金融基础设施建设中的许多关键问题都存在很大争议。金融基础设施的内涵、外延如何界定？政府和市场在其中扮演何种角色？如何在公益性和盈利性之间达成平衡？诸如此类问题，缺乏共识。近年来随着互联网金融领域的蓬勃发展，新的金融基础设施相继出现，同时引发了一些新的问题。如 2015 ~ 2017 年，大量资本进入互联网征信领域，助推互联网金融服务、提高金融普惠性的同时，也引发了新风险，例如客户隐私被泄露、信息误采误用滥用等。个人隐私和商业秘密保护与牺牲隐私换取金融服务之间的界限在哪里？信息采集的范围和使用的界限之间应存在何种差别？如何确保征信机构的独立性？一系列关键问题亟待顶层设计文件给予答案。

2. 金融基础设施建设缺乏高阶法的管辖

目前主要是以部门规章的形式来推动金融基础设施建设，这与国际实践存在很大不同。例如，2012 年《金融基础设施原则》颁布后，资本市场基础设施建设有了国际规则，主要经济体都通过立法形式对该国际规则加以贯彻实施，例如以法律形式强化通过中央对手方（CCP）对标准化的场外衍生交易合约进行强制清算的要求。相比之下，我国只是通过中国人民银行颁布的部门规章方式贯彻相关要求①。中国人民银行的通知不属于高阶法，效力相对较低，也不利于对一些具有战略意义的问题（如对跨境交易法律冲突问题）给出明确规定。管辖的法律层级太低，显然与金融基础设施在我国金融体系中的系统重要性不相匹配。

3. 监管分割，协调性不足

从图 11 - 2 中就可以看出，我国各类重要金融基础设施主要采取分散管理、分别建设的方式，归属于不同的政府部门管理。例如，在债券结算领域，在 2001 ~ 2010 年的 10 年间，一直由中央国债登记结

① 中国人民银行办公厅于 2013 年颁布了《关于实施〈金融市场基础设施原则〉有关事项的通知》，2014 年颁布了《关于建立场外金融衍生产品集中清算机制及开展人民币利率互换集中清算业务有关事宜的通知》。

算公司（中债登）和中国证券登记结算公司（中证登）分别负责银行间债券市场和交易所债券市场的托管结算。但是，2010 年以后随着上海清算所承接了中债登公司部分券种的登记托管业务，中国债券市场的后台机构由原先的两个变成了三个，形成了三家中央托管机构分散托管的局面（见表 11 –1）。这与国际趋势正好相反。近年来，国际上在后台的托管结算领域存在着日益明显的集中化趋势。欧洲国家、加拿大、韩国和中国香港、中国台湾地区，均由中央托管结算机构负责债券的统一托管和结算。俄罗斯专门立法，自 2013 年起将分散的托管体系合并改造为一个中央托管机构。

表 11 –1　　　　债券市场上的三家托管结算机构比较

	中央国债登记结算公司	中国证券登记结算公司	上海清算所
成立时间	1996 年	2001 年	2009 年
成立依据	国务院批复	《证券法》	财政部、中国人民银行批准
监管机构	银监会管机构和人事，中国人民银行和财政部管业务，财政部管财务	证监会	中国人民银行
对应的市场	银行间债券市场	交易所债券市场	银行间债券市场
体制	国有独资公司	两家交易所出资的股份制公司，交易所为会员制	股份制公司

资料来源：笔者整理。

监管分割另外一个突出体现是在质押登记主体上。当前在我国现有的权利质权登记系统中存在着登记机关“多头管理”现象，不同的主体负责不同的财产权利质押登记（见表 11 –2）。不同的登记信息之间缺乏沟通和共享，有时不同地区针对同一财产权利的登记还有不同规定。

表 11－2　不同财产权利登记规定

财产权利	登记部门
电子债券	中央国债登记结算公司和中国证券登记结算公司
上市股权	中国证券登记结算公司
非上市股权	工商行政管理部门
应收账款	中国人民银行征信中心
商标权	工商行政管理部门
著作权	国家版权局
专利权	国家知识产权局

资料来源：笔者整理。

监管分割造成很多负面影响。不仅可能造成重复建设，而且会降低市场的安全和效率。如债券托管清算体系的分割会增加市场之间互联互通的困难，提高市场运行成本；质押登记机关的过于分散，会降低金融服务的便利性以及创新性。此外，监管分割也不利于统计信息的掌握，增加风险监测和防范控制的难度。

4. 国际协同有待加强

一方面，我国金融基础设施触角已经向外延伸，具备了一定国际化特征。如在人民币跨境支付系统建设方面有突破性进展。在 2018 年 3 月 26 日成功试运行的基础上，人民币跨境支付系统（二期）全面投产，符合要求的直接参与者同步上线。截至 2018 年 3 月底，CIPS 共有 31 家境内外直接参与者和 695 家境内外间接参与者，实际业务范围已延伸到 148 个国家和地区。

另一方面，我国金融基础设施的国际性仍然不够充分，具体表现在：国内金融设施规则与国际规则如何更好对接、金融基础设施跨境监管协同的合作机制如何建立等关键领域缺乏统筹规划。这种现象显然我国与大国地位不相称，与建立更高水平金融开放的要求不匹配。

三、国际金融基础设施发展的现状特点

任何国家的金融体系发展都离不开金融基础设施，金融体系的发展也会相应促进金融基础设施的进步，二者是相辅相成的关系。全球范围来看，就像国家之间的金融体系差异巨大一样，金融基础设施的国别差异也十分巨大。金融体系越发达，金融基础设施越发达。

（一）发展中国家金融基础设施相对落后，但潜力巨大

支付体系是最基本的金融基础设施，不同国家之间差异很大。根据国际金融公司的统计（2009），在发达国家，实时毛额结算（real time gross settlement）基础上处理的大额支付规模通常是GDP的数十倍。如在英国，大额支付规模是GDP的91倍，法国是75倍，日本是50倍，美国是43倍。对多数发展中国家而言，这一比例显著下降。如玻利维亚为1.2倍，格鲁吉亚为1.4倍，莱索托为0.9倍。此外，在国与国之间，ATM和POS终端的可获得性以及流通中支付卡的数量差别也很大。

由于在发展中国家间接融资经常占据主导，所以相关基础设施——质押物登记系统比较普遍地建立起来。国际金融公司（2009）调查显示，在181个国家和地区中有170个建立了质押登记系统，从而使得借款人至少在理论上可以使用动产作为质押物来为贷款提供担保。然而，质押登记系统运转良好，并且建立在必要的法律框架基础之上的国家和地区数量则少得多，并且主要集中在发达国家。在80个法律权利指数（与质押物使用有关）最不发达的国家中，只有10个国家拥有统一的全国性登记机构。

另外，发展中国家相对落后的金融基础设施现状，也意味着潜力一旦被激发，将焕发出巨大的能量。表11－3、表11－4列示了国际金融公司（2009）对发展中国家金融基础设施潜力的预测结果。结果显示，如果发展中国家建立起了完善的金融基础设施，或者提升现有金融基础设施的效率，5～10年之后，不仅会显著扩大受惠人群数量，而且会大大提升金融规模。

表11－3　新兴经济体中金融基础设施支持的金融规模潜力　单位：亿美元

	征信机构	汇　款	国内支付体系
当前金融规模	8120	2850	648450
潜在金融规模	12560	990	893500
合计金融规模潜力	20680	3840	1541950

资料来源：IFC（2009）①。

表11－4　新兴经济体中受金融基础设施影响的人群数量潜力　单位：亿人

	征信机构	汇　款	国内支付体系
当前受影响的人群数量	4.0	7.1	11.0
潜在受影响的人群数量	6.1	0.6	18.7
合计受影响的人群数量	10.1	7.7	29.7

资料来源：IFC（2009）。

（二）发达国家在国际金融危机之后强化了对金融基础设施的重视和监管

1. 将金融基础设施提高到国家战略高度

主要表现在国家之间的竞争越来越将金融基础设施作为一个抓手，展开相关控制权争夺。例如，围绕英国“脱欧”，欧元清算中心

① IFC，FINANCIAL INFRASTRUCTURE Building Access Through Transparent and Stable Financial Systems，2009.

由伦敦迁出成为一个重要议题。2017 年 6 月欧盟决定在 2019 年英国“脱欧”后，对欧元衍生品清算有系统重要性的中央对手方只能设立在欧盟国家。这也就意味着新的欧元清算中心必须要搬离伦敦。然而，由于英国在欧盟乃至全球清算体系中扮演着极其重要的角色，新的欧元清算中心重建在哪里？是否有能力承接？是否能替代伦敦？围绕上述问题，欧盟国家展开了一系列博弈。

2. 系统重要性金融基础设施亦被纳入宏观审慎监管视野

国际金融危机后，发达国家普遍加强了对金融基础设施的监管，其中一个关键举措就是在微观监管之外，将金融基础设施纳入宏观审慎监管范畴。

其一，中央银行普遍被赋予了加强金融基础设施管理的职责；

其二，就像对系统重要性金融机构进行认定一样，同样也对系统重要性金融基础设施机构进行认定。

以美国为例。依据《多德 - 弗兰克法案》，金融稳定监管委员会（FSOC）拥有对系统重要性金融基础设施的认定权；美联储拥有对系统重要性金融基础设施的宏观审慎监管权。值得一提的是，纳入美联储宏观审慎监管并不意味着微观监管就已停止，而是微观监管与宏观监管协同发挥作用①。

3. 金融市场基础设施有了国际监管规则

在深刻反思危机教训基础上，2012 年，国际清算银行支付与结算委员会（CPSS，2014 年 9 月更名为 CPMI）和国际证监会组织（IOSCO）共同发布了《金融市场基础设施原则》（*Principles for Financial Market Infrastructures*，PFMI），并划分了五类金融市场基础设施：支付系统、中央证券托管系统、证券结算系统、中央对手方、交易数

① 例如在美国，已经认定了 8 家系统重要性金融基础设施，微观层面分别由证监会、美国商品期货交易委员会和美联储监管，宏观层面则纳入美联储的宏观审慎监管视野。

据库。PFMI 原则已经成为世界主要国家和地区推动金融市场基础设施的统一指引。2016 年 G20 杭州峰会对此也有体现，峰会公报鼓励各成员国应“消除在实施《金融市场基础设施原则》方面的差距”。

四、统筹推进我国金融基础设施建设的原则

现代化金融体系要求建设与之相匹配的现代化金融基础设施体系。在统筹推进我国现代化金融基础设施建设中，必须遵循以下原则。

（一）战略性

金融基础设施建设不仅由于其对一国金融发展的支持作用而不可或缺，更是由于其基础性、关联性、规模经济性、客户高度黏性等特点，天然与国家金融主权紧密相关。不论是提高金融体系公平和效率，维护金融稳定安全，还是建设高水平的金融开放体系，积极融入全球金融治理体系，金融基础设施都至关重要。为此，必须站在战略性高度统筹推动金融基础设施的建设步伐，而不能仅仅拘泥于分散的、个体的软硬件设施的建成与运转。

（二）协同性

金融体系的健康有序发展需要标准一致的、高度一体化的金融基础设施服务，因此协同性对金融基础设施建设特别重要。

一是金融市场基础设施要与银行服务相关的基础设施相互协同，以确保直接融资和间接融资体系的协同发展。二是不同金融基础设施管理部门要相互协同，强化信息共享，避免碎片化问题。三是不同金融基础设施机构之间要相互协同，形成错位发展、优势互补、适度竞争的格局。

（三）国际性

随着金融体系的全球化，金融基础设施的跨区域和国际化必须纳入未来发展的考量之中。一方面，必须考虑如何将我国金融基础设施与全球市场有效对接，以便为“一带一路”建设、人民币国际化等提供有力支撑。另一方面，金融基础设施同时也是国际金融治理体系改革的重要内容，我国要积极融入国际金融治理体系，必须要积极参与国际金融基础设施的改革进程，这对国际化也提出了相应要求。

（四）科技性

金融基础设施的发展边界高度取决于技术创新及其应用，科技的运用也将在很大程度上重塑金融基础设施的面貌。例如，与传统金融基础设施维护“集中分类账”不同，区块链建立并维护“分布式分类账”，这也就意味着全世界范围内可以存在一个“去中心化”且穿透到最底层的公开账本来记录资产转移，资产托管、实时清算和结算都可内嵌于区块链网络，而不再需要一个处于中心的、物理化的金融基础设施[①]。如何应对科技的挑战，将决定金融基础设施的未来竞争力。

五、推进金融基础设施建设的近中期举措

（一）出台对我国金融基础设施建设的顶层设计文件

——清楚界定金融基础设施的内涵。服务于直接融资和间接融资体系的相关金融基础设施都应该被纳入进来，进行统筹规划，而不要有所遗漏。

---

① 董屹（2018）：“抵御系统性风险需加强金融基础设施建设”，http：//www. sohu. com/a/277213160_ 115495。

——对一些关键问题给出导向性规定。如确定金融基础设施的基础服务和增值服务之间是互补的关系，而不是互相取代的关系；制定金融基础设施监管的基本原则，强调现有金融基础设施之间的对接等。

——对未来金融基础设施的建设重点给予明确，并列出建设日程表。如金融综合统计目前已经确认为我国金融基础设施的建设重点，而且推出了明确的建设日程表①。这为优化未来金融基础设施建设提供了很好的示范。

（二）建立“系统重要性金融基础设施机构”制度

——对我国各类金融基础设施机构进行梳理，以确定系统重要性金融基础设施机构名录。金融基础设施机构具有许多不同于金融机构的特征，有必要对此进行单独管理。例如，各证券交易所、证券托管清算机构具有金融基础设施属性，而不同于金融机构。国际上，建立系统重要性金融基础设施名录，是国际金融危机之后的一大趋势。我国也应对此加以借鉴。

——将系统重要性金融基础设施机构纳入宏观审慎监管范畴，与微观监管共同发挥作用。

——对系统重要性金融基础设施机构增加支持力度，必要时可以增加国家资本注入，提高企业实力。

---

① 具体来说，2018～2019年，重点开展以下工作：以金融机构资管产品统计为突破口，推进交叉性金融产品统计，实施跨市场产品全流程、全链条统计监测；推进系统重要性金融机构及金融控股公司统计；编制金融业资产负债表，完善金融资金流量、存量统计，夯实宏观杠杆率测算基础；加强绿色金融、普惠金融等专项统计；依托金融基础设施，建立完善债券市场、货币市场、外汇市场等金融市场统计；建立金融业综合统计标准体系，推进行业统计标准与基础统计标准的对标。2020～2022年则要进一步开展以下工作：建立地方金融管理部门监管的地方金融组织和互联网金融机构统计；持续完善金融业综合统计标准体系，完成行业统计标准与基础统计标准的对标；建设先进、完备的国家金融基础数据库。

——推动系统重要性金融基础设施机构改革力度，例如对股权结构、公司治理等进行改革。

（三）加强金融基础设施的监管协调

——推进债券托管结算体系的监管协调。短期内，应通过进一步合理确定三个债券托管结算机构的业务范围、强化财政部、中国人民银行、证监会的协调机制等方式，提升债券市场的互联互通和转托管效率；中长期可以考虑统一托管结算机构，通过新设立一个托管结算集团或者吸收合并的方式，实现“一个托管结算账户支持多个交易场所多种交易方式”。

——推进质押登记体系的监管协调。可由中国人民银行牵头，统筹整合我国已有的各项财产权利质押登记系统，建立全国统一的登记公示系统，为金融业务创新发展，特别是普惠金融业务的创新发展提供服务。

——建立金融与非金融信息的对接共享通道。许多支持金融决策的信息散落在不同的政府职能部门，包括海关、税务、公安、司法、工商、环保、房管部门等。应在金融部门与拥有信息的政府职能部门之间建立正规的信息共享渠道，帮助金融机构获得系统、可负担的信息来源，提升金融决策效率。

（四）加强金融基础设施的国际合作力度

——推动中国金融基础设施规则与国际规则的接轨。如应在考虑中国国情基础上，最大限度地采纳《金融市场基础设施原则》。

——借助“‘一带一路’国际论坛”等平台，发起“发展中国家金融基础设施联通倡议”，积极打通“一带一路”沿线国家的货币支付与清算等金融市场基础设施合作通道，推动金融基础设施的跨境互联互通。

——积极参与国际金融基础设施的改革进程，搭建跨境监管协作框架。

——鼓励有条件的国内金融基础设施机构“走出去”，布局境外市场。

（五）统筹推动征信体系发展

——推动小贷公司、网贷机构全面接入中国人民银行征信系统，实现互联网金融、互联网电商等领域的信用信息覆盖。

——在建立统一框架和标准基础上，在中国人民银行征信系统与其他各类企业征信系统、个人征信系统之间建立稳定的信息共享和交流渠道。

——推动建立多层次、差异化、各类机构密切配合、适度竞争的征信体系。

（六）支持金融科技在金融基础设施中的运用

——试点将区块链等技术运用于现有金融基础设施平台上，以实现流程再造和效率提升。根据试点结果，逐渐向全部相关平台铺开。

——支持金融基础设施机构加大与金融科技公司的合作，提升新技术的运用空间。

——将金融科技运用在金融基础设施监管上，提升监管能力，降低监管成本。

执笔人：田　辉

参考文献

[1] 陈涛，刘鑫，李长银．金融基础设施发展的国际经验研究．现代管理科学，2018（6）

[2] 陈志．国内外全面征信与差异化发展的实践．征信，2018（6）

[3] 董屹．抵御系统性风险需加强金融基础设施建设．中国经济时报，2018－11－23

[4] 李稻葵，刘淳，庞家任．金融基础设施对经济发展的推动作用研究——以我国征信系统为例．金融研究，2016（2）

[5] 毛术文．CPMI 和 IOSCO 对美欧日中央对手方第二阶段评估及对我国的启示．法制与经济，2015（7）

[6] 孙兆东，李春旭．质权公示系统与企业融资．中国金融，2015（23）

[7] 唐婧，何晓楠．系统重要性金融基础设施的宏观审慎监管．银行家，2018（8）

[8] 温信祥．现代化支付体系提升服务能力．中国金融，2018（23）

[9] 杨涛，李鑫．当前支付清算市场的创新与发展．银行家，2018（6）

[10] IFC, Financial Infrastructure Building Access Through Transparent and Stable Financial Systems, 2009.

专题十二

优化国有金融资本战略布局

国有金融机构，是指国有金融资本合计占 50% 以上的金融机构。国有金融机构占据主导地位是我国金融体系不同于大多数经济体的重要特征。如何优化国有金融资本战略布局、提高国有金融资本配置效率，是推进我国金融体系现代化进程中事关全局的重点和难点问题。一方面，国有金融资本战略布局是关系着国有金融机构未来在我国金融体系中扮演何种角色、发挥多大影响力的问题。另一方面，以何种原则规划国有金融资本战略布局，在相当大程度上影响着我国融入和改善国际经济金融治理体系的路径。以合适的原则和路径优化国有金融资本战略布局，可为我国金融机构更好地参与国际竞争创造良好的国际环境。

一、我国国有金融资本布局的演进和特点

金融机构的股东可以是国有资本[①]，也可以是集体资本、民营资本、外国资本，更常见的是各种资本的混合。我国国有金融资本布局问题的主体，是国有金融机构的股权改革问题。

（一）我国国有金融资本布局的演进

1. 从1949年直到21世纪前后，中国金融机构体系的构建以国有金融机构为先导和主导

新中国成立直到改革开放前，中国实际上只有兼具金融管理职能和金融服务职能的中国人民银行一家金融机构[②]。金融改革首要内容就是将中央银行和商业性金融机构分开，并恢复和新建更多的专业性金融机构。从1984年1月1日起，中国人民银行开始专门行使中央银

---

① 在国内外语境中，国有资本、公有资本、政府资本有类似的含义，国有金融机构有时也被称为国家拥有的金融机构、公共金融机构或者政府拥有的金融机构。在世界银行的相关报告中，国有金融机构是指国家持股比例在50%以上的金融机构；在2018年7月中共中央、国务院发布的《关于完善国有金融资本管理指导意见》中，国有金融资本是指国家及其授权投资主体直接或间接对金融机构出资所形成的资本和应享有的权益。国有金融资本包括国家资本和国有法人资本，具体指四种类型：一是中央政府和地方政府直接或间接向金融机构出资所形成的资本和应享有的权益；二是主权财富管理（投资）机构向金融机构出资所形成的资本和应享有的权益；三是凭借国家权力和信用支持的金融机构，所形成的资本和应享有的权益，如证券期货外汇交易场所、金融交易清算结算及征信类机构、金融消费者保护机构、金融资产登记托管等金融基础设施企业形成的国有金融资本等；四是金融或非金融国有企业投资其他金融机构所形成的资本和应享有的权益。

② 名义上，除了中国人民银行之外，金融机构还有1954年成立的中国人民建设银行、1955年和1963年两度成立的中国农业银行、1951年成立的农村信用合作社、1949年成立的中国人民保险公司。然而，这些机构或者算不上真正的金融机构，或者只是中国人民银行的下属部门，或者名存实亡。如中国建设银行成立后隶属于财政部，专门负责管理和监督用于基本建设的财政拨款，执行财政部交办的拨款任务，算不上真正的银行；中国人民保险公司成立之初隶属于中国人民银行，1952年被划归财政部；1959年进行全面清理，不再办理国内保险业务，并归属中国人民银行国外局领导，专门经营国外保险业务。

行职能。同时，以1979年1月中国农业银行恢复为序幕，中国工商银行、中国建设银行、中国银行以及中国人民保险公司先后建立和恢复建立，一些股份制银行、保险公司、信托投资公司和城市信用合作社也相继成立。

值得强调的是，在中国金融机构体系多元化和金融机构专业化的早期阶段，也就是直到21世纪前后，新涌现的金融机构主要由国有资本主导，民营资本很少。1994年成立的3家政策性银行，由国家出资设立、直属国务院领导，专门承担政策性业务；招商银行、中信实业银行于1987年分别在深圳特区和北京成立，成为首批由国有企业兴办的银行。直到1996年1月，由全国工商联牵头，数家民营机构参股组建的中国民生银行正式成立，才突破了商业银行原有的股权构成，成为我国第一家由非国有企业为主出资设立的股份制商业银行。相比银行业，民营资本控股的保险公司出现得更晚。中国人民保险公司之外涌现的许多新公司，股东主要以国有企业为主①。

2. 21世纪开始至今，国有金融机构股权多元化改革与市场化改革齐头并进

进入21世纪，中国经济活力进一步释放、金融改革持续推进、对内对外开放步伐加快。受此影响，民营资本、外国资本纷纷涌入中国金融体系，大量新金融机构建立。同时，大型国有金融机构通过财务重组、引进战略投资者和公开上市三个步骤，完成了股份制改造，实现了股权多元化，获得了新生和活力。

---

① 1988年3月，蛇口工业区社会保险公司、工商银行深圳信托投资公司出资成立深圳平安保险公司，成为中国内地首家股份制保险公司；其后成立的太平洋保险、华泰财险、泰康人寿、永安财险、新华人寿、华安保险等公司，设立时股东也以国有企业为主。直到2002年，以特华投资为首的一批民营企业入主华安保险，使得华安保险成为第一家民营企业控股的保险公司。

与股权多元化改革同时进行的是金融体系市场化改革。2004 年以允许贷款利率下浮为序幕启动利率市场化改革；2005 年推进了汇率体制改革，开始实行以市场供求为基础、参考一篮子货币进行调节、有管理的浮动汇率制度；金融监管部门陆续出台了一系列法规文件，在银行、证券、保险等领域推动建立现代金融企业制度，构建和形成了以“三会一层”为代表的现代公司治理体系架构。正是在市场化改革的配合下，国有金融机构的股权多元化改革才能顺利推进。国有资本在金融体系中配置比例显著下降，不仅没有影响中国金融体系的快速壮大发展，反而营造了更好的金融发展环境，支持金融体系更好服务实体经济增长。

3. 国有金融资产管理体制的新变化，对国有金融资本配置提出新要求

1988 年，经全国人大七届一次会议批准，在财政部之下成立了新中国首个专职从事国有资产管理的政府职能机构——国家国有资产管理局。当时，国有金融资产被当作一般的国有资产来管理，并没有专门的国有金融资产管理体制。2002 年 11 月，十六大报告提出：“建立中央政府和地方政府分别代表国家履行出资人职责，享有所有者权益、权利、义务和责任相统一，管资产和管人、管事相结合的国有资产管理体制。”2003 年 3 月，国务院国有资产监督管理委员会（简称“国资委”）成立，专门对国有非金融资产单独管理，而国有金融资产却并没有类似国资委的专门管理机构。2003 年 11 月，中央汇金投资有限责任公司（简称“汇金公司”）经国务院批准成立，代表国家对重点国有金融企业依法履行出资人权利和义务，这是我国国有金融资本管理方面迈出的重要一步，在财政部之外，国有金融机构有了新的出资人代表（见表 12－1）。

表 12－1　2017 年末两大国有金融机构出资人代表的部分直接持股企业信息　单位:%

机构名称	汇金公司持股比例	财政部持股比例
国家开发银行（未上市）	34.68	36.54
中国工商银行（A/H 上市）	34.71	34.60
中国农业银行（A/H 上市）	40.03	39.21
中国银行（A/H 上市）	64.02	0
中国建设银行（A/H 上市）	57.11	0
中国光大集团（未上市）	55.67	44.33
中国出口信用保险公司（未上市）	73.63	26.37
中国再保险集团（H 上市）	71.56	12.72
中国建银投资（未上市）	100.00	0
中国银河金融控股（未上市）	69.07	29.05
中国国际金融股份有限公司（H 上市）	58.58	0
建投中信资产管理公司（未上市）	70.00	0

资料来源：根据上市公司年报整理。

2010 年，“十二五”规划提出要“健全国有金融资产管理体制”。这是国家在相关战略性文件当中，首次提出关于国有金融资产管理体制的改革问题。2018 年 7 月 8 日中共中央、国务院颁布《关于完善国有金融资本管理指导意见》，针对国有金融资本管理中存在的管理职责分散、权责不明、授权不清、布局不优、配置效率有待提高、法治建设不到位、党的建设弱化、党组织在公司治理中的法律地位还不明确等问题和矛盾，启动了国有金融资产管理体制的新变革，其中优化国有金融资本配置格局是一项重要内容，提出了“资本布局更加合理”的目标，要求“有进有退、突出重点，进一步提高国有金融资本配置效率，有效发挥国有金融资本在金融领域的主导作用，继续保持国家对重点国有金融机构的控制力，显著增强金融服务实体经济的能力”。这成为新时代国有金融资本配置的指导性原则。

（二）我国国有金融资本布局的特点

1. 国有商业银行在金融体系中扮演着主导角色

经过多轮改革，我国金融机构组织体系日益多元化、丰富化，形成了中央银行、国有商业银行、政策性银行与其他商业性银行及多种非银行金融机构分工并存、具有一定差异性的整体格局。在间接融资占据主导的金融体系下，国有银行在金融体系中仍扮演着主导角色。尽管过去10年，五大国有商业银行资产占比呈显著下降态势，但2018年仍占据全部银行业总资产的35%以上（见图12-1）[①]。2017年，中央和地方层面的国有资产中，银行业占比均超过一半以上（见表12-2）。

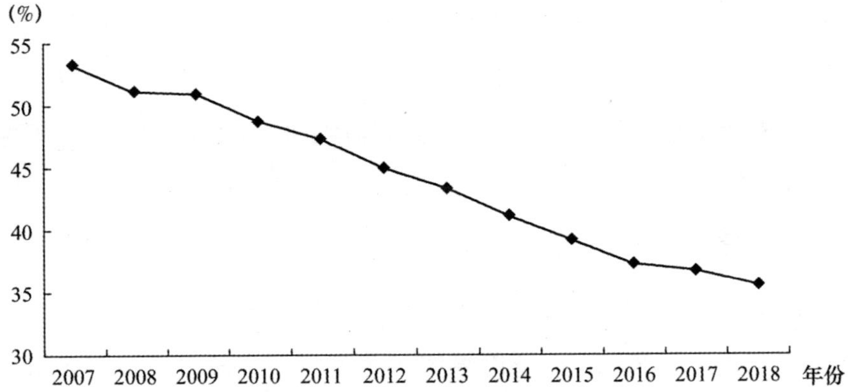

图12-1　大型国有商业银行资产占比

资料来源：银保监会。

表12-2　2017年金融企业国有资产分布　单位：%

	中央层面		地方层面	
	金融机构资产总额占比	国有资产占比	金融机构资产总额占比	国有资产占比
银行业	84.8	65.3	89.1	54.2
证券业	0.6	1.8	4.4	12.6
保险业	3.7	3.2	2.8	3.1

资料来源：《国务院关于2017年度金融企业国有资产的专项报告》。

① 2019年初，中国邮政储蓄银行被归类为第六家国有大型商业银行。

在非银行金融领域，国有资产虽然在全部资产分布中占比不高，但国有金融机构在行业中往往占据领先地位。

2. 国有金融资本的重要地位具有路径依赖特征

在改革开放初期，我国公有制为主体的基本经济制度决定了新成立的金融机构主要以国有企业为先导。随着渐进式改革的逐步推进，金融机构股权日益多元化，国有金融资本配置比例虽然明显下降，但仍然扮演着重要角色，在银行领域甚至占据主导。这一过程具有鲜明的路径依赖特征。我国采取的是渐进式改革路径，而不是东欧等转型国家经常采用的休克疗法[①]，这也就决定了股权改革是渐进的，特别是在银行这一关键领域，国有资本配置的布局调整采取了十分审慎的态度。

3. 由于金融体系市场化改革尚未完成，股权改革和优化国有金融资本布局仍在路上

国有金融资本配置格局调整需要依赖许多配套制度。过去 40 年，虽然金融体系的市场化改革取得了很大成就，但改革远未完成。国有金融机构还不是完全的市场化主体，在放贷、定价、投资等重大决策方面还受到很多掣肘。汇率利率市场化改革、资本市场改革、金融机构公司治理改革、进入退出机制改革、监管体制改革等诸多关键领域改革仍然在路上。国有金融资产管理体制尚未完全理顺。市场化改革尚未完成对国有金融资本配置格局的优化形成严重制约，各种问题相互交织，也加剧了国有金融资本配置的复杂性和困难性。

---

① “休克疗法”倾向于全面否定过去的体制，从西方国家直接照搬引入，如苏联的国有金融机构在“休克疗法”后基本全线崩溃，之后国内先后成立了 1000 多家商业银行，没有一家是国有的，几乎都是小银行。

4. 国有金融资本布局在现代化金融体系建设中的作用进一步凸显

在新的政策导向中，国有金融资本和国有金融机构的重要性被进一步强调，即“国有金融资本是推进国家现代化、维护国家金融安全的重要保障，是我们党和国家事业发展的重要物质基础和政治基础。国有金融机构是服务实体经济、防控金融风险、深化金融改革的重要支柱，是促进经济和金融良性循环健康发展的重要力量”[①]。国有金融机构的系统重要性使之成为我国建设现代化金融体系的关键，同时也是难点。如果不对国有金融资本布局进行战略性调整，会影响到金融体系旧有弊端的去除，金融体系向高质量迈进的步伐也可能由此受阻。此外，中国国有金融机构“走出去”过程中，正面临复杂的国际政治经济环境[②]。为国际竞争创造良好外部环境，离不开对国有金融资本配置进行进一步优化。

二、国际上国有金融机构的演进及特点

全球范围内，国有金融机构既是较早出现的历史现象，也是几经波折后仍然保有很强生命力的普遍现象。

（一）国际上国有金融机构的演进

简单回顾历史，国有金融机构的演进可大致分为以下几个阶段。

最早的国有金融机构雏形可以追溯到西欧的中世纪，建立的主要

---

① 见2018年6月30日发布的《中共中央国务院关于完善国有金融资本管理的指导意见》。

② 在“走出去”、推进“一带一路”建设进程中，国有金融机构面临的国际社会质疑呈现显著上升态势，这些质疑包括：国有银行是否向国有企业提供了廉价信贷？国有金融机构与政府关系是否过于密切？是否接受大量政府指令，等等。

目的是应对债务违约造成的社会不稳定，不过直到20世纪早期才出现真正意义上的国有银行。"一战""二战"后，国有金融机构在欧洲快速扩张，背后的理由多种多样，包括培育国内金融市场，提供以往不存在的金融服务；为支持军事目标以及其他政府行动提供融资；振兴民族经济，对抗外国资本，等等。到20世纪70年代，西欧地区金融机构中广泛存在大量国有股份，占比从意大利的75%到瑞典的20%不等，而东欧地区则几乎全是国有金融机构①。

自20世纪80年代开始，市场自由化浪潮兴起，紧接着在90年代开启了以东欧为代表的计划经济向市场经济的转轨以及金融全球化快速扩张。在上述因素综合作用下，国有金融机构的负面作用被片面强调，而积极作用被忽略不提，国有金融机构开始式微，大量国有股份转化为私有股份，全球范围内国有金融资本占比呈现断崖式下降态势。

2008年国际金融危机爆发以后，国际社会对国有金融机构的认知又开始有所转向。一方面，由于大型全球银行受到了危机的巨大冲击，不得不将资金从海外撤回，以弥补自身的资本损失并满足监管机构对其提出的更高资本要求。大型全球银行的业务收缩导致发展中国家出现了巨大的信贷业务缺口，不得不重新依赖国有银行弥补缺口。另一方面，许多国家向因危机而受困的金融机构重新注资或者国有化，也提高了政府持有银行的资产占比。世界银行调查数据显示，在国际金融危机期间，东欧和中亚地区的国有银行持有资产占比提高了5个百分点。简言之，国际金融危机之后，对国有金融机构（主要是指国有银行）的兴趣重新被点燃，不少国家国有银行的业务占比重新回升，一些具有特殊任务和使命的新国有银行也相继成立。

---

① Aurora Ferrari, Davide S. Mare, IliasSkamnelos, State Ownership of Financial Institutions in Europe and Central Asia, Policy Research Working Paper 8288, World bank, Dec. 2017.

（二）国际上国有金融机构演进的特点

1. 国有金融机构在全球范围内普遍存在，是一国金融体系中不可或缺的组成部分

无论在发达经济体，还是在新兴经济体，国有金融机构都普遍存在，只是数量和重要性程度有所差异。世界银行（2018）统计了全球91个国家外资银行和政府持有银行分别对应的资产比重。平均来看，外资银行资产占比约占全部银行资产的43%；相比之下，政府持有银行对应的资产占比为18%。虽然后者显著低于前者，但分量仍然不容小觑①。

在俄罗斯、巴西、印度等国家，国有银行具有系统重要性地位，在整个银行业的资产占比很高，这一点与我国十分类似。表12－3显示，2010年末，印度、巴西、俄罗斯国有银行资产占比分别是74%、44%和41%。在德国，这一比例也高达32%。

表12－3　　1995～2010年部分国家国有银行资产占比　　单位：%

国　家	收入组	1995年	1999～2001年	2008年	2010年
澳大利亚	高收入	44	0	0	0
韩　国	高收入	29	35	22	22
印度尼西亚	发展中	64	44	38	38
德　国	高收入	27	42	35	32
意大利	高收入	34	14	0	0
英　国	高收入	0	0	1	26
罗马尼亚	发展中	89	56	6	8
俄罗斯	发展中	54	52	38	41
巴　西	发展中	60	42	40	44
墨西哥	发展中	53	13	14	13
印　度	发展中	77	78	70	74

① World Bank, "Bank Ownership: Trends and Implications", 2018, Policy Research Working Paper 8297.

续表

国　家	收入组	1995 年	1999～2001 年	2008 年	2010 年
巴基斯坦	发展中	76	54	21	21
南　非	发展中	2	0	0	0
加　纳	发展中	68	25	10	10

注：此处的“国有银行”是指政府持股超过 50% 的银行。
资料来源：World Bank（2018）。

还有一些国家，主要是指高收入国家，虽然国有金融机构数量很少，但扮演的或曾扮演的角色至关重要。例如在美国，1938 年成立的房利美，主要目的是增加抵押贷款资金的流动性，降低购房成本，解决居民住房问题。最初，房利美是一个政府机构，1968 年转化成为私营公司，但其背后仍有政府的密切支持。美国进出口银行是美国联邦政府为资助对外贸易而由财政部出资设立的银行，在提高美国出口竞争力方面发挥了重要作用。

2. 国有金融资本配置的变化是一个动态调整过程，受到多重因素的影响

在过去 30 年间，全球范围内国有银行资产占比的变化，并非一味下降，在英国等个别案例中，反倒有所上升（见表 12－3）。受到多重因素的影响，全球范围内国有金融资本的配置呈现出一个渐进的、动态的过程。这些因素包括如下。

一是对政府和市场认识的调整。国有金融机构一度占据主导，与重视政府作用的理论思潮一脉相承。随着“小政府”理念的盛行，特别是华盛顿共识下对自由市场作用的强调和对政府作用的排斥，私有化和放松监管成为潮流，国有金融机构的地位相应也大为削弱。国际金融危机暴露了不受监管的市场的巨大负面作用，不少国家的政府不得不花费巨大成本救助私人拥有的金融机构，市场的弊端被人们更加清晰地认识到。相反，对政府的评价则更趋正面。这些思想理念的变化对国有金融资本的配置产生了重要影响。

二是对国有金融机构作用的新发现。以往，对国有金融机构的作用认识偏于狭窄，仅仅限于解决市场失败、实现政策性目标等。国际金融危机的爆发以及其后对危机的应对，使政策制定者认识到国有金融机构可以充当有效的逆周期调控工具。IMF 报告（2009）[①] 指出，在国际金融危机从发达国家向发展中国家传递的过程中，发展中国家的外资银行扮演了关键角色；而在巴西、中国、印度、俄罗斯这样的发展中国家，由于政府持有的银行具有系统重要性，所以能够从危机中迅速恢复。这一观点被普遍接受，不少人认同国有银行能够在金融困境时期产生减缓危机的作用。正因为如此，危机后英国建立了国有的“英国企业银行”（British Business Bank）来支持小企业发展[②]，建立了绿色投资银行来支持和扩张绿色投资。在波兰，国有银行 PKO BP 以比私人银行更快的速度扩张信贷。

3. 开发性和政策性机构日益成为国有金融机构的主流

世界银行报告（2017）调查了欧洲和中亚地区（ECA）的国有金融机构情况。在被调查的 41 家样本中，有 15 家属于国有商业金融机构，即不存在或者很少有政策指令，主要从事商业银行活动，追求利润最大化目标；其余 26 家均属于开发性或政策性性质，即有政策指令，不吸收零售存款，主要目标是为国际贸易、海外投资、支持本地企业国际化等提供融资支持和风险管理服务。可见，在国有金融机构

---

① IMF, World Economic Outliook, April 2009.

② British Business Bank 是英国政府建立的国有经济开发银行，目标是提高对中小企业的信贷供给。2012 年首次提出建立设想，最初计划是政府出资 10 亿英镑，将各种政府金融机制相互融合，为中小企业创造一站式服务。2013 年 10 月 1 日起，该项目启动，2014 年 11 月该项目由 BIS 转为 British Business Bank plc。

较为集中的 ECA 地区，开发性和政策性机构是主流。此外，调查还显示，近年来，开发性金融机构的建立步伐似乎在加快。26 家开发性金融机构中，有 8 家是在 1990 年之前建立的，18 家是在 1990 年之后建立的，其中 4 家更是在 2007 年之后建立的。

三、当前我国国有金融资本布局中存在的问题和挑战

国有金融资本布局是一个理论性和实践性兼具的重大复杂议题，关联度广、制约因素多。尽管当前国有金融机构在金融体系中扮演着重要角色，但同时也是金融体系效率偏低、改革动力不足的重要原因。国有金融机构存在的诸多问题均与国有金融资本战略布局中的问题相关。

（一）存在认识简单化、片面化的问题

1. 否认国有金融机构的作用

包括国有金融机构在内的国有企业几乎就是低效、政府干预、扭曲的代名词，国内外均存在这一倾向。实际情况却并非如此。理论研究早已发现，国有金融机构存在的理由十分多样，与非国有金融机构相比也各有优缺点①。实证研究也并不总是支持国有金融机构就是低

① 对国有银行如何评价，历来存在很多争议。支持派的观点主要有两个：一是社会观点，认为它们可以帮助克服市场失败、充分利用外部性，从而推动有助于加强社会福利的投资（Atkinson and Stiglitz，1980；Stiglitz，1993）；二是发展观，强调国有银行能够将资源配置在具有战略重要性的产业上，这些领域私人部门不愿意或者没能力去提供融资，因此有助于撬动经济发展（Gerschenkron，1962）。反之，也有两派观点强调国有银行可能导致资源错配以及无效。一是代理观，即使政府拥有良好的目的，与政府官僚体系相关的代理成本（例如政府和被指派管理国有银行的官僚之间的利益冲突）可能产生营运失效以及资源错配（Banerjee，1997；Hart et al.，1997）。二是政治观，即政府持有的银行是政治家追求自身目标的一种工具（例如重新当选、个人利润等），会导致资源错配（如向支持者或者行贿者配置资金）以及经济无效（Shleifer and Vishny，1994；Shleifer，1998）。特别是当公众问责机制和法律独立性很低时，政治家可以利用国有银行攫取利益，而不会产生个人的后果（Perotti and Vorage，2010）。

效的观点。针对不同国家所做的研究，往往得出不同的结论。如拉美的经验多说明国有金融机构低效，与非国有金融机构差距明显；但印度、德国等国家的经验则往往证明，国有银行绩效更好，在利润和成本方面都有优势。对国有金融机构妖魔化，实际上是将其与意识形态挂钩，也与华盛顿共识下一味贬低政府作用、盲目机械地强调自由市场作用的思潮有很大关系。在妖魔化国有金融机构的认识下，国有资本应立即、彻底、完全地从金融体系中撤出，只有这样才能确保市场经济发展。国有金融机构与市场化改革由此完全成为一组对立的概念，市场化改革与私有化改革意义等同。这显然是完全错误的。

2. 对国有金融资本布局改革有所抵触

有的学者和从业者往往将“保持国有金融资本在金融领域的主导地位，保持国家对重点金融机构的控制力”加以片面化和泛化理解，将国有绝对控股作为保持主导地位和国家实施控制力的唯一手段，因而盲目反对任何股权调整。

3. 将股权改革问题与其他问题相混淆

国有金融资本布局问题之所以复杂，因为很多并非是单纯的股权配置问题，而是与经济金融发展阶段不成熟、市场化改革尚待深入推进、顶层设计尚未到位甚至是国际金融治理体系亟待调整等各类问题相互交织。如果不清楚关键问题所在，很容易对国有金融资本布局产生很多误解。

（二）国有金融资本布局战略规划和统一指导不足

1. 拥有国有金融机构的目的不够清晰，未体现全局性的动态调整

从国际经验看，不同国家拥有国有金融机构的理由不尽相同，拥有的目标是什么在很大程度上决定了国有金融资本的配置情况。表

12－4归纳了学术文献中通常会提到的五大类理由，这些理由在我国似乎都或多或少存在，但孰重孰轻却并不清晰。

表 12－4　拥有国有金融机构的五大理由

理由	内涵	涉及的实体经济典型领域	对国有金融机构的性质要求
解决国内市场失败	降低信息不对称、减少负外部性	中小企业融资、农村融资、研发和资本密集型产业融资、国际贸易、长期资金（包括基础设施等）等	开发性和政策性金融机构；商业性金融机构
实现社会或发展目标	为净现值为负，但社会回报率为正的项目提供融资	普惠金融领域、绿色发展领域	开发性和政策性金融机构
加强逆周期调控，发挥安全港作用	在金融危机或者经济衰退时期，当私人部门对萧条反映过度业务收缩时，可填补业务空白，减少就业波动。此外，还可为危机中投资者、储蓄者提供安全港	劳动密集型部门；出口部门	开发性和政策性金融机构；商业性金融机构
实现政治目标	例如，政府推动国有金融机构成为世界冠军，有助于提高国民自信，并向全球延伸触角，扩大国际影响力	实体经济全部领域	商业性金融机构
获取财务收益	仅仅通过成为金融机构的股东而获取经济回报	实体经济全部领域	商业性金融机构

资料来源：根据 Aurora Ferrari，Davide S. Mare，IliasSkamnelos，State Ownership of Financial Institutionsin Europe and Central Asia，Policy Research Working Paper 8288，World bank，Dec. 2017 整理。

此外，与我国不同的是，不少发达国家拥有国有金融机构的目的呈现减少态势。例如，在金融发展初期，金融基础设施不发达，市场体制不完善，借助国有金融机构可以解决国内市场失败问题。然而，随着市场经济的发展完善以及科技手段的不断升级运用，已经不必非要通过国家持有股权的手段来应对信息不对称等问题了，完善的金融基础设施能在很大程度上替代国有金融机构的作用。这就显著减少了国有金融机构存在的理由。当前，发达国家拥有国有金融机构的理由集中体现在实现社会或发展目标、开展逆周期调控两个方面，这是动态调整后的结果。相比之下，经历了40年的改革开放后，我国金融体系早已今非昔比，但国有金融资本布局规划似乎仍不清晰。

2. 国有金融资本战略配置、顶层设计和统一指导需加强

2018年7月中共中央、国务院印发了《关于完善国有金融资本管理的指导意见》（以下简称《意见》），对国有金融机构的出资人进行了明确。在新体制下，国务院代表国家行使国有金融资本所有权；国务院和地方政府分别在中央和地方层面代表国家履行出资人职责，其中，国务院授权财政部履行国有金融资本出资人职责；地方政府授权地方财政部门履行地方国有金融资本出资人职责。

在新的国有金融资产管理体制下，“履行出资人职责的各级财政部门对相关金融机构，依法依规享有参与重大决策、选择管理者、享有收益等出资人权利，并应当依照法律法规和企业章程等规定，履职尽责，保障出资人权益”。《意见》在微观层面上确认了出资人代表是各级财政部门，宏观层面上站在国家的高度进行国有金融资本战略配置，由谁来进行配置绩效的评估和考核，应建立何种问责机制等关键问题仍有待具体化。

（三）国有金融资本布局结构不尽合理

1. 国有资本过于集中于银行业

当前我国国有银行在银行体系中占据绝对主导地位，不论中央还是地方层面均是如此，国有银行资产占比之高，只逊于印度等极少数国家。较高的资产集中度，显然不利于银行体系的开放和竞争。

2. 国有资本过于集中于国有商业金融机构，对于开发性、政策性以及基础设施类金融机构投入不够

与许多国家相比，我国政策性金融机构数量偏少，功能偏弱。如我国缺乏专门支持中小企业发展的、专门支持绿色发展的、专门支持居民住房需求的政策性金融机构。对于专门从事信息收集和共享、金融市场支付结算等金融基础设施机构的投入力度也有待提高。

3. 国有资本过于集中在大型金融机构，对小型特色专业的金融机构支持不够

当前国有资本布局的金融机构普遍规模偏大，业务条线全面，并且热衷于走金融综合经营或者产融结合的路子，经营高度同质化。相比之下，不管是在银行还是保险领域，“小而美”，专注走专业性、差异化道路的金融机构普遍缺乏。国有金融资本，特别是国家资本在小型专业金融机构上布局的缺乏加剧了现阶段我国金融机构体系和实体经济需求的不匹配：国有企业在整个经济体系中的作用在下降，却占有多数信贷资源，很容易得到国有或大中型金融机构的重点扶持；民营企业作用日益显著，但却存在严重的融资难、融资贵问题。出于各种因素国有金融机构对民营企业“不敢贷、不会贷、不愿贷”，却不吝向“僵尸”国有企业输送贷款。社区银行、专业养老或责任险保险公司等特色金融机构的持续缺乏和竞争力不足，势必将影响我国经济的结构调整。

（四）国有金融机构存在一些隐性或者显性的竞争优势、竞争劣势，会对国有金融资本布局产生干扰

我国市场化改革还没有完成，其中一个表现就是包括国有金融机构在内的国有企业尚未成为真正的市场主体。一方面，国有金融机构在商业决策中会受到一定程度的行政影响；另一方面，也会享有一些相对非国有金融机构而言显性或者隐性的竞争优势。例如，由于隐性担保和特定补贴的存在，使得发生借贷行为的国有企业偿还贷款时更有保证，相应地增加了国有金融机构经营的安全性；地方政府在选择合作对象时往往更倾向于跟国有金融机构合作；国有金融机构和监管部门之间存在的人员相互任职的“旋转门”，潜在地为国有金融机构创造了更为有利的经营环境；强调数量发展的政策导向对规模相对偏大的国有金融机构而言更加有力，对规模相对偏小的非国有金融机构而言则相对不利。

与此同时，国有金融机构也存在一些由体制因素决定的先天竞争劣势，例如，创新动力不强、市场敏感度不高、转型调整较慢等。

国有金融机构存在的显性或隐性竞争优势和劣势，显然无助于塑造充分公平有序的竞争环境；国有金融机构叠加国有企业模式下的体制优势和劣势，更可能产生一系列扭曲，使得国有金融机构很容易与“低效”“风险”等名词挂上钩来。尽管上述问题形成的原因更多与体制机制有关，与政府所有者职能、监管职能、公共管理职能尚未完全理顺有关，与市场机制尚未完全建立有关，但人们很容易将之与所有权性质相联系，从而强化了对国有金融资本布局的疑虑。

（五）国有金融机构的微观公司治理不健全，加剧了国有金融资本配置的复杂性

国有金融资本配置的调整必须与微观主体的公司治理健全程度相联系。如果金融机构公司治理十分健全，能够平衡利益相关者冲突、充分发挥有效制衡和激励约束作用，那么，在目标明确的情况下，国有金融资本配置就是一件相对容易的事情。因为，此时国有股本与民

营资本、外国资本地位平等，享有与股权相对应的、经公司章程确认过的股东权利，通过内部治理和外部治理机制的作用发挥。即使国有持股比例很低，少数股东的权益也能得到保护；即使国有资本绝对控股，也必须在公司治理架构下行事，而无法随意越权或绕行。

然而，尽管当前我国金融机构普遍形成了以“三会一层”为代表的现代公司治理架构，但重形式轻实质，特别是在监督机制上“形似而神离”问题突出。国有金融机构相对于其他金融机构，除了存在共性的治理缺陷之外，在出资人方面还存在较为明显的问题，从而加剧了资本配置问题的复杂性。这个问题就是：国有金融资产出资人代表的统一化和权利的完整化之路任重道远。

在新的管理体制下，各级财政部门被明确界定为国有金融资产的出资人代表。然而，要实现这一点并不容易。以地方政府管理的国有金融资产而言，在实践中，由于过去一段时间产业资本大量进入金融领域，造成国资委实际履行出资人职责的金融企业较多①。地方国资委与财政部门如何划清职能边界、出资人的转移以何种形式实现，等等问题都有待探索。另外，国有金融机构出资人权利的割裂行使一直是一个有待理顺的问题②。如何协调管人、管事与管资产的权利，如何协调财政部门、金融监管部门、组织部门之间的关系，如何协调政府的所有者职能与公共管理职能，如何协调微观公司治理机制与宏观金融管理？各种复杂问题的解决并非一朝一夕能够做到。

---

① 根据媒体报道，以2017年末的统计数据看，某东部省份国资委列名监管的国有金融企业资产总额在5000亿~6000亿元，占全部省属国有金融企业资产近半，其中国有金融企业净资本约占1/3。资料来源：21世纪经济报道，2018.7。网址：http：//www. ctoutiao. com/861801. html。

② 以管人为例，国有金融机构的人事管理涵盖了党务和业务两条主线。部分国有金融机构主要高管的任免和管理权归属组织部门；监管机构承担着业务管理条线的任职资格审查与终止权限。

四、优化国有金融资本布局的原则

（一）由股权数量指导型向总体目标指导型转变

可以简单将国有金融资本配置方式划分为两类：一类是数量指导型，以持股数量的高低作为国有金融资本配置的指导；另一类是总体目标型，即以明确的配置目标作为国有金融资本配置的指导。当前我国国有金融资本布局方式倾向于数量指导型，未来的方向应该是向总体目标型转化。相比数量指导型，总体目标型配置方式具有如下特点。

一是国有金融资本配置的主要目标在于更有效发挥金融功能，增强金融服务实体经济的能力，并有助于提高资本配置效率、确保金融安全，从而实现金融体系战略性、安全性、公平性、效益性目标的统一。

二是国有持股数量和比例只是国家对金融体系行使主导权和影响力的手段之一，而不是唯一手段，不能将保持国有金融机构的主导地位和国家控制力简单等同于国有股权只能高不能低。

三是政府除了所有者身份之外，还可利用监管者、公共管理者、行业发展促进者等身份对金融体系施加影响。应根据具体条件的变化，对国有金融资本配置进行动态调整，政府对金融体系的影响不一定全部通过出资人或所有者的身份来体现。

四是政府在某些战略领域应牢牢保持绝对控股比例，强化所有者职能；在大多数非战略性领域则重点强调发挥监管者职能、行业促进者职能、公共管理者职能。

五是可以通过一些特殊的机制设计（如特殊股权结构）确保国家

在极端情况下（如发生系统性经济金融危机、战争爆发等）保有对金融体系的影响力和控制力。

（二）差异性、动态性、渐进性相结合

差异性是指国有金融资本在布局时不能采取“一刀切”的原则，不能只增不减，也不能只减不增，而是有进有退、有所为有所不为，在不同的金融子行业中采取差异化持股策略。

动态性是指不能单纯谈优化资本布局，而应将资本布局的优化与金融体系改革进程密切相连，与竞争中性原则的贯彻、金融监管的完善、公司治理的健全、资本市场发展等因素密切相连，与统一开放、竞争有序的高水平市场体系的建成相互挂钩。

渐进性是指国有金融资本配置格局的调整不能操之过急，一蹴而就，而应该与渐进改革的整体路径保持一致。从金融服务实体经济角度，渐进式原则的采用十分必要。例如，国有商业银行存在的一个理由在于解决信息不对称等市场失效问题。随着一国金融基础设施的发展，质押登记、征信体系等基础设施可以在相当大程度上缓解信息不对称问题，从而增加信贷市场的供应者；通过大力发展资本市场和机构投资者，有助于解决基础设施、绿色发展等长期项目资金不足的问题，国有商业银行存在的必要性也就相应降低。然而，金融基础设施、机构投资者等替代设施的健全和完善显然是一个渐进的过程。

五、优化国有金融资本布局的近中期举措

（一）出台国有金融资本配置细则规定

一是出台专门的《优化国有金融资本配置的指导意见》，明确国

有金融资本配置的总体目标、原则、路径、方式、绩效考核、问责机制等重大问题。

二是统筹规划和定期编制《国有金融资本配置调整方案》（可以五年为一个编制周期），并在期末对方案执行情况进行审计，以确定国有金融资本配置绩效。根据绩效考核结果对下一周期的国有金融资本配置方案进行动态调整。

三是具体配置方案和配置绩效考核结果可以不完全向社会公开，但必须接受全国人大的批准、监督和问责。

（二）优化国有金融资本配置结构

根据政策目标、政府特殊扶持、业务范围、业务结构等指标，将国有金融机构分为重点配置和市场化配置两大类。

重点配置的国有金融机构包括以开发性、政策性、普惠性、基础性业务为主的国有金融机构。其中，对部分具有战略意义的金融基础设施类和开发性、政策性国有金融机构，国家应始终保持独资或绝对控股；对部分符合现代化经济转型方向但民间投资动力不足的领域，如科技银行、绿色银行、专业保险公司等领域，应适当加大国有资本投资力度，在一定时期保持国有股占据主导，以更好发挥国有金融机构培育市场、填补空白的先导作用。

市场化配置的国有金融机构主要是指商业性金融机构。针对商业性国有金融机构，国有资本的出资人在公司治理架构下以完全平等的股东身份行事，与民营股东、外资股东地位相同。国有金融资本出资人可以绝对控股、相对控股，也可以参股商业性金融机构，决策目标是资本配置绩效最大化。在竞争中性原则得到充分贯彻情况下，无论控制权从民营股东转到国有股东，还是从国有股东转到民营股东，都遵循市场化原则行事，属于资本市场中正常的控制权转移。

（三）完善国有金融治理体系

1. 完善国有金融资产管理体制和出资人制度

对于重点配置的国有金融机构，应明确财政部是直接出资人，采取两层级管理模式，即“财政部—金融机构”的财政部直接持股模式。

对于市场化配置的国有金融机构，应在确保财政部出资人代表地位的前提下，由财政部授权国有金融资本投资运营公司等主体作为国有金融机构的直接出资人。采取三层级管理模式，即“财政部—国有金融资本投资运营公司（如汇金公司）—金融机构”，财政部委托汇金公司等国有金融资本投资运营公司直接持有国有金融机构股权，按照市场化原则进行国有金融资本动态调整。

对于当前由汇金公司和财政部共同持有股权的国有金融机构，应根据其性质（重点配置还是市场化配置），将股权逐渐让渡归集到财政部或者汇金公司。国务院对财政部的国有金融资本配置绩效进行定期考核评估；财政部则对汇金公司的国有金融资本配置绩效进行定期考核评估。二者的绩效考核体系有所不同，前者侧重社会性、公益性目标的实现，后者则以财务绩效为主。

对中央汇金公司进行改制，理顺汇金公司与财政部、中投公司的关系，使其成为市场化运作的国有金融资本投资运营公司。

此外，还需要通过特殊机制设计以及强化改善党的领导方式，使国有金融资产出资人代表的权益更加完整。

2. 健全国有金融机构公司治理①

——通过提高合规性、增加有效性等途径强化监管对金融机构公司治理建设的引导作用。

---

① 这里主要针对市场化配置的国有金融机构而言。

——充分学习借鉴国际规则，对相关公司治理规则进行更新修订，以更好与国际规则接轨。

——在国有商业金融机构中稳步推行混合所有制改革，优化股权结构，强化股东管理，更好发挥国有资本的积极股东作用，确保金融机构高效稳健运行。

——通过加强董事会责任、对董事会科学授权、强化董事会的履职能力、提升独立董事的独立性和专业能力、建立更加市场化的薪酬制度等方式强化风险内控机制建设，建立有效的激励约束机制，加强信息披露等外部市场约束，提高公司治理的有效性。

——通过明确法律定位、优化股权结构、严控关联交易、强化董事会建设等方面加强对国有金融控股公司的监管。

——加强党对金融工作的领导，通过各种方式将党组织有效内嵌到国有金融机构公司治理中。

（四）试点金股等特殊机制设计，确保在极端情况下国家对金融体系保有主导权和控制力

近年来，公司治理领域有很多创新，以应对新形势的变化。如主要针对高科技企业实施的双层股权制度日益流行，打破了“同股同权”的基本原则，在一定条件下实施“同股不同权”，以便在保护股东权益不受损害的基础上，确保企业家才能得到最大限度发挥。

这些创新启示我们，可以将特殊股权机制引入国有金融机构的治理结构中。鉴于金融体系的稳定对整个社会经济体系的安全至关重要，在系统性危机、战争等极端情况下，政府需要保持对金融体系的充分控制力，以便对全局进行调控或救助，而不是仅仅影响特定机构。金股制度可能有助于帮助政府在危机期间保有对金融体系的主导权和控制力。

“国有金股”模式，传统意义上是指在国有企业改制过程中，政府持有象征性的股份（如 1 股），并不接受分红或者利润分配，也不参与企业日常决策，但在特定时刻被赋予某种特殊权利，如可以一票行使最终否决权。20 世纪 80 年代英国在实施国有企业私有化浪潮中，金股制度曾经被普遍应用，以便达成两个目标。一是使本国政府而不是外国，对于私有化的、具有战略重要性的特别是在军事和经济安全领域的国有企业由本国而非外国资本控制。二是最小化国有企业私有化后可能对公共服务的破坏。2008 年国际金融危机后，美国就曾经开展讨论，在私人金融机构中设立国有金股制度，确保在极端情况下联邦政府能够更好发挥应对危机、促进金融体系稳定的作用。

我国可以择机在国有金融机构中试点金股制度。对金股所对应的股东权利进行详细定义。金股试点的目的不仅有利于应对极端情况，也有助于我国特殊国情与国际规则的有效协调。如当前我国特有的组织部门享有的对国有金融机构高管的人事任命权，可以通过金股制度，而不是直接行政任命的方式进行贯彻实施。

（五）坚定不移地继续深化推进经济、金融体系的市场化改革

——在金融和实体领域，大力贯彻落实竞争中性原则。在认真全面评估现有法律、政策体系基础上，制定更严格的竞争中性措施，并在立法和执法、税收、监管、补贴、政府采购等方面坚决贯彻实施，以便为市场机制在金融体系发挥决定性作用提供更好的环境。

——推动汇率利率市场化、进入退出机制、公司治理、监管制度等关键领域的金融改革。

执笔人：田　辉

参考文献

[1] 张鹏程．我国国有金融资产出资人模式改革研究．吉林大学硕士学位论文，2014

[2] Aurora Ferrari，Davide S. Mare，Ilias Skamnelos，State Ownership of Financial Institutions in Europe and Central Asia，Policy Research Working Paper 8288，World bank，Dec. 2017.

[3] OECD（2011），Competitive neutrality and State-Owned Enterprises：Challenges and policy options，OECD Corporate Governance Working Papers，No. 1，By Antonio Capobianco and Hans Christiansen，www. oecd. org/daf/corporateaffairs/wp.

[4] World Bank，“Bank Ownership：Trends and Implications”，2018，Policy Research Working Paper 8297.

[5] IMF，World Economic Outliook，April 2009.

专题十三

深化金融机构公司治理改革

公司治理是现代金融企业制度的核心①，推动完善金融机构公司治理一直是我国金融改革的重要内容。21 世纪初以来，我国金融监管部门陆续出台一系列法规文件，在银行、证券、保险等领域积极推动公司治理建设。经过持续努力，我国金融机构基本形成了以“三会一层”为代表的现代公司治理体系架构。

当前，中国特色社会主义进入新时代，经济由高速增长阶段转向高质量发展阶段，主要任务由“数量追赶”转向“质量追赶”，发展模式由“规模扩张”转向“结构升级”，主要驱动力由“要素驱动”转向“创新驱动”。进入新时代，高质量发展对金融机构公司治理提出了新的、更高的要求，需要深化改革以适应这些要求，建立与现代化金融体系相匹配的现代化金融企业制度。

① 自公司制诞生之始，就出现了相应的公司治理安排，以应对所有权与经营权分离衍生出的各种委托 - 代理问题。随着公司制的不断演化，公司治理理论也日渐丰富，并影响到法律、政策、监管体系的形成。在实践和理论的持续互动中，公司治理成为包括金融企业在内的现代企业制度的核心内容。

一、高质量发展对金融机构公司治理提出新的要求

总体来看，高质量发展对我国金融机构公司治理提出了以下四个方面的新要求。

（一）防范系统性金融风险、维护国家金融安全

自 20 世纪 90 年代末以来，由于亚洲金融危机、俄罗斯债务危机等系统性危机的爆发，人们开始意识到稳健的银行体系与商业银行公司治理状况密切相关。2008 年国际金融危机使得更多人意识到，在宏观审慎管理之外，微观金融机构治理失效也是引发系统性金融风险的重要原因。防控系统性金融风险很大程度上要依赖于健全的微观金融机构公司治理。金融机构公司治理在宏观层面的重大意义被更加清晰地认知。

我国 2012～2016 年的金融膨胀以及伴随的各种金融乱象，凸显了金融机构公司治理问题。金融机构公司治理未能充分发挥有效的制衡监督和激励约束作用，是近年来系统性金融风险累积攀升、金融乱象频出的重要原因之一。金融机构公司治理不仅是我国现代金融企业制度建设的核心，同时也成为防控金融风险、维护金融稳定的重要抓手。公司治理建设目标不仅是单个金融机构价值的最大化，还必须将整个金融体系的安全和稳健考虑在内。这是高质量发展对金融机构公司治理建设赋予的新使命。

（二）提升金融体系效率、支持金融机构向高质量转型

在高速增长阶段，我国金融机构习惯于粗放的发展模式，重规模、轻效益，重增长、轻风险。金融体系运营效率偏低，蕴含大量风险。

这些问题也与公司治理不健全密切相关。例如，我国的国有金融机构委托-代理关系很大程度上体现为一种行政性的上下级关系，而不是单纯的所有者-经营者关系。加之政府所有者、监管者、发展促进者的职能混合在一起，导致国有金融机构商业职能和政策性职能边际不清，既影响国有金融资本运营效率，也影响公共管理目标的实现。地方国有金融机构公司治理不完善的另一重要原因是：部分高管层的决策函数中往往不止考虑经济因素，而且包含个人升迁。这可能会引发更加重视规模导向、倾向于向地方政府项目发放贷款等问题。

（三）着力解决公司治理“形似而神离”问题，从注重形式变为注重实质

随着现代企业制度不断演进，公司治理内容和实践不断发生着变化，参与治理的主体越来越多，机制也越来越丰富。然而，尽管治理形式日趋多样，但治理的实质并未发生根本变化，即在一定的目标指导下通过实施有效的权力制衡结构（股东大会、董事会、高管层等安排）和激励约束机制（薪酬制度、审计问责、监管督查、信息披露等），平衡各方利益冲突，确保治理目标的实现（见图13-1）。

经过多年建设，我国金融机构已经在形式上搭建起了公司治理架构。但是存在的基础性问题是：重形式、轻实质，形似而神离。金融机构公司治理失效的大量表现，如股权关系不透明不规范、股东行为不合规不审慎、董事会履职有效性不足、高管层职责定位存在偏差、监事会监督不到位、战略规划和绩效考核不科学、党的领导和党的建设迫切需要进一步加强等问题[①]，都在不同层面、不同程度上反映了

① 中国银行保险监督管理委员会中小银行及保险公司公司治理培训座谈会，2018年4月。

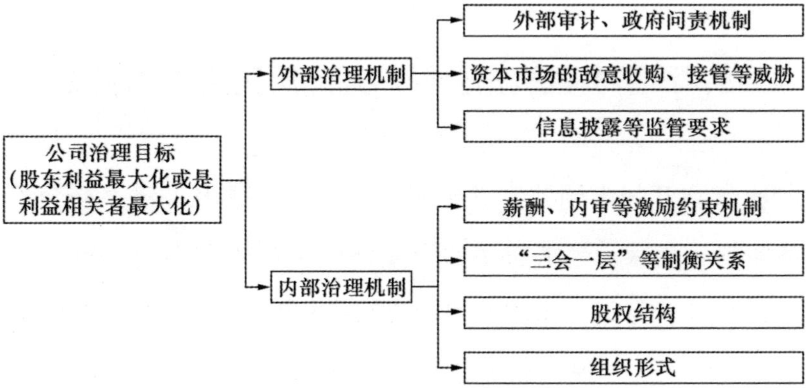

图 13－1　公司治理基本架构

资料来源：笔者整理。

形似而神离的问题。在高质量发展阶段，迫切需要通过深化改革，使得金融机构公司治理从形式走向实质，切实发挥作用。

（四）有效应对未来的各种挑战，培育金融机构核心竞争力

全球金融体系发展正处于重大变革前期，来自经济、社会、技术等方面的变化对金融机构形成重大挑战。如何将战略挑战转化为战略机遇，持续推进深层次的金融改革和开放至关重要。由于全球范围内，有效的公司治理越来越成为金融机构的核心竞争力之一，公司治理建设也成为应对未来挑战所不可或缺的改革任务之一。

总体来说，金融科技的快速进步，对公司治理的投票流程、风险控制手段形成重大冲击；金融综合经营趋势要求对金融控股公司搭建起不同于单一金融机构的治理框架；金融业对外开放步伐的进一步加快，要求加大国内外金融机构公司治理规则的协同力度；绿色发展、共享发展等理念的深入人心要求公司治理目标不能仅仅考虑股东价值最大化，而必须要兼顾其他利益相关者、关注环境和社会效益。这些不同以往的挑战和要求意味着深化金融机构公司治理改革势在必行。

二、我国金融机构公司治理的历史演进和特点

1993年召开的中国共产党十四届三中全会提出了建立社会主义市场经济体制。此后，越来越多的企业开始试点股东大会、董事会等治理安排，开启了我国公司治理建设进程。1999年，十五届四中全会明确指出，“公司制是现代企业制度的一种有效形式。公司法人治理结构是公司制的核心”。企业公司治理建设的进程开始加速。2002年以来，中国人民银行、银监会、保监会、证监会相继颁布了《股份制商业银行公司治理指引》《国有商业银行公司治理及相关监管指引》《关于进一步完善中小商业银行公司治理的指导意见》《证券公司治理准则》《关于规范保险公司治理结构的指导意见（试行）》等一系列公司治理方面法规文件，对我国金融机构逐步搭建起公司治理框架发挥了基础性作用。综合来看，我国金融机构公司治理演进具有三个方面的特点。

（一）金融机构公司治理建设基本与国际同步，相关规则大量吸收国际经验

从国际上看，公司治理演进有两个关键节点。一是20世纪90年代末。在此之前，只有一般性的公司治理理论以及实践。其后，金融机构的公司治理开始从一般公司治理中分离出来，形成了专门的规则和文件。二是2008年国际金融危机。这次危机使得公司治理失效与系统性风险爆发之间的关联度被更加清晰地认知，金融机构公司治理议题由此在危机后得到了空前重视。

中国金融机构的公司治理建设基本保持了与国际同步。21世纪初

和国际金融危机之后是两个重要节点，并在建设进程中大量吸收国际经验。2002 年证监会颁布的《上市公司治理准则》明确指出，“参照国外公司治理实践中普遍认同的标准”是准则制定依据之一。在 2006 年，保监会按照上市公司的治理标准，与国际上同步启动了保险法人机构的公司治理与监管。2008 年国际金融危机之后，与国际动向相呼应，中国监管机构也着手对相关规则进行了修订，最具代表性的是 2013 年 7 月下旬，银监会“针对我国银行业金融机构公司治理存在的问题，借鉴国际金融危机以来国际监管改革经验，全面考虑国内各类银行业金融机构在公司治理方面的异同”，印发了《商业银行公司治理指引》。《指引》的一大原则是与国际最佳实践同步，例如，提出了利益相关者的概念，即银行的公司治理应履行对存款人、雇员等的权利保护责任等。

（二）金融机构公司治理架构综合了英美模式和日德模式的双重特点

全球范围看，公司治理模式主要划分为两类：一是英美模式，二是日德模式。两大模式的特点和比较参见表 13－1。

表 13－1　　两类典型的公司治理模式的特点

	英美模式	德日模式
股权结构	分散，股东数量众多	集中，股东数量较少，法人相互持股较为普遍
管理层的相机选择权	较多	较少
股东的影响力	较小	较大，特别是一些大的银行机构在融资和公司治理方面发挥着巨大作用
监督管理权的主要归属	董事会下属审计委员会（独立董事领衔）	监事会

续表

	英美模式	德日模式
资本市场	较为发达，并购等机制作用显著	不太活跃，外部市场制约有限
目标	强调股东价值最大化	重视利益相关者的参与，尤其是员工的利益得到充分考虑
优势	市场机制发挥重要的激励约束作用，并能对治理绩效做出灵敏反应	管理层有更长期视野
劣势	股东的监督作用薄弱，管理层更为短视	小股东容易受到大股东侵害

资料来源：笔者整理。

我国金融机构公司治理模式兼具英美模式和日德模式的特点，公司治理框架的核心是“三会一层”，即股东大会、董事会、监事会和高级管理层。监事会与董事会并列从属于股东大会，独立董事和监事会同时行使监督权。

就董事会结构而言，我国上市银行跟国际同业类似。表 13－2 列示了我国银行业和国际同业的对比。其中中国选用了 2017 年上市银行的数据，国际同业数据则来自 Traylor（2007）[①] 的研究。Traylor（2007）使用 2005 年福布斯前 2000 强公司的数据，检查了前 100 家银行的公司治理情况。在其使用的样本中，平均来看，银行董事会人数为 14.6 人，其中 25%（3.7 人）是内部成员。这与我国 2017 年上市银行董事会的平均结构差距不大。此外，与国际同业类似，我国上市银行一般都设有审计委员会、薪酬委员会和风险委员会。Traylor（2007）的研究还显示，各国银行业董事会结构差异很大。如日本的

① Traylor，R.，A survey of corporate governance in banking：characteristics of the top 100 world banks. In Gup，E.，（ed）. Corporate Governance in Banking：A global perspective. Cheltenham：Edward Elgar Publishing Limited，2007.

董事会人数很少，平均只有9人，而且多数董事都是内部成员。意大利银行的董事会成员人数最多，平均为19.6人。法国银行的董事会包括50%的内部董事，许多都是员工选出来的代表。

表13-2　中外金融机构董事会结构对比　单位：人

	董事会平均人数	独立董事平均人数	执行董事平均人数
2017年末中国A股96家上市金融机构	11.3	4.1	7.2
2017年末中国A股27家上市银行	14.4	5.2	9.2
2005年福布斯前100家银行平均值	14.6	3.7	10.9

资料来源：Traylor（2007）；Wind。

（三）金融机构公司治理水平仍有很大进步空间

中国金融机构的公司治理建设除了与国际保持同步以外，还与国内金融机构改革进程，特别是股份制改造进程密切相连。2003年以来，国家采取了一系列措施对国有银行进行股份制改造，包括财务重组、设立股份公司、引进境内外战略投资者、境内外上市等。通过改造，国有商业银行股权进一步分散，资产质量显著上升，公司治理明显改善。然而，近年来，金融机构公司治理改善步伐有所减缓。

根据亚洲公司治理协会出版的《公司治理观察报告》，中国公司治理整体水平近年来呈下降态势，得分从2010年的49分下降到2016年的43分（见表13-3）。2016年，在亚洲公司治理协会发布的亚洲11个国家和地区公司治理评估报告中，中国排名第九。该项报告指出了背后两大原因：一是中国公司治理的改革力度有限。典型例证是，早在2002年中国证监会就发布《上市公司治理准则》，推动上市公司建立和完善现代企业制度，但该规则迟迟没有进行修订①。二是亚洲地区其他市场在公司治理方面不断改革，取得重大进步②。

表 13－3　　2010～2016 年亚洲 11 个国家和地区公司治理得分　　单位：分

国家和地区	2010 年	2012 年	2014 年	2016 年
新加坡	67	69	64	64
中国香港	65	66	65	65
日　本	57	55	60	63
中国台湾	55	53	56	60
泰　国	55	58	58	58
马来西亚	52	55	58	56
印　度	49	51	54	55
韩　国	45	49	49	52
中　国	49	45	45	43
菲律宾	37	41	40	38
印度尼西亚	40	37	39	36

资料来源：亚洲公司治理协会《2016 公司治理观察报告》。

国内的研究也得出了类似的结论。例如，根据南开大学“中国公司治理指数”，自 2016 年起，金融行业公司治理指数在全部行业分类中的排名开始下降。近年来中国金融机构公司治理整体表现下降，与金融大案要案不断发生、金融乱象愈演愈烈、金融风险显著上升密切相关。

三、我国金融机构公司治理存在的主要问题

在中国经济转型过程中，一个突出问题是微观企业主体普遍存在公司治理缺陷，金融机构也不例外。这既有对公司治理认识不够、理

---

① 事实上，《上市公司治理准则》直到 2018 年才进行首次修改。

② “中国内地公司治理缘何退步”，http：//www. xcf. cn/newfortune/fmgs/201705/t20170503_780643. htm。

解不深，缺乏实质上的重视等因素，也有机制设计上的缺陷。例如我国公司治理架构结合了英法模式和德日模式，既要独立董事，也要监事会，但二者在内部监督上均没有发挥应有的作用。高质量发展阶段，深化金融机构公司治理改革迫在眉睫。

具体来看，现阶段我国金融机构公司治理存在的主要问题表现为以下几个方面。

（一）重形式轻实质，特别是在监督机制上“形似而神离”问题突出

在机制设计上，我国金融机构公司治理结构结合了多国特点。以监督机制为例，现行设计期望股东、董事会、独立董事、监事会、信息披露等监管要求从不同角度发挥监督和制衡作用。然而实践中，形式上的“三会一层”内部制衡机制往往流于形式，甚至形同虚设；外部约束机制也常常不能到位（见表13－4）。

表13－4　中国金融机构公司治理监督机制的“形似而神不似”

	制度设计的初衷	运行中存在的问题
大股东	有效发挥“股东积极主义”，加强对企业的内部监督	大股东或者通过垄断董事会等方式，借助关联交易为自己获取利益，损害少数股东利益；或者股权董事专业性不强，激励机制不足，难以发挥监督作用
董事会	代表股东监督高级管理层	股东对董事会授权不清；董事会与高管层职能界定不清晰，董事长经常处理日常管理层管理范围内的事务；董事会决策的独立性、决策能力和对内控机制建设的责任有待强化
独立董事	发挥对董事会和高管层的内部监督作用	独立董事缺乏独立性，不具备足够的监督力量和监督意愿，或者由于事务繁忙，或者由于对金融机构了解不够，能力欠缺等原因，难以发挥内部监督作用

续表

	制度设计的初衷	运行中存在的问题
监事会	对董事会和高级管理层实施内部监督	董事会与监事会的职能划分不清，而且独立性差，多为非专业人士，很难履行监督职能；常常成为摆设或者被内部人同化
信息披露和透明度要求	发挥市场机制的外部监督作用	信息披露不及时、不完整、不准确，不能为投资者决策提供有用和可靠的服务，削弱了市场的约束作用

（二）股权结构复杂，股权和股东相关的治理问题突出

改革开放以来，我国原有的国有金融机构通过引入战略投资者、增资扩股、上市等方式，积极推动股权多元化，国有股占比虽然仍占主导，但已显著下降。新成立的各类金融机构，由于受到监管规定的限制，股权结构多呈现分散态势[①]。总体来看，我国金融机构股权结构日益多元化。然而，从公司治理角度看，股东股权问题突出。主要表现在以下三个方面。

1. 国有金融机构的所有者缺位问题

国有金融机构在我国金融体系中扮演着非常重要的角色，但在公司治理方面所有者缺位问题始终没有得到很好解决，由此衍生出一系列治理问题。一是出资人代表的统一化问题。以往，谁是我国国有金融资产的出资人代表存在模糊之处。2018 年出台的《关于完善国有金

① 根据 2018 年银监会、证监会、保监会分别出台的金融机构股权管理规定，按照股东持股数量多寡及对金融机构影响大小为基础，将金融机构股东划分为多类，分类要求准入资质和行为规范，对一般性财务投资，不做过多限制；对于主要股东特别是控股股东，建立规范的股东资质、资金来源真实性、公司治理、关联交易等监管制度。对某些金融机构，单一持股比例还受到限制。例如，根据保监会 2018 年 3 月修订发布、4 月 10 日起实施的《保险公司股权管理办法》，单一股东持股比例不得超过保险公司注册资本的 1/3。

融资本管理的指导意见》将各级财政部门明确界定为国有金融资产的出资人代表，从原则上解决了出资人代表缺位问题，但实践中如何落实，仍有待探索。二是出资人权利的完整化问题。国有金融机构出资人权利并不完整，管人、管事与管资产的权利，财政部门、金融监管部门、组织部门之间的关系等都有待理顺。三是国有金融资产授权体系中的行政化问题。目前，国有金融机构董事会中存在代表国家的董事（财政部派出董事）、代表国有金融资本投资运营管理公司的董事（如汇金公司派出董事）、代表其他股东的董事（如国有和非国有法人企业派出的董事）、部委董事（如国家发改委、商务部等派出的董事，与金融机构没有股权关系，但负责协调相关事务）、执行董事、独立董事等。股权董事和部委董事主要采用委派制，派驻董事有时专业性不足，限制了对重大决策发表意见。

2. 中小金融机构的大股东内部控制问题

这一问题在城商行、农商行尤为突出。我国城商行、农商行大多数由城市信用社、农村信用社改制而成，股权结构错综复杂、地方政府行政干预色彩浓厚，相应地，股东股权引发的违法案件频出。在地方财政局或者地方国企作为大股东时，很容易形成地方政府过度干预，公司治理被架空的可能性大大增加。而在民营企业作为大股东时，大股东采用诸如信托、资管、股权反复质押等手段，套取银行资金的违法案件时常发生。

3. 保险公司的股东股权问题

近年来，股东股权乱象成为保险业风险集聚上升的重要诱因。以安邦保险集团为代表，利用保险资金自我循环注资、虚假出资；向大股东和实际控制人输送利益，盲目跨境跨领域大额投资和并购，治理结构十分混乱。还有一些保险公司融资出资或增加股东层级虚假增资，还存在股份代持、股东行为不合规等问题[①]。

（三）在管理层薪酬和任命管理方面，市场机制发挥作用不够

高管人员任命和管理存在的主要问题：一是国有金融机构高管任命行政化色彩较浓，难以避免地方政府在一些重大决策和重要事项上的行政干预，造成董事会的独立性不强；二是国有金融机构内部选人用人制度、绩效考核制度等带有较浓的行政化与机关化色彩，存在干部能上不能下、员工能进不能出的现象；三是尚未形成一个充分竞争、供给充裕、流动顺畅的金融机构专才市场，无法对现有金融机构管理层形成适当的外部竞争压力。

（四）金融控股公司是金融机构公司治理建设的薄弱环节

2002 年，国务院批准中信集团、光大集团、平安集团三家机构为综合金融控股集团试点。自此以后，我国金融控股公司迅速发展。然而，以华融集团、安邦集团为代表，我国金融控股公司的公司治理很不健全，问题突出。一些野蛮生长的金融控股集团存在抽逃资本、循环注资、虚假注资，以及通过不正当的关联交易进行利益输送等问题，带来跨机构、跨市场、跨业态的传染风险。

（五）企业党组织尚未有效内嵌到国有金融机构公司治理结构中

2016 年，在全国国有企业党的建设工作会议上，习近平总书记针

---

① 其他问题还包括，股权被诉讼保全措施或强制执行、质押或解质押、股东更名等事项未及时报告，股东未告知其控股股东、实际控制人变更及股东间关联关系等问题。资料来源：“中国保监会关于 2017 年保险法人机构公司治理评估有关情况的通报”，http：//news. 163. com/17/0927/15/CVBNUE7600014SHF. html。

对国有企业党的领导和建设问题做了重要讲话。他明确指出，中国特色现代国有企业制度，“特”就特在把党的领导融入公司治理各环节，把企业党组织内嵌到公司治理结构之中，明确和落实党组织在公司法人治理结构中的法定地位，做到组织落实、干部到位、职责明确、监督严格。在这一思想指导下，建立具有中国特色的现代金融企业制度，意味着必须把党组织有效内嵌到国有金融机构公司治理结构中。

目前，党组织内嵌到国有金融机构公司治理结构中已经有了多种形式，包括党建入章、“双向进入、交叉任职”、讨论前置等。然而，在落实过程中还存在各种问题，主要包括如下几种。

1. 认识尚未完全统一

自党的十一届三中全会启动经济体制改革进程以来，国有企业如何摆脱计划体制的束缚逐步走向市场、建立现代企业制度始终是一个重大议题。其中，党组织与公司治理的关系如何安排，在不同时期有不同认识。一些地方，企业的党组织弱化，甚至多年不开展组织活动。与此同时，也有一些地方在建立现代企业制度的过程中，针对党组织与公司治理的关系开展了宝贵的探索①。

党的十八大以来，对全面加强党的建设的重视程度显著提升。2016 年 10 月，全国国有企业党建工作会议对国有企业的定位有了新的阐述。会议指出：“国有企业是中国特色社会主义的重要物质基础和政治基础。”将国有企业的定位与“中国特色社会主义”直接相连，揭示出国有企业与公有制主体地位、党的执政地位和执政能力以及社会主义制度之间有机统一的关系。国有企业成为中国特色社会主义政治基础的依据，党组织在中国特色现代企业制度中就成为内生的不可

① 周鹤龄：“‘双向进入、交叉任职’：上海国企党建的创新实践”，《上海党史与党建》2017 年第 4 期。

替代的要素。在这一背景下，将党组织内嵌到国有金融机构公司治理中，就成为题中应有之义了。

然而，实践中不少国有金融机构对这个问题的认识尚不深入，或者还没有着手开展相关工作，或者即使在组织结构图、公司章程中对党组织的参与有所体现，但并没有积极落实，党组织“弱化、淡化、虚化和边缘化”等问题仍然存在。

2. 推动“党建入章”还需要做更多解释工作

我国《公司法》规定，在公司中设立中国共产党的组织，开展党的活动，公司应当为党组织的活动提供必要条件。2017 年 10 月 24 日新修订的《党章》指出：依照有关条文规定，在面临国有企业重大事项决策时，党委（党组）可以领导带头，参与讨论决策，正确地把握企业发展方向，管理企业发展局面，确保党和国家的相关政策、部署得以贯彻落实。这些法律或者规章已经为党组织参与金融机构公司治理提供了坚实依据，但具体到微观企业的落实，还需要在公司章程中有所体现。把党建工作相关要求写进公司章程，即党建入章，是推动党组织成为公司治理体系有机组成部分的首要环节，也是确保党组织在企业拥有法定地位的基础工作。

近年来，不少国有金融机构都积极开展并顺利完成了党建入章工作，但还有不少国有金融机构进行得并不顺利。这其中既有认识不够的问题，也存在投资者不理解的问题。特别是对一些股权多元化、外资持股占据一定比重的金融机构而言，国际投资者对党建入章存在很多疑虑，需要更多做好沟通和解释工作。国际投资者应该明白，党组织参与是公司治理的必要补充，是中国特色的具体体现，党组织不会干扰公司治理的正常运行，反倒会弥补以往的一些治理缺陷。

3. “双向进入、交叉任职”过程中，常常出现“重业务、轻党建”问题

早在20世纪90年代，我国部分地区的国有企业已开始进行“双向进入、交叉任职”的尝试。目前，这已经成为党组织内嵌到法人治理结构中的最主要形式。根据相关文件，所谓“双向进入”是指在党委会成员中，符合条件的党组织领导班子成员可以通过法定程序进入董事会、监事会、经理层；同样，董事会、监事会、经理班子中的党员，可以依照有关规定和程序进入党组织领导班子。所谓“交叉任职”是指符合国有独资或国有控股的企业，党委书记和董事长可由一人担任。

目前在国有金融机构中，普遍实行“双向进入、交叉任职”。以四大国有上市银行为例，党委书记一般同时兼任企业董事长；党委副书记一般为副董事长（或行长）或监事长。在“双向进入、交叉任职”制度下，国有金融机构的党委（党组）和经管层两套班子的人员是高度重合的，这为实现公司治理结构与党组织有机结合提供了体制保证。实践中，“双向进入、交叉任职”出现的常见问题是：在党委书记与董事长“一肩挑”的情况下，有可能会出现“重业务、轻党建”的问题。

4. 对“讨论前置”决策机制的认识和理解有待加强

所谓“讨论前置”是指重大事项须在董事会、经理层决策前先由公司党委会研究讨论，这被有的研究者视为是十八大以来中央在国有企业公司治理领域最主要的理论创新和实践要求（强舸，2018）。2015年6月颁布的《中国共产党党组工作条例（试行）》首次提出“讨论前置”问题，即“重大经营管理事项应当经党组研究讨论后由董事会或者经理层做出决定”。2016年10月，中组部、国资委颁布

《关于印发〈贯彻落实全国国有企业党的建设工作会议精神重点任务〉的通知》，正式将“讨论前置”确立为所有国有企业都必须采用的决策机制，提出“健全党组织议事决策机制，厘清党委（党组）和其他治理主体的权责边界，完善‘三重一大’决策的内容、规则和程序，落实党组织研究讨论是董事会、经理层决策重大问题前置程序的要求”。目前，大多数国有金融机构都已实施“讨论前置”决策机制。目前“讨论前置”决策机制在实施过程中，遇到的最大问题在于对“前置”的具体效力理解存在偏差。

四、深化金融机构公司治理改革的原则

高质量发展对金融机构公司治理提出了新要求，同时也使得深化金融机构公司治理改革变得更为迫切和必要。在充分梳理我国现状和问题基础上，结合国际经验，考虑金融机构公司治理的特殊性，现提出深化改革的如下四大原则。

（一）共性和个性相结合

一方面，公司治理没有绝对的最佳模式，也没有绝对统一的模式。即便英国和美国的公司治理通常被归为一类模式，但其实英国和美国的公司治理实践还是存在明显区别。例如在英国，CEO 通常不会由公司董事长担任，而在美国，CEO 和董事长两职合一现象在最大的公司里还相当常见①。另一方面，不管外在形式如何变化，公司治理的实

① 根据 MSCI 的研究，在富时 100 指数（FTSE 100）成分股公司中，仅有一家公司里有一个人身兼 CEO 和董事长两职。但在美国标准普尔 500 指数（S&P 500）成分股企业中，有半数企业中有一人身兼两职。资料来源：http：//www. ftchinese. com/story/001070061？full = y。

质是一样的，即在两权分离背景下通过实施有效的权力制衡结构（股东大会、董事会、高管层等安排）和激励约束机制（薪酬制度、审计问责、信息披露等），平衡股东之间、股东与管理层之间、债权人与公司之间等各方利益冲突，确保公司实现良好绩效。

有鉴于此，需要围绕有效制衡和激励约束机制这两个关键，根据国家、行业以及企业的特点因地制宜，设计具体的公司治理架构和机制。事实上，国际社会对此已有认同。例如，OECD 最新的原则认为，鉴于公司“自我监管”和“自愿标准”应该成为有效治理框架的组成部分，建议在实施公司治理监管政策时需引入软法因素，给企业更多的自由选择空间。这意味着，我国在设计和实施金融机构公司治理时，应该也必须共性和个性相结合，制定具有中国特色的公司治理规则和实践指南，建设具有中国特色的现代金融企业制度。相应地，将党委会这种具有中国特色的制度有效嵌入国有金融机构公司治理框架中，属于题中应有之义。

（二）与时俱进

公司治理的演进历史是一部动态的历史。最初，公司治理主要应对的是股东与管理层之间的潜在利益冲突，具体内容主要是关于董事会的功能、结构、股东的权利等方面的制度安排。随着理论和实践的发展，公司治理所需要协调的利益关系日益多样化，包括股东与债权人的关系、大股东与小股东的关系等，相应地，其内涵变得更加丰富，实践也更加多样化。20 世纪 80 年代，由于日德经济表现良好，因此其公司治理模式成为许多国家和公司的模仿对象。进入 90 年代，由于美国经济呈现出更强劲走势，英美模式有了更多追随者。几次金融危机的爆发让人们意识到，公司治理模式并非是一成不变的。公司治理的规则和实践必须与时俱进，及时调整以适应新形势的变化。

公司治理的国际演进进程充分说明了与时俱进的必要性。未来在深化公司治理改革进程中，应该根据经济、新技术、新法律等因素的变化，及时对公司治理框架和细节进行调整。例如，受金融全球化影响，外国投资者对本地金融体系的影响日渐增大，公司治理架构的设计和实施中，必须考虑如何使外国投资者在公司治理中扮演更重要角色。又例如，随着金融科技的迅猛发展，公司治理的辅助工具日益增多，如远程投票变得简单方便；网络直销银行超越了传统“层层授权、层层上报”的模式，大幅简化了公司内控流程。有鉴于此，必须将如何利用科技手段提升治理效能纳入议事日程。

（三）全方位改革

在2017年7月召开的全国金融工作会议上，习近平总书记指出：“要完善现代金融企业制度，完善公司法人治理结构，优化股权结构。建立有效的激励约束机制，避免短视化行为。完善风险管理框架，强化风险内控机制建设，推动金融机构真实披露和及时处置风险资产。加强外部市场约束，增强会计、审计等机构自律性、公正性和专业化水平。”根据总书记的讲话精神，公司治理改革包括多方面的内容，既涉及内部机制的改革，也涉及外部机制的改革。公司治理改革仅仅依靠董事会等内部治理机制或者仅仅依靠市场、监管机构等外部治理机制，都是不够的，内部和外部治理机制既不能相互排斥，也不能替代，而应该在清晰的边界上，相互配合，相互补充。

（四）实质重于形式

金融机构公司治理的国际演进是一个从注重形式到更加注重实质的过程。相应地，我国深化金融机构公司治理改革，也应该从注重形式到注重实质转变。公司治理的外在形式远不如其实质重要，如果独立董事无法保持独立地位，数量再多也无济于事。相反，如果内控监督机制和外部约束机制到位，即使董事会主要由内部董事组成，也不用太过担心发生内部人侵害股东利益的事情发生。

我国应该围绕如何最有效地发挥内部制衡和激励约束机制的作用来进行机制设计和公司治理实践评价。一个有效途径就是尽量细化各类治理规则，使之更易发挥效力。应该秉承“实质重于形式”的原则，对关键治理机制尽量细化相关规则，包括细化流程、作用方式等，并对执行情况进行及时检查反馈。

五、深化金融机构公司治理改革的政策建议

（一）强化监管对金融机构公司治理建设的引导作用

2017 年以来，完善金融机构公司治理机制成为强化金融监管、治理金融乱象的重点，也成为防控金融风险的重要抓手。例如，2018 年初，银行、证券、保险监管部门先后出台了新的股权监管办法，按照股东持股数量多寡和对金融机构影响大小细化股东分类和资质要求，并在股权结构、资金来源及实际控制人等方面提出穿透式监管的规定。新的股权监管规定势必对防控金融机构股权和股东相关的治理风险发挥积极作用，也会引导金融机构更加注重优化股权和股东结构，提高治理效力。

在深化金融机构公司治理改革的进程中，监管应继续扮演重要角色。具体来说，监管的角色主要体现在以下两个方面。

一是提高合规性。监管机构应从完善股权管理、加强董事会建设、明确监事会法定地位、规范高管层履职、加快建立业绩考核机制、建

立市场化退出机制、健全金融控股公司管理办法等方面强化制度建设，补齐以前缺位的监管规定。在公司治理监管规则完善的背景下，金融机构为了满足合规性要求，会主动切实提高对公司治理的重视程度，从而为治理机制切实发挥作用奠定良好基础。

二是增加有效性。监管机构应进一步建立健全金融机构公司治理评价和预警体系，将治理表现与监管激励挂钩，把公司治理完备性作为监管资源配置的重要标准，对于公司治理水平高的金融机构，在市场准入、高管资格审查、信贷投放等方面给予更多资源倾斜。

（二）充分学习借鉴国际规则，对相关公司治理规则进行更新修订

国际金融危机之后，国际社会对金融机构公司治理规则进行了持续更新，其中一些内容和最佳实践还没有被我国吸收。例如，2015 年颁布的《G20/OECD 公司治理原则》中的不少更新内容①，在我国现有公司治理规则中还未充分体现。进一步地，根据《G20/OECD 公司治理原则》（2015），一些专业性的指南也相应有所修订。例如，2005 年颁布的《OECD 保险公司治理指引》在 2017 年 11 月进行了重新修订，我国保险业的相关公司治理规则也应该据此调整，以更好与国际规则接轨。

（三）优化股权结构，强化股东管理，提升机构投资者在治理中的作用

1. 优化国有金融资本配置格局

统筹规划国有金融资本战略布局，适应经济发展需要，有进有退、

① 鲁桐：“《G20/OECD 公司治理原则》修订及影响”，《中国金融》2018 年第 9 期，第 85 ~ 87 页。

有所为有所不为，合理调整国有金融资本在银行、保险、证券等行业的比重，提高资本配置效率，实现战略性、安全性、效益性目标的统一。既要减少对国有金融资本的过度占用，又要确保国有金融资本在金融领域保持必要的控制力。对于开发性和政策性金融机构，保持国有独资或全资的性质。对于涉及国家金融安全、外溢性强的金融基础设施类机构，保持国家绝对控制力。对于在行业中具有重要影响的国有金融机构，保持国有金融资本控制力和主导作用。对于处于竞争领域的其他国有金融机构，积极引入各类资本，国有金融资本可以绝对控股、相对控股，也可以参股。继续按照市场化原则，稳妥推进国有金融机构混合所有制改革。

2. 加快推进完善国有金融资本管理体制

2018 年 6 月印发的《中共中央国务院关于完善国有金融资本管理的指导意见》，明确由财政部门集中统一履行国有金融资本出资人职责，财政部负责制定全国统一的国有金融资本管理规章制度。应在这一精神指引下，加大落实力度，重新规划和厘清相关职能部门的管理责任，解决多头管理和所有者缺位问题。

3. 优化地方法人金融机构股权结构

通过减持、增资扩股等方式，引进规模较大、公司治理规范、着眼于长期投资的机构投资者参与地方法人金融机构股权改造，形成股东结构合理、股权比例有效制衡的格局。避免股权过度集中和过度分散，同时保持股权相对稳定。

4. 探索职工持股计划

职工是企业重要的利益相关方，也是企业治理的重要参与者。2015 年颁布的《中共中央、国务院关于深化国有企业改革的指导意见》明确要求“强化企业内部监督……健全以职工代表大会为基本形式的企业民主管理制度，加强企业职工民主监督”。职工持股是进一步维护职工在企业中的权益、强化职工参与企业管理的重要形式，有利于提供激励、吸引并留住人才、提升企业的核心竞争力。要充分汲取过去职工持股尝试的教训，让职工以真金白银的方式购买并持有企业股权，而不是采取直接分配的方式。

5. 强化股权股东管理

应严格审查股东资质，了解核实股东入股资金来源和关联关系，提高股权透明度，规范隐性的“股权代持”行为，将资质较差、动机不良的投资者排除在外。要平衡好不同股东利益，通过加强关联交易监管等手段，严格约束控股股东行为，严防其侵犯中小股东权益。此外，减少地方政府对地方法人金融机构的行政干预，要求其更多从出资人（而不是管理者）的角度履行大股东的权利。

6. 吸收国际经验，提升机构投资者在公司治理中的作用

近年来，机构投资者在金融机构股权结构中的占比有提升态势。国际金融危机后，相关国际规则也更加注重创造各种条件，以更好发挥机构投资者在治理中的作用。

（四）强化风险内控机制建设，建立有效的激励约束机制，加强外部市场约束，提高公司治理的有效性

1. 加强董事会建设，强调董事会在内部控制和风险管理方面的全面及首要责任

在金融机构公司治理架构中，董事会居于核心地位。董事会能否充分发挥作用，是影响治理效力的决定性因素。国际金融危机后，国际规则对董事会的作用进一步强化。我国应充分借鉴国际经验，并结合中国国情，进一步加强董事会建设。

一是强调董事会在内部控制和风险管理方面负有全面及首要责

任。二是进一步明确董事会、监事会和高级管理层的职责边界，相应的制度规定必须具体与细化。三是强化董事会的履职能力，完善履职评价和考核机制。采用定性指标与定量指标有机结合的方式完善对董事的履职评价机制，明确履职标准。不断优化履职评定和考核机制，提高董事会的决策水平和效率。四是提升独立董事的独立性，加强独立董事的专业能力。比如，对于国有金融机构，可考虑改变地方政府或大股东提名独立董事的方式，由金融机构党委负责独立董事的筛选、推荐和提名，报股东大会审批通过。为保证关联交易事项充分的独立性，关联交易委员会全部由独立董事构成。通过增加培训等方式，提高独立董事专业素质，强化履职功能，切实保护好中小股东的利益。

2. 加强薪酬管理，细化相关规定，逐步建立更加市场化的激励机制

金融机构董事会和高管人员有特殊的专业化要求，薪酬水平一般显著高于非金融机构同业水平。国际金融危机后，薪酬改革成为金融机构公司治理改革的重要内容。我国应借鉴国际经验，结合国情，加强金融机构薪酬制度建设。

一是强化股东、董事会、监管机构对金融机构高管薪酬的相关监督责任。二是探索建立针对金融机构高管以及核心骨干人员的股权激励模式，使得薪酬机制能够充分反映高管人员的真实努力水平，并与公司的长期绩效挂钩。三是建立事后追偿机制。如果事后发现高管人员对公司重大丑闻负有直接责任，可以对已经支付的部分薪酬实行追回。四是对经营不稳健、出现重大风险、接受政府救助的金融机构高管，实行严厉限薪和限制职务消费。

3. 提高透明度，强化信息披露的外部市场约束作用

信息披露对金融机构公司治理的重要性日渐加强。例如，巴塞尔规则虽然是针对银行资本管理的国际监管规则，没有直接触及公司治理问题，但在巴塞尔Ⅱ搭建的三支柱框架中，第三支柱即公开信息披露，将银行的披露质量与资本要求直接挂钩，实际上是旨在通过提高透明度的方式加强市场机制对银行的外部约束作用。

我国金融机构当前的信息披露水平不尽如人意，这与现有的信息披露监管规则不尽完善有很大关系。应进一步细化信息披露的监管规则，在定性要求基础上适度增加量化要求，提高信息披露的可及性、有用性、可靠性、可比性，并对虚假披露、滞后披露等违规行为给予足够严厉的惩戒，使得来自投资者和相关市场参与者的外部监督真正发挥作用。

（五）加强对金融控股公司治理的监管

以往，公司治理规则中缺乏针对金融控股公司特征而设定的专门治理结构与机制。在后危机时代，国际组织及相关国家都在强化对金融控股公司的监管和公司治理要求。例如，针对可能引起系统性风险的大型金融机构，巴塞尔委员会专门提出，董事会和管理层应充分了解复杂业务结构和组织架构隐含的风险。金融集团的母公司董事会负有整个集团公司治理有效性的最终责任。董事会和管理层应充分理解设立复杂组织架构的目的、其对透明度和信息传递带来的负面效果，并采取有效的机制安排减缓这些负面效果带来的影响。2014 年国际保险监督官组织印发了有关集团公司治理的文件，2017 年则对该文件进行了修订。

我国应该借鉴国际经验，结合国情，通过明确法律定位、优化股权结构、严控关联交易、强化董事会建设等方面着手加强对金融控股公司的监管。

（六）加强党对金融工作的领导，将党组织有效内嵌到国有金融机构公司治理中

1. 充分认识合理性和必要性

政党和政党活动是现代国家的一个重要特征。没有一个国家不使用金融的手段服务于治国理政，相应地，政党活动也会对金融活动产生影响。西方政党可能并不直接参与金融机构的公司治理，但并不意味着政党与金融机构完全隔绝①。简单来说，党组织内嵌到国有金融机构公司治理中，既体现了中国特色，也具有充分合理性和必要性。

2. 党组织应确保国有金融机构公司治理建设的目标是兼顾利益相关者利益

国内外众多案例均表明，金融机构高管层在股东利益最大化目标指引下，采取激进的业务模式，枉顾其他相关者利益和金融安全稳定，造成系统性风险的累积甚至爆发。2010 年巴塞尔委员会修订的《加强银行公司治理》新增加了对商业银行企业价值准则、社会责任等方面的要求。同时，OECD 和巴塞尔委员会还提出了利益相关者的概念，其核心思想是商业银行公司治理要关注和保护存款人、银行雇员等利益相关者的权利，实现多个利益主体的共同发展。OECD 原则鼓励公司披露有关商业伦理、环境保护、可持续发展、人权和其他公共政策的承诺。可见，金融机构兼顾社会公众利益，已在全球范围内达成共识。

在此背景下，将党组织有效嵌入公司治理中，意味着通过新的治理机制的引入，为国有金融机构切实践行利益相关者价值最大化目标

---

① 郭玥：“从党‘建’金融到金融党建——中国共产党与金融关系再思考”，中央党校博士学位论文，2017 年 6 月。

提供了新的有力保障。有了党组织的积极参与，国有金融机构在发展普惠金融、绿色金融、精准扶贫和打好防控金融风险攻坚战等方面将会更加有所作为。

3. 进一步丰富和完善党组织嵌入国有金融机构公司治理的方式，充分发挥党组织补足原有治理短板的作用

我国金融机构公司治理存在的很多痼疾与发展阶段、经济特征、文化因素等密切相关。例如，“一把手”的监督问题、独立董事的独立性问题、地方政府的干预问题等，依靠现有存量治理机制的改善难以有效根除。党委会作为一个新引入的、强有力的治理力量，通过党建入章、“双向进入、交叉任职”、讨论前置等方式，能够有效形成对董事会和高管层行为的监督和约束。

一是做好解释说明工作，强力推进落实“党建入章”。党建入章为确保党组织有效嵌入公司治理中提供了制度保障，必须加大该项工作的落实推广力度。对于实行股权多元化改革的国有金融机构而言，需要向投资者，特别是境外投资者做好解释说服工作，使其理解在我国独特的政治经济环境中，党委会对于完善金融机构公司治理的意义所在。

二是厘清党委会（党组）和其他治理主体的权责边界。习近平总书记明确指出：“要处理好党组织和其他治理主体的关系，明确权责边界，做到无缝衔接，形成各司其职、各负其责、协调运转、有效制衡的公司治理机制。”[①] 党组织与现有公司治理机制中的股东大会、董事会、监事会、高管层（即通常所说的“三会一层”）之间不是相互替代作用。简单来说，党组织的权责边界是：战略决策上，党委重在

① 习近平总书记在2016年10月10日至11日举行的全国国有企业党的建设工作会议上的讲话。

把方向、管大局、保落实；战略目标上，兼顾社会公众利益；决策依据上，党委重在政治因素考量；行权方式上，党委重在行使否决权。在问责机制上，首先必须分清决策失败的具体原因，如果是由于政治原因造成决策失败，则追究党委会责任（见表 13－5）。

表 13－5　国有金融机构党组织与“三会一层”在实践决策中的权责边界

	党委会（党组）	“三会一层”
决策范围	“三重一大”事项，包括重大事项决策、重要干部任免、重要项目安排、大额资金的使用	公司运营中的所有决策，包括重大决策和非重大决策
目标	确保兼顾社会利益	更加看重经济利益
决策依据	主要考量决策的政治影响	主要考量决策的经济影响
行权方式	否决权为主。党组织可以基于下述理由行使否决权：（1）不符合党和国家大政方针；（2）不符合省/市委（地方国企）或集团的战略规划；（3）存在重大廉政风险；（4）可能造成负面的政治、社会或环境影响	通过评估项目的风险调整回报率、预期收入水平等因素对项目投赞成票或者反对票
强化问责机制	如果“三重一大”决策事项出现政治方面问题，主要追究党组织责任	如果决策事项失败是由于经营方面出了问题，则主要追究行政班子责任

资料来源：根据强舸（2018）整理①。

值得强调的是，在新的规定下，党委（党组）在重大决策中的定位从“参与”向“主导”转变。根据新的“讨论前置”决策机制要求，如果党委（党组）对相关事项提出了否定意见，该事项就无法进入经管层的决策流程。这意味着，在“讨论前置”决策机制中，国有金融机构党委（党组）和经管层分享了“三重一大”决策权，拥有了

① 强舸：“国有企业党组织如何内嵌公司治理结构？——基于‘讨论前置’决策机制的实证研究”，《经济社会体制比较》2018 年第 4 期。

“决定什么不能干”的权力。

4. 贯彻党管干部原则，发挥党管人才优势

习近平总书记强调，坚持党组织对国有企业选人用人的领导和把关作用不能变，着力培养一支宏大的高素质企业领导人员队伍[①]。为此，必须坚持党管干部原则。党管干部原则是指严格按照党的原则，根据党的方针、政策发挥党组织及其职能部门在干部选拔任用中的把关作用，对国有企业在推荐、考察、识别、任用干部时加强监督，也防止个别或少数人决定重大事项的情况。

在深化国有金融机构公司治理改革中，必须坚持贯彻党管干部原则，发挥党管人才优势。下面几点尤其需要注意。

一是在选人用人过程中，党组织应主要基于政治考量，用好否决权。在选人用人方面，在有切实证据前提下，党组织可以基于以下理由提出否决意见：该人选过往存在一定的廉政问题；该人选（如果是党员）存在比较突出的不履行党员义务问题；其他方面政治素质不过关，例如担当意识不足、领导能力欠缺等。

二是丰富和完善市场化选人方式。明确对管理层成员的选拔任用可以采取竞聘上岗、公开招聘和委托推荐等方式，进一步扩大选人用人视野，助力搭建一支具有职业精神和专业素质的金融机构高级专才队伍。

三是建立退出机制。对不适宜担任现职的国有金融机构高管人员及时进行调整，形成优胜劣汰、能上能下的人才流动机制。

执笔人：田　辉

① 习近平总书记在2016年10月10日至11日举行的全国国有企业党的建设工作会议上的讲话。

参考文献

[1] 郭玥. 从党“建”金融到金融党建——中国共产党与金融关系再思考. 中央党校博士学位论文，2017

[2] 郝臣，付金薇，李维安. 国外保险公司治理研究最新进展——基于2008～2017年文献的综述. 保险研究，2018（4）

[3] 李笑，罗栋梁. 银行业上市公司治理特征分析. 知识经济，2017（8）

[4] 刘小琴. 我国城商行公司治理待完善. 中国商论，2018（16）

[5] 鲁桐.《G20/OECD公司治理原则》修订及影响. 中国金融，2018（9）

[6] 强舸. 国有企业党组织如何内嵌公司治理结构？——基于“讨论前置”决策机制的实证研究. 经济社会体制比较，2018（4）

[7] 王兆星. 金融稳定之基石：有效公司治理. 中国金融，2013（19）

[8] 赵勇. 商业银行股权结构的国际比较. 海南金融，2007（2）

[9] 周鹤龄.“双向进入、交叉任职”：上海国企党建的创新实践. 上海党史与党建，2017（4）

[10] Berle, A. Jr. and Means, G., The modern Corporation and Private Property. Chicago: Commerce Clearing House. 1932.

[11] Mehran and Mollineaux, Corporate Governance of Financial Institutions, Federal Reserve Bank of New York Staff Reports, 2012.

[12] Shleifer, A. & Vishny, R. W., A survey of Corporate Governance. The Journal of Finance. 52 (2). pp. 737～783. 1997.

[13] Traylor, R., A survey of corporate governance in banking: characteristics of the top 100 world banks. In Gup, E., (ed). Corporate Governance in Banking: A global perspective. Cheltenham: Edward Elgar Publishing Limited, 2007.

专题十四

强化上市公司环境信息披露要求 推动我国绿色金融发展

绿色金融是绿色发展不可或缺的组成部分，也是我国金融体系向现代化迈进的重点方向。近年来，我国绿色金融蓬勃发展，不仅为经济绿色转型提供了有力支撑，也成为我国在国际金融市场处于领先地位的少数领域。然而，支持绿色金融高质量、可持续发展的长期性、基础性制度建设尚不完善，其中，企业环境信息披露当属最急需健全的制度之一。目前我国企业环境信息披露状况并不理想。金融机构以及投资者在开展绿色金融业务时无法有效识别环境风险，给出准确风险定价。这不仅不利于绿色金融产品的开发，而且有碍于吸引社会资金进入绿色发展领域。环境信息披露制度建设不能一蹴而就，需要顶层设计、分阶段实施。本文以上市公司的环境信息披露为重点对此问题进行深入分析。

一、我国绿色金融发展的历史回顾和现状特点

我国经济面临“不协调、不平衡、不可持续”问题，其中不可持续重点体现在气候和环境方面，如严重的雾霾、水体污染、土地污染、能源资源浪费及过度使用等。自十八届三中全会以来，加快生态文明

建设、推进绿色发展已成为我国经济社会发展的一项战略任务。这个思路在“十三五”规划中得到了进一步体现。“十三五”规划强调的“创新、协调、绿色、开放、共享”五大发展理念，既是全面建成小康社会决胜期的强大思想武器，也是引领未来发展的指导原则，其中的绿色理念正体现了经济由“不可持续”向“可持续”的调整要求。正是在经济发展逐渐绿色化的背景下，金融体系的绿色化逐渐成为我国金融体系的新动向，相关政策和实践活动日益活跃。

（一）金融越来越被视为是治理污染和支持绿色发展的有效手段

以往，我国治理污染主要运用的是关停并转等行政手段。进入21世纪，政府环境保护思路有所转变，从主要运用行政手段转变为综合运用法律、经济、金融、技术等多种手段。在这种背景下，金融凭借其资金汇集、资金配置、风险管理等核心功能，在为绿色产业和项目提供资金、利用市场化手段管理环境风险等方面的巨大潜力逐渐被确认，被视为是生态文明建设的有机组成部分。在监管部门的推动下，金融业积极投入我国治理污染和绿色发展的伟大事业中来。一方面，发展绿色金融有利于动员更多的社会资本进入绿色产业、从而培育新的经济增长点，加速“绿水青山”向“金山银山”的顺利转化；另一方面，不同金融机构和金融手段的全面参与能够帮助抑制资金流向“两高一剩”等领域，“有保有压”，既帮助增加绿色投资，也帮助抑制非绿色投资，也有利于推动我国经济结构的转型。由此可见，绿色金融能同时发挥稳增长、调结构的双重作用。

（二）绿色金融的政策体系日渐完善

不同于发达国家采取的自下而上、主要由机构投资者推动的路径，我国绿色金融发展主要采取了自上而下的推动方式，重点表现在相关政策文件出台的比较多，既有多个部委联合颁布推动的政策，也有单个职能部门独自出台的政策。事实上，自2007年起我国金融体系开始出现绿色信贷、绿色保险、绿色证券等新事物，就是从监管部门发布的推动文件开始的。十八届三中全会以来，我国绿色金融政策体系日臻完善，特别是2016年8月31日，中国人民银行、财政部、国家发展改革委、环境保护部、中国银监会、中国证监会、中国保监会联合印发的《关于构建绿色金融体系的指导意见》，可以称为我国绿色金融领域的顶层设计文件。2017年6月，国务院常务会议决定，在浙江、江西、广东、贵州、新疆五省（区）选择部分地方，建设各有侧重、各具特色的绿色金融改革创新试验区，在体制机制上探索可复制可推广的经验。国家级绿色金融改革创新试验区的建立，为我国绿色金融发展注入了新的动力。五省（区）绿色保险试点工作内容各有特色、各有侧重，均包括推进环境污染责任保险试点工作开展的内容。

表14－1　近年来我国绿色金融发展的政策要点

部　门	政策要点
中国人民银行	将绿色债券纳入货币政策工具的合格担保品范围；一些地区试行绿色再贷款
银保监会－银行	相继建立了绿色信贷统计制度、绿色信贷考核评价体系等，引导银行开展绿色信贷业务
银保监会－保险	在部分行业、企业和地区开展环境污染责任保险的试点工作
证监会	逐步健全上市公司环境信息强制披露制度
发改委	建立了绿色企业债的标准，并出台相关措施鼓励企业发行绿色企业债
地方政府	出台地方绿色金融发展规划和实施意见；对绿色债券、绿色信贷等建立激励机制；建立绿色风险补偿与绿色担保机制
非金融政策	为绿色金融发展创造更加良好的外部环境，包括加强环保违法处罚力度；加强环保督查；对地方官员实施离任环保审计；价格政策；环境基础设施建设政策等

资料来源：笔者整理。

（三）绿色金融的市场实践丰富活跃

我国绿色金融的目标在于支持环境改善、应对气候变化和资源节约高效利用，涉及绿色信贷、绿色债券、绿色股票指数和相关产品、绿色发展基金、绿色保险、碳金融等金融工具。近年来，我国绿色金融的市场实践活动非常丰富，主要体现在如下方面。

1. 绿色信贷

图 14－1 列示了 2013 年以来国内 21 家主要银行机构绿色信贷的发展情况①。从 2013 年末到 2017 年 6 月底，国内 21 家主要银行机构绿色信贷规模从 5.20 万亿元增长至 8.22 万亿元，其中，绿色交通、可再生能源及清洁能源、工业节能节水环保项目贷款余额较大并且增幅居前。21 家银行的绿色信贷占其全部信贷余额中的比重稳定在 9%左右。绿色信贷的环境效益较为显著。以节能减碳环境效益为例，根据绿色信贷统计制度确定的环境效益测算规则，截至 2017 年 6 月末，节能环保项目和服务贷款预计每年可节约标准煤 2.15 亿吨，减排二氧化碳 4.91 亿吨。相当于北京 7 万辆出租车停驶 336 年，或相当于三峡水电站发电 8.4 年形成的二氧化碳减排当量。信贷质量整体良好，不良率处于较低水平。例如，2017 年 6 月末，国内主要银行节能环保项目和服务不良贷款余额 241.7 亿元，不良率 0.37%，比各项贷款不良率低 1.32%。

2. 绿色债券

2016 年之前，我国债券市场已经出现了一些绿色债券，如银行间债券市场上已发行了多支与污水处理相关的债务融资工具。2014 年 5 月，由浦发银行、国开行联席主承的中广核风电有限公司附加碳收益

---

① 银保监会网站公布了这 21 家银行 2013 年至 2017 年 6 月底的绿色信贷状况。这 21 家银行信贷余额占当年国内银行业信贷余额的七成左右份额，是中国绿色信贷的主要资金提供者。

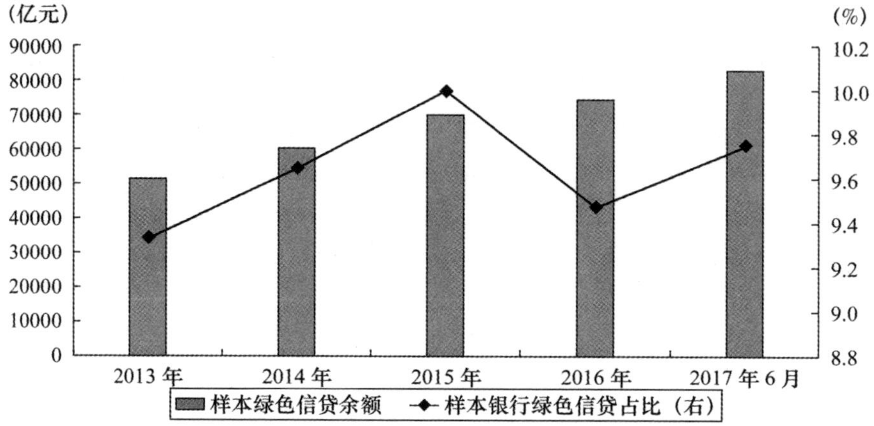

图 14－1　21 家主要银行绿色信贷余额及其占各项贷款的比例

资料来源：银保监会网站；Wind。

中期票据在银行间市场成功发行，被认为是国内首单碳债券。2016 年，经过专业第三方机构认证的“贴标”绿色债券出现，正式全面启动了我国绿色债券市场。根据气候债券倡议组织（CBI）和中央国债登记结算有限责任公司联合编制的《中国绿色债券市场现状报告 2016》，在 2016 年全球绿色债券发行规模达到了 810 亿美元（约人民币 5590 亿元），这在很大程度上是受到中国发行人的推动。中国发行人发行的绿色债券在 2016 年迅速增长，从几乎为零增长到 2380 亿元（约 362 亿美元），占全球发行规模的 39%。大部分债券在境内市场发行，少部分于在岸市场发行。绿色债券类型十分丰富，出现了绿色资产支持债券（ABS）和绿色担保债券等新品种。2018 年，中国境内外发行贴标绿色债券共计 2675.93 亿元，较 2017 年增长 8.02%；发行数量共计 144 只，同比增长 17.07%；占全球绿色债券发行总额的 23.27%，是全球绿色债券最大的发行市场之一。

3. 绿色保险

保险业对绿色发展的支持同时体现在负债和资产业务上。在负债业务上，以环境污染责任保险为主。2007 年，原国家环保总局会同保监会联合发布《关于环境污染责任保险工作的指导意见》，启动试点工作。2013 年，两部门在总结前期 6 年试点经验的基础上，又联合发布《关于开展环境污染强制责任保险试点工作的指导意见》，要求涉重金属企业投保环责险，鼓励石化、危险化学品生产经营、危险废物处理处置及其他高环境风险企业投保。在政策的鼓励下，环责险得到了一定程度的发展。2014 年，约有 5000 家企业投保环责险；2015 年，环责险签单数量为 1.4 万单，提供风险保障 244.21 亿元；2016 年，环责险提供风险保障 260 多亿元；2017 年，环责险为 1.6 万余家企业提供风险保障 306 亿元。在资产业务上，近几年来，保险资金积极参与环保、新能源、节能等领域绿色项目，为我国经济向绿色化转型提供融资支持。根据中国保险资产管理业协会统计，截至 2016 年，保险资金实体项目投资中涉及绿色产业债权投资计划规模达 5258 亿元，占全部保险投资余额的 3.9%。截至 2018 年 4 月底，保险资金以债权投资计划形式进行绿色投资的总体注册规模达 6854.25 亿元，其中包括直接投向的一些重点生态环保领域，如投资新能源 666 亿元、水利 506.44 亿元、市政 178.6 亿元、环保 52.7 亿元等。

4. 其他实践

在绿色债券指数、绿色股票指数、绿色信贷证券化、ESG 投资、绿色发展基金等领域，我国也开展了积极探索。如上海证券交易所和中证指数有限公司于 2015 年 10 月正式发布上证 180 碳效率指数，用于高效地识别资源利用效率高的低碳行业和股票，帮助被动式的机构投资者进行绿色投资。截至 2016 年年中，我国绿色股票指数共有 19 个，分为可持续发展指数、环保产业指数、绿色环境指数三类，占全部指数的约 2%。相应地，根据绿色指数进行产品开发的活动日益活跃。截至2016年7月中旬，国内基金管理机构已推出环保、低碳、新能源、清洁能源、可持续为主题的基金近百只，规模近980亿元。

（四）我国已成为全球绿色金融的倡导者和先行者

在中国的倡议和推动下，2015年12月通过的《巴黎协议》为全球气候行动开启了新的征程。2015年底在我国的倡议下，G20设立绿色金融研究小组，由中国人民银行和英格兰银行共同主持，秘书处工作由联合国环境署承担。2016年9月召开的G20杭州峰会上，首次将绿色金融和气候合作列为重点议题，并成立“绿色金融工作组”，在全球范围内研究建立绿色金融体系、推动全球经济绿色转型、加强绿色金融的国际合作等问题。央行绿金委2015年末推出的《绿色债券支持项目目录》已成为全球最大绿色债券市场的主要界定标准和其他一些国家和地区界定绿色债券的重要参考。上述现象说明，绿色金融正成为少有的既能凝聚国际共识又有鲜明中国烙印的金融领域，更成为我国开展国际合作、进一步获得国际话语权和发挥国际影响力的重要抓手。

然而，尽管我国绿色金融取得了重要进展，但支持绿色金融高质量、可持续发展的长期性、基础性制度建设尚不完善，其中，企业环境信息披露当属最急需健全的制度之一。下面，本文将重点针对上市公司环境信息披露问题探讨影响我国绿色金融发展的关键问题所在，并提出相应的解决之道。

二、上市公司环境信息披露现状影响我国绿色金融可持续发展

从金融角度看，企业信息披露的根本作用在于降低信息不对称，从而为金融功能的发挥创造条件。近年来，绿色低碳发展成为全球共识，我国更是加大了生态文明建设推进力度，环境信息逐渐成为财务信息、公司治理信息等传统信息之外的重要补充，并影响到外界对企业风险和绩效状况的整体判断。在此背景下，环境信息披露对绿色投资、绿色债券、绿色信贷等绿色金融活动提供了有力支持。

我国企业环境信息披露状况处于何种状况？是否有利于绿色金融的可持续发展？本文以2016年A股上市公司发布的《社会责任报告》中所披露的环境信息为样本，对此进行评估。评估包括三项内容：首先是可及性，即企业是否进行了环境信息披露；其次是可用性，即企业披露的信息应该是与决策高度相关的，不能是漫无边界的“噪音”；最后是可靠性要求，即信息不能造假或者严重遗漏，不能对市场进行误导。对可及性、可用性和可靠性的评估表明，我国上市公司环境信息披露无法满足绿色金融可持续发展的需要。

（一）从可及性看，披露环境信息的上市公司数量尚不够多

2016年发布《社会责任报告》的上市公司数量共有747家，占当年末沪、深两市所有上市公司数量的24.5%。其中，《社会责任报告》中包含相关环境信息的上市公司数量仅为693家。这意味着金融机构和投资者难以方便地利用企业自身披露的信息进行绿色金融决策。

（二）从可用性看，缺乏对关键环境信息的披露

环境信息内容繁杂多样，全部披露既不现实，也无必要。企业应率先披露一些反映其环境风险实际状况和真实水平的关键信息。当前最关键的企业环境信息主要包括两类：一类是反映企业环境管理成效的负面数量指标，包括二氧化碳排放、污染物排放和能耗指标三项关键指标[①]；另一类是反映企业环境管理成效的正面数量指标，具体指绿色业务规模、绿色收入、绿色投资和研发等指标的现状以及增长情况等。负面指标衡量了企业运营活动对环境造成的负面外部效应；正面指标则反映出企业在绿色发展转型方面取得的成果。有效的环境管理，一要最小化环境因素造成的负面效应；二要最大化环境因素的正面效应。因此，如果企业能够同时披露负面和正面环境管理绩效，则可视为环境信息披露质量较高，能为使用者提供有效决策参考。

针对2016年末上市公司《社会责任报告》所做的分析表明，有436家上市公司披露了环境信息，但仅进行了定性描述，没有披露任何量化数据；有189家披露了一项关键负面指标；有89家披露了两项关键负面指标，只有33家披露了三项关键负面指标；披露正面关键指标的企业数量有96家（见表14－2）。整体看，上市公司环境信息披露缺乏充分的定量信息，特别是缺乏关键性定量指标。一些披露泛泛而谈，没有实质内容，无助于金融机构或投资者的决策参考。

---

① 之所以选取这三类信息作为关键信息，主要原因在于：其一，二氧化碳排放是当前国际上最普遍使用的反映企业环境成效的指标，也被视为是影响气候变化的最关键因素；其二，污染物排放和能耗指标是反映我国环境问题的最主要指标。2017年政府工作报告确定的当年发展主要预期目标中，环境目标即确定为“单位国内生产总值能耗下降3.4%以上，主要污染物排放量继续下降”。

表 14－2　2016 年末上市公司对关键环境负面和正面指标的披露情况

类　别	企业数量（家）	占全部上市公司的比重（%）
完全没有披露负面关键指标，仅仅是定性描述	436	14.3
披露一项关键负面环境指标	189	6.2
披露二项关键负面环境指标	89	2.9
披露三项关键负面环境指标	33	1.1
披露关键正面环境指标	96	3.1

资料来源：作者测算。

（三）从可靠性看，企业环境信息的准确度和完整度缺少第三方验证

我国上市公司信息造假和披露违规问题突出。研究表明，信息披露违规案例的数量总体上呈逐年增加趋势，其中推迟披露、虚假记载及重大遗漏是发生次数最多的违规行为①。在此背景下，企业环境信息可靠性同样不容乐观。目前只有少量上市公司会聘请第三方机构对其发布的社会责任报告以及相关的环境信息进行验证。此外，企业披露环境信息时可能发生重大遗漏，从而影响披露完整度。例如，一些上市公司往往只披露母公司的环境信息，却有意无意遗漏子公司或者孙公司受到的重大环境违法行政处罚以及面临的高诉讼风险。由于缺少独立的第三方验证，市场很难依据企业自身的披露了解真实可靠的环境管理状况。

① 南开大学中国市场质量研究中心：《中国股票市场质量研究报告（2018）》，2018 年 4 月。

三、监管规则要求偏低影响上市公司环境信息披露

企业信息披露现已成为各国一项基础性制度。它既是一种市场化的约束手段，也是一项有利于协调各方利益的机制。以环境信息披露为例，政府可以通过相关披露规则的制定和实施，体现政府意志，引导企业更加注重环境风险管理，并对企业行为产生激励约束作用。金融机构和投资者也可据此进行相机决策，从而影响上市公司的股票估值、流动性和融资成本，进而对企业行为产生倒逼机制。自 2003 年 9 月原国家环保总局发布《关于企业环境信息公开的公告》以来，深圳证券交易所、上海证券交易所、中国证监会等都相继跟进，对我国上市公司环境信息披露提出要求。尽管如此，当前我国环境信息披露的监管规则无论在顶层设计还是具体实施方面都相对薄弱，要求偏低。这直接导致了上市公司环境信息披露现状不佳，可及性、可用性、可靠性问题突出。

（一）现有披露规则法律效力偏低且缺乏系统性协调机制，与绿色发展的重要性不相匹配

党的十八大以来，绿色发展已经上升为我国国家战略，生态文明建设被纳入“五位一体”总体布局之中，绿色发展更是成为引领新时代前进的五大发展理念之一。然而，当前企业环境信息披露规则却没有体现出作为基础性制度应有的要求，与绿色发展的重要性不相匹配。

一是法律效力和层级较低。直到 2017 年末，对上市公司环境信息披露做出直接规定的监管规则主要来自交易所，包括深圳证券交易所 2006 年 9 月颁布的《上市公司社会责任指引》、上海证券交易所 2008

年5月颁布的《关于加强上市公司社会责任承担工作的通知》《上市公司环境信息披露指引》。交易所出台的规则属自律监管范畴，披露要求也多为自愿性质。绿色发展理念不强的企业，在成本收益权衡下，主动披露的意愿自然不足。2017年末，证监会发布公告，对上市公司年度报告和半年度报告信息披露内容与格式准则进行了统一修订，明确提出建立分层次的上市公司环境信息披露制度。要求重点排污公司强制披露、其他公司执行“遵守或解释”原则，同时，鼓励公司自愿披露有利于保护生态、防止污染的信息。证监会颁布的信息披露规则显然要比交易所规则层级更高，法律效力相应更强。可以预见，在证监会新规则要求下，未来披露环境信息的企业数量势必显著增多①。

二是缺乏系统性协调机制。目前，上市公司环境信息除了由企业自身掌握之外，还分散在不同的政府部门，如环保部门、地方政府、中国人民银行征信系统等。除了证监会系统外，环保部、银监会、中国人民银行等部门也出台了不同的企业环境信息披露要求。不同来源的信息如何整合共享、如何相互验证比对，不同环境信息披露规则如何相互协调等问题尚缺乏系统性规划和有力推进机制，从而产生了信息可靠性不足等问题。

（二）现有披露要求以自愿披露为主，没有向市场传递明确的信号

目前，无论是证监部门还是环保部门的企业环境信息披露要求，

---

① 根据以往的规则，如果企业当年没有发生重大环境相关事件或者没有被列入环保部门的污染严重企业名单中，就不会在年报中出现相关内容。而根据2017年末证监会颁布的新规则，除了污染企业需要在年报中披露相关环境信息外，其他公司如果不披露环境信息，必须对此进行解释，如声明本年度没有发生重大环境事故。

精神实质基本一致：即实施简单的分层次管理。将上市公司分为两大类，一是高污染和高环境风险企业，环境信息属于强制披露；二是其他企业，环境信息实行自愿披露。

将747家发布《社会责任报告》的样本企业按照所处行业简单划分为四类：一是七大战略型新兴产业；二是金融服务业；三是高污染、高环境风险行业；四是其他类行业。在全部样本公司中，两高和其他类企业数量最多。以关键负面指标的披露为对象，评估四类行业的信息披露得分，结果发现：在满分为100的情况下，样本企业平均得分仅为20.7分。分行业看，金融业和两高行业负面环境信息披露情况最好，得分分别为32.1分和30分；战略型新兴产业和一般类行业环境信息披露状况最差，得分低于行业平均分①（见表14－3）。由此可见，当前上市公司环境信息披露水平是与监管要求一一对应的，由于两高行业属于强制披露范畴，所以信息披露综合得分相对较高；除了对市场变化比较敏感的金融行业之外，其他行业由于属于自愿披露范围，平均得分相对很低。

表14－3　2016年上市公司分行业负面环境信息披露情况得分

	企业数量（家）	占样本的比重（%）	平均负面信息综合得分（满分100分）
战略新兴产业	55	7.4	10.3
金融业	29	3.9	32.1
两高行业	173	23.2	30.0
其他行业	490	65.6	18.0
合　计	747	100	20.7

资料来源：作者测算。

① 具体评价要点是：对三项关键负面信息分别赋予1/3的权重，满分为100分，即三项关键信息全部披露的企业得分为100分，均无披露的企业得分为0分，对样本企业分别计算负面环境信息披露得分。

对多数上市公司而言，现有环境信息披露要求是非强制的，可以遵守，也可以不遵守，即使在证监会新的规则下，上市公司只要声明本年度没有发生重大环境事故，就不用披露企业的具体环境状况。这种披露规则显然不符合我国绿色发展的整体形势需要。根据 2015 年 1 月 1 日实施的《环境保护法》，一切单位和个人都有保护环境的义务。绿色发展应该构成每个企业的基本行为方式，环境信息应该成为每个企业的基本信息，环境信息披露应是每个企业的天然义务。然而，现有监管规则并没有向市场明确传达出这一信号，从而对上市公司环境信息披露投入产生不利影响。

（三）现有披露要求没有充分体现中国国情，对企业的具体披露行为缺乏明确引导

对于环境风险因素的认知，是一个逐渐深化的过程，不同人有不同的看法。环境信息披露要求的具体内容，实际上体现了政府对企业和市场的引导。然而，当前规则却没有充分体现这一引导性，主要表现如下。

一是没有充分体现中国国情。我国是发展中国家，面临的环境风险的内容、紧迫性与发达国家不尽相同。例如，近年来在欧美国家的机构投资者群体中兴起了一股化石燃料撤资运动，对化石能源采取完全排斥的态度，凡是石油、煤炭等化石燃料行业的股票，均有可能被排除在投资组合之外，即投资者对此类企业完全“以脚投票”。在我国，由于能源结构等原因，化石能源仍将在相当长一段时间内占据主导地位，不可能像西方某些投资者那样对化石能源一味排斥，完全排除在金融支持之外。化石能源如何清洁利用、如果提高效能、如何渐进向清洁能源转型、污染物的排放是否合格达标等反倒是我国更应关注的现实问题。相应地，企业在进行环境信息披露时，可再生能源和化石能源的消耗比例、能耗节约、污染物排放减少等信息至关重要。然而，在当前环境信息披露规则中，对这类体现中国国情的信息缺乏倾向性要求。另外，我国正处于绿色转型阶段，绿色收入、绿色投资、绿色研发费用的规模、增长率等指标对衡量企业绿色转型的程度和水平不可或缺，但现有相关信息披露要求对此重视不足。

二是缺乏统一数据格式的要求。当前披露规则内容要求不统一，缺乏标准格式，造成披露出的数据很难进行横向比较。例如，即使上市公司都披露了能耗指标，但有的披露单位数据，有的披露绝对数据，有的则披露的是当年增减数据。缺乏统一的数据格式要求，既不利于上市公司环境信息披露工作，也不利于金融机构和投资者通过信息对比筛选标的企业。

四、强化上市公司环境信息披露的政策建议

目前我国绿色金融发展主要采用“自上而下”的推动方式，在中央政府、地方政府、金融机构和投资者、企业等主体之间还存在认识上的偏差，如何促使“自上而下”和“自下而上”的推进路径协调统一，如何使绿色发展的国家战略有效转化为企业和其他市场主体的自觉行动，从强化上市公司信息披露着手不失为好的抓手。有鉴于此，针对当前企业环境信息披露状况不佳、相关披露规则要求偏低的特点，提出如下改善建议。

（一）金融、环保等多部门联合出台规范企业环境信息披露的指导文件，对相关规则及实施细则进行顶层设计

联合出台文件的目的旨在整合以往碎片化的规则，向市场传递明确的信号，并建立有力的落实推进机制。联合文件应对包括上市公司

在内的企业环境信息披露的目标、原则、内容、分阶段实施时间表、协调机制等重点问题予以明确。

（二）确定企业环境信息披露的总目标，并分阶段予以实施

企业环境信息披露的总目标在于促使环境信息最终成为与企业财务状况、公司治理等一样重要的信息，构成企业基本信息和整体绩效的有机组成部分。换句话说，不管当年有没有发生重大环境事件，任何企业最终都应该对其环境风险和绩效状况进行全面披露。

由于环境信息披露涉及复杂的技术、成本等因素，因此不可能一蹴而就，而应当分阶段实施。首先应该着重解决可及性问题，然后是可用性问题；最后是可靠性问题。披露对象重点应先从强化上市公司环境信息披露入手，逐渐扩展到所有企业。

近期应该着重推动两项工作，一是强化企业分层管理，可将所有上市公司划分为战略型新兴产业、现代服务业、高污染高环境风险产业、其他产业等四大类，对前三大类产业率先试点实施针对关键信息的强制披露制度；二是统一信息披露的数据格式，提高信息的可用性。

（三）推进配套机制进一步完善

一是信息共享机制，包括环保部门与“一行两会”、地方政府相关职能部门之间的环保数据共享与应用。

二是奖惩机制，对主动自愿披露的上市公司给予一定的奖励，对虚造、伪造、隐瞒环境信息的上市公司实施严惩。

三是联合执法机制，对企业环境信息披露状况进行抽查或审计，提高披露的准确性和真实性。

执笔人：田　辉

专题十五

发展面向现代化的普惠金融体系

党的十九大指出，中国特色社会主义进入新时代，社会主要矛盾已经转化为人民日益增长的美好生活需要和不平衡不充分的发展之间的矛盾。全面建成小康社会，实现社会主义现代化、创造人民美好生活的历史使命，要求更好实现包容性增长。金融为现代化建设与发展提供重要服务，建设现代化金融体系是更好服务经济高质量发展的基础，为此要实现实体经济、科技创新、现代金融、人力资源协同发展。其中，发展完善普惠金融体系是促进包容性增长的重要条件①，其关键难点在于融资。

一、高质量发展需要普惠金融提升服务水平

十九大报告明确指出，中国经济已转向高质量发展阶段，发展方式、经济结构、增长动能都面临转换。供给侧结构性改革、建设

① 根据国务院《推进普惠金融发展规划（2016—2020 年）》（国发〔2015〕74 号文，2015 年 12 月 31 日发布），普惠金融是指立足机会平等要求和商业可持续原则，以可负担的成本为社会各阶层和群体提供适当、有效金融服务。因此，小微企业、农民、城镇低收入人群、贫困人群和残疾人、老年人等特殊群体是当前我国普惠金融重点服务对象。

创新型国家、推动乡村振兴、促进区域协调发展、完善市场经济体制、推动全面开放是实现这一转换的重要途径。促进创新发展、包容性增长是其中的关键要点。无论是为了发挥小微企业在创新发展过程中的集群效应，还是为了促进聚焦弱势群体的包容性增长，都需要普惠金融发挥应有的服务功能。以下方面尤其需要高质量的普惠金融服务。

（一）培育转型动力

围绕发展新技术、新业态、新模式，培育新动能，需要推动产业转型升级，并鼓励发展各类市场主体，尤其需要推动中小微企业发挥积极作用。转型发展的过程，包括传统产业的现代化改造升级，也包括新兴行业相关企业的孕育成长。尤其是在新业态、新市场主体的发展涌现过程中，未来的行业龙头企业往往始于小微企业。

小微企业的作用一方面表现在为大企业提供配套服务，作为行业生态体系的重要组成部分，共同促进行业转型升级；另一方面，小微企业在新业态、新模式形成过程中扮演积极探索的重要角色，这是由于小微企业的经营机制灵活，更能适应新业态、新模式要求。因此，发展小微企业对于培育产业转型升级的新动能意义重大。

尽管小微企业在产业转型升级过程中的作用不可或缺，但小微企业并不天然具有市场竞争的优势地位。由于缺乏规模效应，抗风险能力不足，小微企业相比大企业，面临更大生存压力。例如，小微企业面临的流动资金压力更大，但缺乏通过内部调节提供流动性支持的条件；小微企业抗风险能力弱，平均生存期短；加上缺乏合格的抵质押物，也缺乏担保人，面临的融资贵、融资难问题更为突出。从各类调查看，融资难、融资贵往往是小微企业反映最突出的问题之一。

如何更好地满足小微企业融资需求，成为当前政府着力解决的关键问题。

（二）促进包容性增长

在全面建成小康社会的基础上，中国建设社会主义现代化国家的重要原则是要实现共同富裕。坚持这一原则，关键在于促进包容性增长，使弱势群体有机会共同发展进步，共享发展成果。弱势群体摆脱困境的关键在于获得稳定的职业与合理的报酬，既有赖于其职业能力素质的提高，又有赖于外部的支持和条件，例如提供就业机会，改善生产经营环境等。

一方面，从一般规律看，弱势群体的能力建设需要政府从社会政策角度提供必要支持。例如为下岗失业人群提供职业教育培训，提高专业能力的技术等级。但同时也有诸多调查表明，低收入人群也有积极意愿对自身的人力资本进行投资，通过参加各类职业技术培训班获得更强专业技能。由于存在改善收入的良好预期，这类人群即使面临养家糊口等压力，也愿意通过融资支付培训费用，尽快提升能力。同时，小微企业是吸纳就业的主体。解决好小微企业的融资难、融资贵问题，也具有促进就业的社会效果。

另一方面，具有一定能力基础的弱势群体也存在改变处境的强烈意愿，希望通过改进生产方式或拓展经营领域提高收入水平。这些在城市地区的个体工商户和农村地区的农户、家庭农场中比较普遍。无论是进行生产性投资，还是向加工、销售环节拓展业务，都需要得到融资支持。由于难以符合传统信贷模式的条件，这类人群是普惠金融服务的重要对象。在农村地区，实现乡村振兴的重要前提是产业振兴发展。作为农村生产经营主体的主要组成部分，农户和家庭农场在其中发挥基础性作用，尤其需要高质量的普惠金融服务。

因此，无论是从促进就业角度还是从产业发展角度，提供普惠金融服务都是促进包容性增长的重要条件。

（三）推进创业创新

进入新时代，创新对于中国经济转型发展的意义日趋凸显，推进创业创新已成为重要战略。尤其是随着互联网、云计算、移动通信等新技术迅速发展和广泛应用，传统的生产生活方式面临根本变革，新技术催生了诸多新产业、新模式，也推动了不同行业的跨界融合发展。新形势中蕴含诸多机遇，是推进创业创新的重要时机。国务院发布了《关于推动创新创业高质量发展，打造“双创”升级版的实施意见》（国发〔2018〕32 号文），旨在深入实施创新驱动战略，进一步激发市场活力和市场创造力。该文件强调要进一步完善创新创业金融服务，除了要求推动中小银行本地化、民营化、专业化发展，还强调要推进落实大中型银行设立普惠金融事业部。

小微企业是创新创业的重要力量，也是新技术转化应用的重要载体。推进创业创新需要普惠金融更好服务小微企业，尤其是科技型小微企业。其中，各类技术人才、经营管理人才在创新创业的历史进程中发挥关键作用，成为小微企业的发起股东和高管，在企业融资过程中提供个人增信，包括提供抵押担保。尽管如此，小微企业融资难、融资贵问题仍有待更好解决。原因在于，小微企业参与创新创业，往往具有轻资产特征，可供抵押的资产有限，难以符合银行传统信贷模式的抵质押要求；同时，由于企业处于初创期，进入资本市场直接融资的难度更大。但必须指出的是，这类创新型小微企业中，不少具有良好的市场前景和成长空间，有待银行更好甄别。这就要求普惠金融服务更好适应新形势要求，创新业务模式。在这一时代潮流下，如果银行不能适应形势要求，固守传统模式，则将在日趋激烈的同业竞争中步步落后，缺乏可持续性。因此，发展普惠金融是推进经济高质量发展的客观要求，也是银行业和实体经济的共同使命。

二、发展普惠金融面临的挑战和困境

发展普惠金融已成为各方共识，但实际推进过程中还面临不少困难。根据《2019 年中国普惠金融发展报告》①，截至 2019 年 6 月末，我国人均拥有 7.6 个银行账户、持有 5.7 张银行卡，每 10 万人拥有 ATM 机 79 台，每 10 万人拥有 POS 机 2356 台，使用电子支付的成年人比例达 82.39%，乡镇银行业金融机构覆盖率为 95.65%，行政村基础金融服务覆盖率为 99.20%，乡镇保险服务覆盖率为 95.47%。银行卡助农取款服务点已达 82.30 万个，多数地区已基本实现村村有服务。银行账户和银行卡已得到广泛普及，总体上实现了“人人有户”，电子支付的普及率较高，移动支付业务持续较快增长。但与此同时，普惠金融发展还存在一些问题。包括：金融资源配置不均衡，商业化可持续性有待提高，边远地区尤其是贫困地区的普惠金融服务有待加强，“数字鸿沟”值得关注。其中商业化可持续性不足与普惠金融的融资难、融资贵问题直接相关。这在弱势群体以及轻资产的小微企业中表现突出，在实际业务中表现为银行依赖抵押担保甄别客户，而这些普惠金融服务的重点对象又普遍缺乏抵押担保，导致抵押担保成为农户和小微企业审贷的主要障碍（见图 15 – 1）。

① 中国银保监会、中国人民银行：《2019 年中国普惠金融发展报告》，2019 年 9 月。

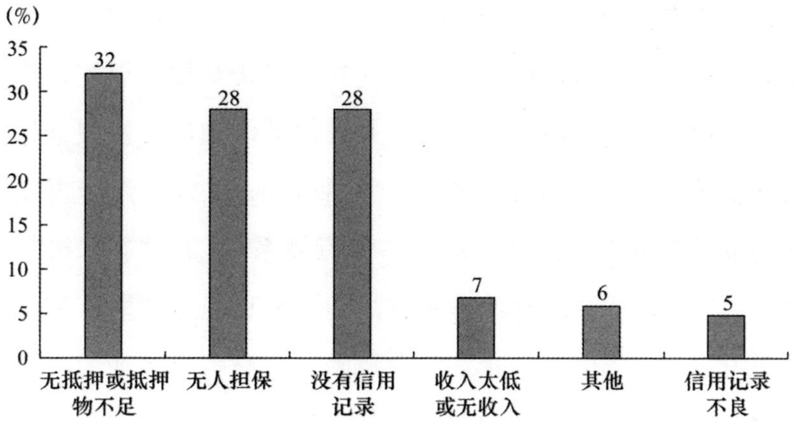

图 15－1　贷款审核未通过的主要原因占比

资料来源：国务院发展研究中心金融所。

我们对全国部分特困连片地区问卷调查的统计结果①，显示缺乏抵押担保导致贫困地区农户贷款审核难以通过，这又导致农户缺乏信用记录。农民合作社、专业大户、农业企业、家庭农场等新型主体也面临缺乏抵押担保导致的融资难问题，50 万以上的信贷项目是关键难点问题。此外，2019 年度国务院政府工作报告有 12 处提及小微企业，重点关注其融资难、融资贵问题。

信贷的风控是关键难点。原因在于，普惠金融的重点对象是小微企业和低收入人群，都具有相对弱势的特点，这意味着抗风险能力总体偏弱，财务信息透明度相对偏低，导致识别其现金流风险点的难度偏大，同时第二还款来源也不理想，抵押担保等条件不足。

对此，发达国家一般从资金的供给侧和需求侧两端同时改进。一

① 2018 年 8～12 月，国务院发展研究中心金融研究所和 Visa 组成课题组，走访国内中西部以及东北 5 个省（市）的贫困地区，与省、县两级政府涉农部门、监管机构、各类农村金融机构以及农民合作社、贫困户等进行座谈。在此基础上，课题组在我国 14 个集中连片特困地区中，选取 14 个省 38 个国家级贫困县进行基于需求侧的问卷调查。此次调查共收回问卷 587 份，平均每个县 15 份左右。此外，还收集了集中连片特困地区 71 个县的 178 份问卷，作为对比组用于比较贫困县与普通农村地区普惠金融服务方面的异同。

方面，通过建立政策性融资担保机制、发展小型银行机构、拓展直接融资渠道、改善金融机构经营环境等途径改进资金供给渠道，使小微企业更容易获得融资；对低收入农户等弱势群体则通过发展合作金融组织促进联合，形成互助自主的金融供给机制，并通过组织再联合提高整体的市场竞争力，例如发展合作银行体系①。通过这些机制改善资金供给。另一方面，通过改善小微企业发展环境，帮助小微企业提高经营能力，从而降低小微企业经营风险并提高抗风险能力，从源头上降低金融机构面临的信用风险。例如，提供技术、管理咨询服务等支持，根据吸纳就业情况减免税收，并帮助培训员工，提供研发、检测等公共技术服务平台等。对弱势群体个人则采取提供公共职业教育培训等措施提高职业技术等级，增强自我发展能力。发达国家的工业化历史较长，已经积累了一整套切合实际的做法和配套制度基础，积累了一些较好的历史经验。

我国目前处于产业升级、结构转型、增长动力转换的关键阶段，也是全面建成小康社会的决胜期。小微企业和弱势群体的发展任务上升到前所未有高度，但相应探索实践基础相对有限，切合国情和阶段实际的做法有待发展完善。针对目前小微企业和农户面临的融资难、融资贵问题，为了促进普惠金融更好发展，各级政府出台了不少激励政策，旨在降低普惠金融服务成本，分担风险。对地方政府而言，金融机构若不从根本上创新业务模式和机制，仅仅依靠政府的激励政策也很难实现可持续发展；在通过财政分担风险进行激励推动的情况下，如果金融机构不能形成有效的风控机制，则政府财政和金融机构都将面临很大压力。这些问题压力主要表现如下。

① Lynch, E. M., Rural Banks, The Gentleman's magazine, Aug. 1895; 279, 1976; British Periodicals, pp. 160 ~ 177.

（一）传统股份制商业机构在向基层渗透服务时面临成本和风险管理压力

包括商业银行在内的股份制商业机构，在法人治理层面需要对股东投资回报负责，在此基础上再考虑长远发展。利率市场化、促进市场开放等措施，可以增强市场竞争促使银行机构改进服务，并挖掘服务弱势群体的潜力、拓展基层市场。但需要指出的是，股份制商业银行的治理机制具有资本使用成本高、对盈利敏感等特点，而且与客户之间的信息不对称影响风控效果。同时，资本回报要求使得银行管理层的经营行为具有顺周期特点，关注短期业绩，并趋向为优质客户提供服务。

在市场竞争压力下，大型银行和中小型银行机构都关注基层市场，包括农村市场，但向基层渗透服务必须处理好成本分摊和风险管控问题，同时还要使服务和产品切合当地实际需求。对大银行而言，由于存在规模优势，大规模 IT 投资成本容易得到分摊，因而倾向于通过电子化替代人工拓展农村市场，发展数字普惠金融服务。这种模式面临的挑战是产品灵活性、针对性有待进一步加强；在征信体系不完善的情况下，风控所需的关键信息还离不开线下人工现场调查，但大型银行机构单笔业务的规模相对偏大，而在农村基层的人员配置少，单纯依靠线上技术手段往往导致风控效果不尽如人意。对中小银行而言，市场竞争压力增大导致必须通过下沉服务拓展基层农村市场，在数字化潮流下又要跟进投资 IT 软硬件，否则便捷性不足将影响竞争力，而小银行进行信息化投资由于门槛高，往往面临较大财务压力。

（二）新型农村合作金融组织发展面临障碍

传统模式下，面向弱势群体提供普惠金融服务的群体主要有两类：合作金融组织和股份制商业银行。在德国等发达国家的农村地区①，合作金融组织发挥主导作用，私营的股份制商业并不占优势，原因在于合作金融组织治理结构具有资本使用成本低、体系内部相互支持、客户即股东降低信息不对称以及道德风险等机制优势②。我国一直在尝试发展与村级经济相结合的新型农村合作金融组织③，2014年中央1号文件曾专门就其治理机制提出原则要求。

从农村合作金融组织发展的规律看，要按商业规则和市场机制运作，并实现可持续发展，需要具备一些基础条件④：一是具备专业化经营管理人才。合作金融组织按照商业规则与股份制银行机构展开市场竞争，必须具备专业优势，由专业人员参与经营，尤其是主要负责人应接受过专业教育培训⑤。二是要具备适度规模。合作金融组织只有在成本效率方面形成自身比较优势，才能实现长期可持续发展。在通过劳动联合形成合作组织的基础上，往往需要通过组织再联合提升

① Lukasz Kozlowski，Cooperative banks，the internet and market discipline，Journal of Co-operative Organization and Management 4（2016），76～84.

② Timothy W. Gunnane，Cooperatives as Information Machines：German Rural Credit Cooperatives，1883～1914，German Credit Cooperatives，pp. 367～389.

③ 蓝虹、穆争社："论中国农村合作金融发展的阶段特征"，《上海金融》2016年第2期，第36～47页。

④ Hagen Henry，Guidelines for Cooperative Legislation，Third edition revised，international Labour Organization 1998，2005，2012；Mary Jean McGrath，guidelines for cooperatives in developing economics，university of Wisconsin，1969；R. H. Schmidt，Erhard Kropp，rural finance：guiding principle，published by Bundesministerium fur wirtschaftlicheZusammenarbeit，1987；Ajay Dubey，Cooperative companies in liberalized economics：international experience and rationale in dairy sctor，work paper，Institute of Rural Management Anand，1994.

⑤ Jim Wadsworth，Seeking the best director leadership：what does it take? Rural Cooperatives；Nov./Dec. 2003；70，6；ABI/INFORM Trade & Industry，pp. 25；James Baarda，Co-op boards' circle of responsibilities，Rural cooperatives，July/August 2002，pp. 30～32；Jim Wadsworth，The Essential Roles of Co-op Managers，March/April 2015 / Rural Cooperatives，pp. 32～41；Katar Singh and VishwaBallabh，Role of leadership in cooperative management of national common pool resource：a collective goods theoretic perspective，work paper，Institute of Rural Management Anand，1994.

整体规模优势。在此基础上，深化与当地社区的密切联系①。三是合理的治理结构。风险管理是金融机构的核心任务，合作金融组织的风险管理更为关键。为此，必须要针对流动性风险、操作风险、市场风险等因素形成有效的治理机制，例如内部流动性互助机制、系统内的独立专职审计队伍、内部救助机制等。四是外部环境提供支持。由于合作金融组织是弱势群体自我组织、自我服务的机构，且控制分红比例，为促使形成自我发展能力，往往实行税收减免等扶持政策。

但在现阶段，我国这方面的基础条件尚不理想。包括：一是缺乏专业化经营管理人才。发达国家的合作社总经理往往要求接受过大学专业教育，不少大学还设有合作社研究中心，负责研究、培训、传播，但我国没有合作社经营管理专业，更没有合作金融经营管理专业，而领头人的能力素质对合作组织发展具有决定性影响。二是过去20多年互助金融组织在一些地方出现过大面风险，余波犹在，我国新型合作金融组织面临防范系统性风险和自身可持续发展的双重任务，具体模式尚在探索过程中，尚无理想的治理模式。

（三）目标群体能力建设滞后

普惠金融的原则是按商业规划经营，要求实现市场化可持续发展。这意味着信贷客户必须具备还款能力和意愿；换言之，客户必须具备必要生产经营能力，这是还款能力的基础。超出客户还款能力放贷必然导致双输。除了提高供给侧的银行风险识别能力，对于那些属于普惠金融服务对象的弱势群体，加强能力建设是实现双赢的根本。

① Carol Power, Ray O'Connor, Olive McCarthy, Michael Ward, Merging into the mainstream? An empirically based discussion of the potential erosion of competitive advantage in a restructured Irish credit union movement, Journal of Co-operative Organization and Management 2 (2014), pp. 55 ~ 64.

对低收入人群而言意味着需要加强职业能力教育培训，提高专业技能等级；对小微企业而言是需要加强服务、指导和支持。

我国自改革开放以来，对小微企业激励重点在税收优惠方面，系统性的发展政策尚处于探索完善过程中。随着我国企业经营的劳动力等资源成本优势淡化，需尽快完善帮助小微企业提高生产经营能力的公共服务机制。这是促使金融业与实体经济共生共荣发展的重要基础。

弱势群体方面的情况类似。我国对弱势群体尤其是贫困地区劳动力帮扶措施主要是促进就业的职业培训。值得重视的是，由于就业培训的导向是促进就业，往往具有入门性培训特点，专业性不足，尤其是缺乏以提高职业技术等级为导向的培训质量标准和管理体系。这是我国与欧洲等发达国家地区的重要差距所在①。对贫困地区的农户培训也有这方面的不足，表现为培训时间短、专业技能等级的提升有限。

三、普惠金融发展的国际经验及启示

（一）各国主要经验

联合国于2005年最早提出普惠金融的概念，之后各国进行了广泛探索。从各国趋势看，发展普惠金融关键在于围绕风控要求，针对小微企业和弱势群体的特点改进业务模式，以扩大服务覆盖面。具体包括以下做法。

一是发展合作金融组织体系。通过互助方式以及内部化交易降低运营成本，通过控制分红比例降低资本使用成本，通过组织联合提高整体抗风险能力，但仍实行专业化经营管理以提升市场竞争力。从欧

① 郑醒尘：《推动中国迈向现代化富裕国家——培养高素质专业化劳动力队伍》，中国发展出版社2018年版。

洲德国、荷兰、法国等地农村金融市场看，合作金融体系占据主导地位，各类农户普遍加入当地农村合作金融组织。

二是发展数字技术降低成本，改进风控机制。以移动通信、人工智能、大数据、云计算等技术为代表的信息通信技术（ICT）推动普惠金融服务模式发生变革，通过提高服务效率、降低运营成本、改善风控效果促进普惠金融发展。

三是通过代理降低网点成本。设立正规的银行物理网点成本较高，通过委托商户等现有商业服务网点代理金融服务，可以促进金融服务向基层渗透。这种做法在发展中国家取得了明显效果。

四是完善金融基础设施，降低信息不对称。针对普惠金融客户的财务信息透明度偏低、合格抵押担保物不足等问题，通过推进征信体系建设，完善信用相关信息的采集、共享机制，降低金融机构面临的信用风险。

五是发展融资担保体系。在发达国家，针对小微企业等普惠金融客户面临的融资难问题，通过政策性激励，为融资担保机构分担风险，使之实现可持续发展，从而缓解银企之间的两难处境。一般通过再担保体系发挥促进作用。

六是完善动产抵押等增信机制。考虑到小微企业资产结构中不动产有限，通过完善动产抵押登记以及应收账款、仓单、知识产权、经营权等抵质押增信机制，可以适度缓解小微企业等普惠金融客户的困境。

七是增强普惠金融服务客户的生产经营能力，从源头上防控信用风险。为了更好提高农户的抗风险能力，合作金融机构一般会对农户提供农业技术、生产销售等方面的支持，并促进农户生产经营的组织化发展；也包括与客户的上下游经销商进行业务对接，例如直接将资金拨付给农资购销企业，与农产品加工销售企业等深化合作。地方政府为农户提供技术培训、生产服务、销售支持，也可以与金融机构的普惠服务形成协同效应。除了提供小微企业孵化器、推进产学研的一体化发展、建立公共技术服务平台、组织退休专家免费提供技术管理咨询、帮助培训员工等，对重点领域还提供专项信贷支持、税收减免等政策支持，如对少数民族、妇女等弱势群体创业提供信贷、技术、管理等支持。

（二）机制分析

围绕普惠金融服务过程的服务渗透、成本管理、风险控制等关键环节，结合信贷业务的原理机制，促进普惠金融服务实现商业可持续发展的机制主要涉及以下方面。

一是通过信息化改造，尤其是通过电子化替代人工服务，从提高效能和降低成本、化解风险三方面同时改善传统的金融业务模式，并促进金融与商业活动的深度融合。由于客户信息采集效率提高，信息不对称问题相应缓解。其独特优势在于，借助电子化服务的手机等移动终端，可以随时随地开展相关业务，为客户带来极大方便。这也促使银行等金融机构持续推进信息化投资。

二是通过规模化整合，从成本分摊、功能完善、抗风险能力提升、资源配置优化等途径改善金融机构的经营条件，从而更好适应普惠金融服务的任务要求。合作金融组织通过组织联合和再联合，统一协调、管理、服务体系运营各类事项，统一对外提供普惠金融服务，从而形成自身独特的市场竞争优势。也有的股份制金融机构对旗下各类从事普惠金融服务的法人机构例如村镇银行实行统一管理，统一提供后台服务支持，也形成了规模化优势，中国银行的中银富登村镇银行系统属于这类类型。

三是通过跨行业协同，各类金融机构及相关服务业更好管理风险、服务客户。金融领域的保险业可以分摊风险，担保业可以分担风险，期货业可以对冲风险，这三方协同服务之后可以更好管理农户的农产品价格波动风险。通过推进金融业与农业生产经营的服务行业协同，例如农业技术服务、农资与农产品购销服务、农业生产加工服务等，可以更有效降低交易成本和不确定性，并更好管理农户的信用风险。

四是通过完善金融基础设施，推进社会信用信息采集共享体系建设，使银行机构能更充分有效获得客户的信用信息，可有效缓解信息不对称问题。除了推进征信系统建设，通过整合政府及公共部门掌握的客户信用相关信息，例如公安、司法、税务等部门掌握的信息，可以更有效甄别客户的信用风险；同时，为银行通过现场调查采集客户财务信息以外的“软信息”，也可以使银行通过交叉检验更好识别潜在风险。地方政府在整合政府信息资源、组织基层政府以及村级组织提供支持配合等方面可以发挥很大作用。

五是通过沿产业链服务，改善客户的生产经营条件，从源头上降低信用风险。普惠金融服务的客户在市场经营中相对弱势，与其生产经营能力有关。因此，要从源头上降低银行普惠金融服务面临的信用风险，首先要改善客户的经营条件。这也是发达国家农村合作金融体系往往提供农业技术、生产加工、农产品销售等系统性咨询乃至协助的原因①，有的还提供种子种苗，并促进农民合作组织发展。对小微企业也是如此，发达国家除了提供政策激励，促进金融机构提供信贷

① Edward Oczkowski，BrankaKrivokapic-Skoko，Kay Plummer，The meaning，importance and practice of the co-operative principles：Qualitative evidence from the Australian co-operative sector，Journal of Co-operative Organization and Management 1（2013），54～63.

支持，还组织专业志愿者为小微企业提供技术、经营等方面的咨询；有的金融机构也为小微企业组织专家咨询讲座，或者组织专项培训。

（三）主要启示

从国际经验和国内实践看，发展普惠金融体系的成功有效做法往往遵循基本规律，并因地制宜进行本土化发展完善。主要表现如下。

一是顺应技术进步趋势，改进金融服务。过去50多年来，发达国家的普惠金融服务模式顺应信息化发展潮流进行了深度改造，传统依靠面对面柜台服务的模式已经让位于电子化的电话银行、网上银行、手机银行等渠道。我国银行机构在这方面的尝试也取得积极效果，帮助银行拓宽了业务渠道，提高了服务便利性。

二是切实提高成本效率，有效管控风险。无论银行机构采取什么样竞争模式，都必须控制住成本和风险，否则收入难以覆盖成本和风险必然导致业务不可持续。即使是小型银行机构，也需要通过联合共享等方式分摊成本，并建立有效的独立审计制度，严格管控操作风险。

三是提升综合服务能力，形成比较优势。普惠金融服务的对象是弱势群体，既存在负担能力低问题，也存在服务需求综合化、多样化特点，需要提供综合化服务。为此，需要不同服务商在专业化分工基础上进行互补协同，通过提高服务的价值内涵实现共赢。

四、适应新形势完善普惠金融体系的思路

发展普惠金融，本质上是改善对弱势群体、弱势企业的金融服务，尤其是在信贷领域的服务，需要重点针对金融机构传统治理方式存在的问题。具体包括：一是传统的股份制商业机构把股东的资本回报率

置于优先地位，倾向于服务优质客户，处于弱势地位的普惠金融客户并不符合优先导向。二是股份制金融机构由于股东利益与客户利益相对分离，对客户情况掌握有限，信息不对称问题突出，风控难度大。三是持续的高比例分红必然削弱金融机构的积累基础以及可持续发展能力，在农村普惠金融领域尤其如此，但股份制机构股东对投资回报及分红高度敏感，分红少势必会导致股东不满。四是普惠金融服务具有单笔业务规模小的特点，人工成本相对偏高，加上在基层乡镇布设营业网点的运营维护成本高，成本管理难度大。

针对这些问题，为普惠金融商业化可持续发展，在内部治理层面改进成本和风险管理的途径主要有三个方面。

（一）形成有别于传统模式的机构治理机制

要针对上述问题降低资本使用成本和运营成本，从历史实践看合作金融模式具有一定可行性。表现为：一是合作制具有股东即客户的特点，两者之间的利益分离、信息不对称等关键问题可以得到缓解。二是合作金融强调通过业务渠道来回馈社员，严格控制分红比例，有的甚至不分红，从而具有更强的积累和可持续发展能力。三是合作金融强调自助、互助与专业化经营相结合，一方面强调通过社员参与运营，降低业务支出，而这恰恰是股份制机构在下沉业务时面临的主要挑战；另一方面强调通过组织联合实现流动性互助、资源共享、协调行动，提升整体的竞争力，成本问题得到相对缓解。四是传统合作金融是由社员发起，服务社员，在早期阶段由社员分担剩余风险，如雷发巽模式，具有更强的风险缓冲能力。在商业竞争方面，合作金融机构需要聘请专业化经营人才充实机构管理层，提高服务效能并改进内部管理。我国通过合作金融组织发展普惠金融服务，还需要具体解决好人才、规模、专业化、风险内控等具体问题。

（二）借助技术创新改进经营管理绩效

普惠金融的原则是要实现商业化可持续，因而必须有效降低运营成本，提高风控能力。传统商业机构尤其是股份制的金融机构要参与普惠金融服务并保持商业化可持续，其治理机制中存在结构性挑战，诸如前述的资本回报压力、信息不对称等问题，为此需要重视通过科技创新化解问题。针对面临的成本管理和风控问题，通过信息化、智能化技术实现人工替代，可以从以下方面改进成本和风险管理：一是突破营业时间、营业场所的限制，通过随时随地提供在线服务，提高普惠金融服务的可得性，减少物理网点成本；二是通过在线处理业务，减少对人工处理业务的依赖，一方面有利于减少操作风险，并引入动态监督机制，另一方面可以提高业务效率，降低人工成本；三是有利于引入大数据进行交叉检验，缓解信息不对称问题；四是由于信息技术应用的边际成本低，可以形成规模效应，从而降低业务成本；五是服务创新灵活，可以更好适应新形势要求。在推进金融科技创新的同时，微贷技术创新与应用也能更好促进普惠金融的商业化可持续发展。

（三）通过强化协调配合形成协同效应

包括知识经验、客户渠道、业务流程、经营资源等因素在内，通过资源共享可以有效降低运营成本，并提高整体效能，从而形成“1+1>2”的战略协同效应。普惠金融是金融服务实体经济的组成部分，金融行业又是服务业的组成部分，促进普惠金融与相关金融行业、服务行业以及政府政策协调配合，可以更好发挥普惠金融的服务效果，也有利于实现普惠金融的商业化可持续发展。其中，普惠金融信贷、保险与融资担保、期货、融资租赁、商业保理等相关金融服务互补协同，可以更好管理风险，实现共赢；与经济政策、社会政策的激励机制增进互补，也可以更好管理风险，例如通过社会政策加强对弱势群体的人力资本投资，通过经济政策促进弱势群体的组织化发展，可以更好降低信用风险；通过改善金融基础设施，完善金融发展环境，也可更好促进普惠金融实现商业化可持续发展。各级政府可以在此过程中发挥重要促进作用。

结合中国当前面临的形势和任务，发展普惠金融的具体工作应充分围绕乡村振兴的形势任务和国务院关于普惠金融发展规划的关键要求，更好服务实体经济的高质量发展。

针对农村发展和乡村振兴的时代要求，为加快推动普惠金融服务向乡村基层渗透，应顺应新时代新形势的要求，贯彻创新、协调、共享等理念，落实国务院关于普惠金融发展的规划任务。未来 15 ~ 30 年，是我国推进现代化建设关键阶段，是转变经济增长方式实现高质量发展的关键阶段，也是实现全体人民共同富裕的关键阶段。创新是中国现代化发展的根本动力，也是经济增长方式转型的主要途径；普惠金融要服务好实体经济，更需要走创新发展之路，通过创新服务模式，完善协调、共享机制，提高整体效率，实现金融与实体经济的共同发展。

根据《推进中国普惠金融发展规划（2016—2020）》的发展纲要，普惠金融创新发展的重点在于创新金融产品和服务手段。这对技术路线和治理机制、监管体制都提出了新的任务要求。结合中国当前及未来一段时期的实际条件，应通过创新技术路线，包括运用信息科技改造传统的普惠金融服务模式和风控手段，以实现服务效能、成本管理、风险控制等关键环节的有效改进；包括引入微贷技术改造传统的普惠金融风控模式，有效缓解因信息不对称导致的风控障碍。同时，无论从普惠金融供需匹配要求还是从市场化竞争优势看，合作金融组织对于农村普惠金融发展具有关键意义，是发达国家农村普惠金融服务的主要提供者。中国正在积极探索促进新型合作金融组织发展。应围绕机构治理完善金融机构特别是新型合作金融组织运行机制和服务模式，使新型合作金融组织完善商业化可持续发展机制，提升市场竞争力。尤其是针对新型合作金融组织可持续发展所面临的关键障碍，应遵循规律，通过优化发展环境，提供人才保障，增强管理、审计、技术等外部服务支撑，优化监管体制，使之在风险控制和成本管理方面形成可行的运行模式和治理机制，以更好地参与市场化竞争。

普惠金融服务是金融服务实体经济重要切入点，也是中国经济高质量发展的重要条件。深化普惠金融服务需要与推进中国经济高质量发展的相关政策协调，形成协同效应。其中，普惠金融服务的对象主要是弱势群体和小微企业，而这类对象的能力建设与提升是政府关注的重点问题，形成了大量激励与扶持政策。为更好实现预期目标，加强普惠金融服务与相关政策协同十分必要，可以通过优化资源配置，实现事半功倍效果。例如，通过加强弱势群体的生产经营能力建设，实现政府、金融机构、弱势群体多方共赢，降低金融机构面临的信用风险，提高财政资金使用效率，巩固弱势群体的脱贫效果。

五、近中期完善普惠金融体系的重点举措

（一）改革农村合作金融发展体制

农村合作金融组织要在市场竞争环境中实现商业化可持续发展，就必须改革完善治理机制，并形成务实有效的监管体制。应着眼于完

善治理机制和监管体制，以改进风控机制为切入点，可考虑探索以下路径：一是遵循规律，提升风控体系专业化水平。包括提升合作金融组织内部财务人员的专业能力等级，建立专业的合作金融组织外部审计监督机制，例如建立区域合作金融体系的专业化独立审计队伍、开发审计稽核软件并实行动态电子化监督等。二是在切实保障风控效果基础上，按照合作金融组织的发展规律促进组织联合，以此实现分摊IT建设投资、人员培训、产品研发等刚性成本，并强化组织体系内部的专业化监督与责任追究机制。三是在强化新型合作金融组织体系自律与可持续发展能力、市场化竞争力基础上，完善外部监管体制，优化监管框架，把重点放在监督新型合作金融体系的总部上，通过财务并表管理等方式，通过总部对新型合作金融体系实行整体监督与管理，使地方政府有限的监管资源与监管任务得以有效匹配，解决监管资源有限与新型合作金融组织数量庞大的结构性矛盾。

（二）深化推广“三位一体”改革

推进供销合作、生产合作、信用合作“三位一体”综合发展，是我国在实践基础上形成的重要经验，符合农村经济与合作金融发展规律，在实践中有效促进农村经济发展，农信社系统在其中发挥了重要带动作用。国内一些地区正在推广这一做法。下一步一方面要深化改革，根据新时代新任务要求完善“三位一体”的服务模式与治理机制，包括结合信息技术发展成果完善运行模式，进一步提升市场化竞争力；另一方面要结合国内各地实际，特别是当地经济、文化、社会的具体情况，探索供销合作、生产合作、信用合作“三位一体”发展的有效模式，以社员积极参与、市场竞争优势明显为标准，形成切合当地条件的组织治理机制和服务模式。在此过程中，围绕提升普惠金融服务能力，应坚持发展信用合作的基本框架，避免把农信社全面改造成农商行。

（三）完善配套激励政策协同机制

在商业化可持续的前提下发展普惠金融，需要有效控制风险，提高成本效率，促进扶小支农政策与普惠金融服务有机结合协同发展是根本途径。一是要把普惠金融服务与相关激励政策统筹考虑，形成配套协同机制。例如，在针对弱势群体的扶持政策实施过程中，把弱势群体职业能力建设作为推进普惠金融服务与实施脱贫政策的共同基础；在促进小微企业发展过程中，把促进小额信贷投放与提供公共研发、咨询、培训等服务统筹考虑，共同推进实施，可以促进小微企业发展并降低金融机构面临的信用风险。二是通过促进弱势群体联合提升抗风险能力，更能实现金融机构与客户的共同发展。例如，贫困户加入合作社，小微企业加入行业协会，通过互助联合提升整体抗风险能力并分摊生产经营成本，可有效降低金融机构提供普惠服务时面临的信用风险。三是进一步完善普惠金融发展所需的基础条件，包括加快完善征信体系、加快建立健全信用信息汇集与共享系统、完善高等教育有关普惠金融的专业设置、降低或政府分摊普惠金融服务的成本、整合基层行政资源为普惠金融服务提供便利等。

（四）借助金融科技创新服务模式

针对普惠金融服务面临的服务覆盖、成本管理、风险控制等关键任务，借助金融科技突破关键障碍是大势所趋，国内外实践也取得明显成效。随着信息技术持续快速发展突破，特别是移动通信、人工智能、大数据等关键技术日新月异，为普惠金融服务的技术更新提供了历史机遇。建议重点加强以下工作：一是鼓励数字科技、金融行业、专业咨询等机构通过跨界融合，促进信息技术在普惠金融领域加快推广应用，并推进技术创新。二是完善基础条件，包括健全信用信息的采集、共享等公共服务平台，规范金融交易信息上报机制，完善政府掌握的信用信息共享机制，促进基于数字技术的评级机构发展。三是借助金融科技促进普惠金融服务嵌入相关的生产服务、生活服务行业，并通过相关交易数据的深度挖掘分析，一方面为生产生活的交易活动提供便利，降低交易成本，另一方面为金融机构改进风控、降低信息不对称提供基础支持。

（五）促进相关金融行业协同创新

完善产业链金融服务模式，整合信贷、融资担保、保理、融资租赁、保险、期货、物流、仓储等行业机构提供互补配套的普惠金融服务。围绕优化风控机制，根据客户的生产经营特点，以技术创新、流程衔接为基础，整合普惠金融服务，形成一揽子综合化风险管理模式。例如，普惠金融信贷服务与融资担保基于信用信息、交易信息等大数据进行合作，共同甄别客户；信贷服务与综合保险、期货交易等机构合作对冲风险，信贷机构通过保理业务提供融资等。通过协同创新，整体优化交易流程，降低交易成本，提高金融服务的整体成本效率，并降低金融服务门槛，使更多弱势群体和小微企业能享受关键服务。

执笔人：郑醒尘

参考文献

[1] Nicholas Loubere, Heather Xiaoquan Zhang, Co-operative financial institutions and local development in China, Journal of Co-operative Organization and Management 3 (2015), pp. 32~39.

[2] Jacques Defourny, Emerging models of social enterprise in Eastern Asia: a cross-country analysis, Social Enterprise Journal, Vol. 7, No. 1, 2011, pp. 86 ~ 111.

[3] Max Saunders, New model rural cooperatives in Gansu: a case study, Journal of Enterprising Communities: People and Places in the Global Economy, Vol. 6, No. 4, 2012, pp. 325 ~ 338.

[4] Morris Altman, Cooperative organizations as an engine of equitable rural economic development, Journal of Co-operative Organization and Management 3 (2015), pp. 14 ~ 23.

[5] Sanjay Kumar Pandey, Evaluation of Financial Management and its Impact on Overall Performance of Bank: A Study of state cooperative bank, Journal of Commerce and Accounting Research, Volume 2, Issue 4, October 2013, pp. 36 ~ 44.

[6] VandanaDangi, Dynamics of Competitiveness in Indian Banking Industry, Anvesha, Vol. 4, No. 2, pp. 1 ~ 10.

[7] Nelson Michael Justin, Co-operative Credit Delinquency: Identification of Factors Discriminating Defaulters, Munich Personal RePEc Archive, No 3, 2010.

[8] Steve Wiggins, Ben Rogaly, Providing rural credit in southern India: a comparison of commercial banks and cooperatives, public administration and development, Vol. 0, 215 ~ 232 (1989) .

[9] Sami Karhu, The parallels of family business research and cooperative studies, Journal of Co-operative Organization and Management 3 (2015), pp. 94 ~ 95.

[10] Lukasz Kozlowski, Cooperative banks, the internet and market discipline, Journal of Co-operative Organization and Management 4 (2016), pp. 76 ~ 84.

[11] AnuPuusa, KaarinaMonkkonen, AnttiVaris, Mission lost? Dilemmatic dual nature of co-operatives, Journal of Co-operative Organization and Management 1 (2013), pp. 6 ~ 14.

[12] Julie A. Hogeland, Managing uncertainty and expectations: The strategic response of U. S. agricultural cooperatives to agricultural industrialization, Journal of Co-operative Organization and Management 3 (2015), pp. 60 ~ 71.

[13] Carol Power, Ray O'Connor, Olive McCarthy, Michael Ward, Merging into the mainstream? An empirically based discussion of the potential erosion of competitive advantage in a restructured Irish credit union movement, Journal of Co-operative Organization and Management 2 (2014), pp. 55 ~ 64.

[14] Kayleigh van Oorschot, Josta de Hoog, Martijn van der Steen, Mark van Twist, The three pillars of the co-operative, Journal of Co-operative Organization and Management 1 (2013), pp. 64 ~ 69.

[15] Lou Hammond Ketilson, Co-operatives during crisis and the post-crisis period 2013 ICA Global Research Conference, 12 ~ 15 June 2013, Nicosia, Cyprus, Journal of Co-operative Organization and Management 2 (2014), pp. 3 ~ 5.

[16] ReuvenShapira, Leaders' vulnerable involvement: Essential for trust, learning, effectiveness and innovation in inter-co-operatives, Journal of Co-operative Organization and Management 1 (2013), pp. 15 ~ 26.

[17] Timothy W. Guinna, State Support for the German Cooperative Movement, 1860 ~ 1914, central European History 45 (2012), pp. 208 ~ 232.

[18] Timothy W. Gunnane, Cooperatives as Information Machines: German Rural Credit Cooperatives, 1883 ~ 1914, German Credit Cooperatives, pp. 367 ~ 389.

[19] William R. Emmons, Willi Mueller, Conflict of Interest between Borrowers and Lenders in Credit Cooperatives: The Case of German, Co-operative Banks, Working Paper 1997 ~ 009A, Federal Reserve Bank of St. Louis.

[20] Morris Altman, Is there a co-operative advantage? Experimental evidence on the economic and non-economic determinants of demand, Journal of Co-operative Organization and Management 4 (2016), pp. 66 ~ 75.

[21] Edward Oczkowski, BrankaKrivokapic-Skoko, Kay Plummer, The meaning, importance and practice of the co-operative principles: Qualitative evidence from the Australian co-operative sector, Journal of Co-operative Organization and Management 1 (2013), pp. 54 ~ 63.

[22] Lynch, E. M., Rural Banks, The Gentleman's magazine, Aug. 1895; 279, 1976; British Periodicals, pp. 160 ~ 177.

[23] Hagen Henry, Guidelines for Cooperative Legislation, Third edition revised, international Labour Organization 1998, 2005, 2012.

[24] James Baarda, Co-op boards' circle of responsibilities, Rural cooperatives, July/August 2002, pp. 30 ~ 32.

[25] Jim Wadsworth, Seeking the best director leadership: what does it take? Rural Cooperatives; Nov. / Dec., 2003; 70, 6; ABI/INFORM Trade & Industry, pp. 25.

[26] Jim Wadsworth, The Essential Roles of Co-op Managers, March/April 2015 / Rural Cooperatives, pp. 32 ~ 41.

[27] Lynn Pitman, ManagingRisk: Farmer Co-op Conference eyes strategies for doing business in volatile marketplace, January/February 2009 / Rural Cooperatives, pp. 28 ~ 31.

[28] Carolyn B. Liebrand, Ag Economist, What leadsto satisfiedco-op members? Surveys of dairy farmers show management and pricing are key, January/February 2014 / Rural Cooperatives, pp. 20 ~ 23.

[29] David Cook, Co-ops should periodically evaluate their member equity practices, Rural Cooperatives, November/December 2013, pp. 17 ~ 17.

[30] Baarda, James, Major changes in agriculture raise big questions for nation's cooperatives, Rural Cooperatives; Nov. /Dec. 2002; 69, 6; ABI/INFORM Trade & Industry, pp. 21 ~ 26.

[31] Fengxia Dong and Allen Featherstone, Technical and Scale Efficiencies for Chinese Rural Credit Cooperatives: A Bootstrapping Approach in Data Envelopment Analysis, Working Paper 04-WP 366, Center for Agricultural and Rural Development Iowa State University, July 2004.

[32] Calum G. Turvey&XiaolanXu&Rong Kong & Ying Cao, Attitudinal Asymmetries and the Lender-Borrower Relationship: Survey Results on Farm Lending in Shandong, China, J. FinancServ Res (2014) 46: 115 ~ 135.

[33] Swalheim, Larry, The most important thing I have learned about running a co-op, Rural Cooperatives, 77. 6 (Nov. /Dec. 2010): 17 ~ 38.

[34] R. H. Schmidt, Erhard Kropp, rural finance: guiding principle, published by Bundesministerium fur wirtschaftlicheZusammenarbeit., 1987.

[35] Shah, Tushaar, making farmers' cooperatives work, Saga Publications India Pvt Ltd, 1995.

[36] Mary Jean McGrath, guidelines for cooperatives in developing economics, university of Wisconsin, 1969.

[37] K. V. Raju, Determinations of enduring cooperative performance, work paper, Institute of Rural Management Anand, 1995.

[38] Ajay Dubey, Cooperative companies in liberalized economics: international experience and rationale in dairy sctor, work paper, Institute of Rural Management Anand, 1994.

[39] Katar Singh and VishwaBallabh, Role of leadership in cooperative management of national common pool resource: a collective goods theoretic perspective, work paper, Institute of Rural Management Anand, 1994.

[40] 推进普惠金融发展规划（2016—2020）. 国务院国发〔2015〕74 号文，2015 - 12 - 31

[41] 郑醒尘. 推动中国迈向现代化富裕国家——培养高素质专业化劳动力队伍. 北京：中国发展出版社，2018

[42] 中国人民银行金融消费权益保护局. 2017 年中国普惠金融指标分析报告，2018 年 8 月

[43] 中国银保监会，中国人民银行. 2019 年中国普惠金融发展报告，2019

[44] 蓝虹，穆争社. 论中国农村合作金融发展的阶段特征. 上海金融，2016（2）

后　记

金融领域的改革涉及面广、调整的利益关系复杂，牵一发而动全身。凝聚改革共识、优化改革路径需要时间，而国内外宏观经济波动留给金融改革的时间窗口又很有限。在此背景下，金融改革在经济体制改革的总盘子中相对滞后。这也是易于理解的，保证安全和稳定是金融工作的核心目标。然而，推进改革不到位也会侵蚀上述目标。过去几年的金融实践，并不缺乏这方面的案例。

转向高质量发展阶段，经济社会发展对金融业提出了更高要求。适应 2035 年基本实现社会主义现代化的目标，按照新发展理念推进金融改革，任务艰巨而紧迫。金融所承担国务院发展研究中心重点课题“现代化金融体系的目标、难点和路径”，对进一步深化金融改革进行了初步探索。课题着眼于金融发展的长期目标，着手处却是近中期的难点和重点。课题负责人为吴振宇，协调人为田辉、朱鸿鸣。课题成果也获得 2019 年中国发展研究奖。本书即是在上述课题成果基础上形成的，由编者统筹了全书的结构和观点。各部分作者分别如下：总报告，吴振宇、田辉、朱鸿鸣；专题一、六，朱鸿鸣；专题二，王洋；专题三，石光；专题四，朱俊生；专题五，张丽平、陈宁、梁微；专题七、八，王刚、陈道富；专题九，张丽平、孙飞；专题十，孙飞；专题十一、十二、十三、十四，田辉；专题十五，郑醒尘。

感谢中国发展出版社编辑陈学英、葛伟为本书出版提供的大力支持。

编　者

2019 年 11 日 8 日